『中国传媒大学MBA全方位育人特色商科教育模式』系列丛书

爱与责任 立德树人

LOVE AND RESPONSIBILITY
STRENGTHEN MORALITY AND
CULTIVATE PEOPLE

严 威
汪 琴 主编

中国广播影视出版社

图书在版编目（CIP）数据

爱与责任　立德树人 / 严威，汪琴主编. -- 北京 : 中国广播影视出版社，2021.9
（“中国传媒大学MBA全方位育人特色商科教育模式”丛书 / 严威主编 ; 1）
ISBN 978-7-5043-8678-6

Ⅰ. ①爱… Ⅱ. ①严… ②汪… Ⅲ. ①研究生教育－思想政治教育－研究－中国 Ⅳ. ①G643.1

中国版本图书馆CIP数据核字(2021)第140456号

爱与责任　立德树人

严威　汪琴　主编

责任编辑　毛冬梅
责任校对　张　哲
装帧设计　元泰书装

出版发行　中国广播影视出版社
电　　话　010-86093580　010-86093583
社　　址　北京市西城区真武庙二条9号
邮　　编　100045
网　　址　www.crtp.com.cn
电子信箱　crtp8@sina.com

经　　销　全国各地新华书店
印　　刷　涿州市京南印刷厂

开　　本　710毫米×1000毫米　1/16
字　　数　380（千）字
印　　张　21.5
版　　次　2021年9月第1版　2021年9月第1次印刷

书　　号　ISBN 978-7-5043-8678-6
定　　价　68.00元

前 言

中国传媒大学 MBA 创办于 2009 年，依托中国传媒大学优势学科，率先开办国内首个以“文化传媒”为特色的 MBA 教育项目，着力培养国家和社会急需的“懂文化传媒，善经营管理”的高级复合型人才，成为国内最具办学特色和影响力的 MBA 项目。

中国传媒大学 MBA 践行“爱与责任”双心教育，强调商业伦理和企业社会责任教育，强调沟通能力和团队合作能力训练，强化立德树人导向，把思想价值引领贯穿教育教学全过程。

中国传媒大学 MBA 践行“四个课堂”培养理念：第一课堂不输清北，更有独一无二的文化传媒特色课程；第二课堂直面挑战，创新创业大赛、案例大赛、经营模拟大赛精彩纷呈；第三课堂走进企业，产教融合，知行合一；第四课堂海外研学，聆听国际前沿，讲好中国故事。

中国传媒大学 MBA 践行“六个维度”育人模式：用马克思主义铸魂、用爱国情怀强基、用人文素养修身、用国际视野拓界、用特色项目托举、用未来媒体创新，培养德才兼备的卓越传媒商科人才。

十年发展，十年传承，十年创新。2020 年，中国传媒大学 MBA 将立德树人、产教融合等方面的经验做法进行归纳整理，凝练出全方位育人特色商科教育模式。

在立德树人工作中，中国传媒大学 MBA 通过课堂思政内化于心，通过活动思政外化于行，形成了课堂思政引领、活动思政同行的课程思政教育体系。本书记录了 2020 级 MBA 学生的社会公益实践，展示了中国传媒大学 MBA 的课程思政教育成果，体现了全方位育人特色商科教育模式在立德树人方面的成功探索。

最后，感谢中国传媒大学 2014 级 MBA 校友闫伟峰先生对本书编写工作给予的支持，同时对中国广播影视出版社在本书出版过程中所做的各项工作也深表谢意。

严威

中国传媒大学经济与管理学院

2021 年 3 月

目　录
CONTENTS

第一部分

探索公益模式

白杨树下微心愿

一、背景

“公益”对于大多数人来说，可能是既熟悉又陌生的一个词。熟悉在于人们在日常生活中都或多或少接触过一些“善事”，如施舍街边的行乞者，可能是很多人说起公益的第一直觉反应；而陌生则在于对大部分人而言，并不真正清楚什么是公益，以及自身与“公益”的关系。究其本质，公益应为“人人为我，我为人人”。而非大家普遍印象中，有钱人才是“做公益”的主体，普通人做不做公益其实没有太大关系。《礼记·礼运》有言：“大道之行也，天下为公，选贤与能，讲信修睦。故人不独亲其亲，不独子其子，使老有所终，壮有所用，幼有所长，鳏寡孤独废疾者皆有所养，男有分，女有归。货恶其弃于地也，不必藏于己；力恶其不出于身也，不必为己。”从该理想社会的描述来看，守望相助、天下为公早已烙印在中国精神中。或者说，中国的公益天然就具有社交色彩，在中国进入移动互联网时代后，这种公益社交属性，通过熟人社交＋共情的底层逻辑被进一步在大众心理激活了。

其实人性远比经济学中的假设复杂，经济行为会受到社会关系的强约束，但人性并非如表象“逐利”一般简单。亚当·斯密在《道德情操论》中承认“怜悯或同情……即使十恶不赦之人、最顽固的惯犯，都不能完全自绝于这种情感”。可见同情心是人类天性，人们会自然而然地怜悯弱者，厌恶施与不公者，这种本性启迪了人类的善行。公益，从高处看是文明的根基，俯下身看是每个人内心善良的底色。审视我国传统公益，大部分的捐赠都来自企业，公众内心的善良作用力其实还没有被充分体现和发挥。移动互联网的发展，让中国公益有了一种无门槛走进每一位互联网用户的可能。清华大学公益慈善研究院院长王名教授曾说："互联网就是最大的公益。"南都公益基金会理事长徐永光曾预言："互联网对中国公益传统模式的颠覆将超过我们的想象。"

以 2008 年的汶川地震为标志，近十几年来，互联网公益在中国呈现出爆发的趋势。随着以阿里巴巴、腾讯为代表的互联网企业越来越深入地参与公益行业，科技与公益的结合发生了某种"化学反应"，使得中国的公益生态逐渐激发出一股新的力量。在这股力量的推动下，出现了各具特色的互联网公益平台，推动中国公益"互联网 +"的蓬勃发展。虽然"互联网 + 公益"看似包罗万象，目前大家最熟悉的是网络筹款，但它只是互联网公益的一个表征。如何借用 2.0 的数字思维基础，向 3.0 的方向进行有效探索，使中国互联网公益突破"筹款"这一形式，将不被关注的社会"闲置资源"充分调动起来，有效实现几乎不需要额外资金付出的一对一精准帮扶，让社会所有人都能自愿且"不费力"地去参与公益行为。这应该是当下公益组织着手考虑突破的瓶颈。

针对上述难题，中传 MBA2020 级 19 名新生自发组成了"白杨树下微心愿"公益团队，通过三个多月的实践探索，借助科技手段完成了"白杨树下微心愿"线上公益平台搭建，实际解决了信息不对称、公益践行意愿低、帮扶没效果、公益无法下沉等现实问题。同时，也通过线上平台获取了许多需要帮扶的人群信息，并有效调动自身社会资源，身体力行奔赴多省市进行一对一的精准帮扶。通过一系列的线上线下活动，不仅得到受帮扶地区的政府褒赞，更得到了中宣部"学习强国"、中国传媒大学官网、山东省重点新闻网站、地方政府网站等多家媒体的专门报道。

这对我们来讲既是终点，也是起点。我们会带着所有成果、赞许、建议、自省重新出发，向中国公益 3.0 继续探索。就如同最初在公益项目启动会上所说的，"我们不是一颗小星星，我们是一片星空"，希望未来可以看到更多的星辰，看到更多的心愿被"点亮"。我们都相信，抱怨和指责这个社会的种种问题，并不能带来一个更加美好的社会。唯有自己先行动起来努力推着

“飞轮”转动，才能激活更多人的良知善行，久而久之“飞轮”会积累起动能，实现最终的突破。我们“白杨树下微心愿”平台最终的意义在于培养社会中每个人之间自发的互助精神，展现每个人内心天性具备的善良底色。

二、中国公益项目发展现状

从 1995 年到现在的 20 多年时间里，中国互联网的发展可谓日新月异。从早期的台式机、笔记本到如今的手机甚至各种可穿戴设备，从最初屈指可数的网站页面到如今数百万各色功能的 App，互联网可以说已经渗透到人们生活的方方面面。互联网的发展演变影响了各行各业，公益也不例外。

（一）从公益到互联网公益

面对奔涌而来的互联网公益大潮，没有哪个公益机构能够置身事外。随着人人互联，公众参与公益的门槛变低，公众捐款总额大幅提升，减弱了传统大型机构对于公益资源的控制。同时，互联网的发展有利于公益信息的传播，并对公益机构的资金动向公开提出了更高要求，因此公益机构承受着更多信息公开的压力。不可否认的是，这种压力促使着许多公益机构从项目设计、传播模式、工作方法乃至组织架构都发生了一系列的变革，使整个公益行业认识到信息公开透明的重要意义。

近十年来，中国出现了各种各具特色的互联网公益平台，他们将公益机构、企业、公众乃至政府有效地连接在一起，推动中国公益呈现出“全民参与”的蓬勃发展态势。

（二）互联网公益的发展基于互联网的发展

互联网基于基础特性，经历了 Web1.0、Web2.0、Web3.0 三个阶段。1.0 的典型业务形态是门户网站，本质是信息的发布和广播，解决了人对信息的收集和浏览需求，但没有解决人与人之间实时沟通和互动的需求。正如 Graham Cormode 和 Balachander Krishnamurthy 在《Web1.0 和 Web 2.0 的关键差别》一文中所言，“Web 1.0 中的内容创建者很少，绝大多数用户只是充当内容的消费者”。基于 1.0 互联网公益的典型是各大门户网站逐渐开设公益频道，自主上传公益项目信息并进行传播，其主要作用就是公益信息“传播”。此后，Web 2.0 应运而生。Tim O’Reilly 公司和 MediaLive 公司于 2004 年合作举办了第一届 Web2.0 大会，会上提出了“网络即平台”的概念。2.0 强调群体智慧，即用户创造内容，而非仅靠有限的机构，“共创共享和双向交互”是它的典型特征。2.0 时代的互联网公益代表，一是具备起源性的网络论坛，以 1999 年开始的天涯互助板块为代表，开启了网民个人“自曝式”发帖求助的先河；二是以 2007 年腾讯公益为开端，开启互联网公益“传播 + 捐赠”模式，意在推动互联网公益平台多方连接和深化发展，将公益带入“全民参与”的时代。随着 2016 年《中华人民共和国慈善法》的颁布，平台开始进入官方指定、规范化发展的新阶段。2016 年 8 月 31 日和 2018 年 4 月 19 日，民政部先后发布了两批指定的公益机构互联网募捐信息平台，共计 20 家，具体请详见表 1。关于基于 Web 3.0 的公益发展会在后面项目设计板块具体阐述。

表 1 官方认定的互联网募捐信息平台

类型	序号	平台名称	发起方	上线时间
互联网	1	腾讯公益	腾讯公益基金会	2007 年 5 月
	2	微公益	新浪微博	2012 年 2 月
	3	百度公益	百度公益基金会	2011 年 1 月
	4	淘宝公益	淘宝网	2010 年 9 月
	5	京东公益	京东公益基金会	2014 年 9 月
	6	苏宁公益	苏宁公益基金会	2018 年 6 月
	7	蚂蚁金服公益	蚂蚁金服	2008 年 5 月
	8	公益宝	北京厚普科技有限公司	不确定
	9	易宝公益	易宝支付	2008 年 5 月
	10	美团公益	美团	2017 年 8 月
	11	滴滴公益	滴滴出行	2016 年 9 月
	12	轻松公益	轻松筹网络科技有限公司	2014 年 9 月
	13	水滴公益	北京纵情向前科技有限公司	2016 年 5 月
银行	14	善源公益	中国银行	2017 年 12 月
	15	融 e 购公益	工商银行	2014 年 1 月

续表

类型	序号	平台名称	发起方	上线时间
机构	16	中国慈善信息平台	中国慈善联合会，民政部	2013 年 4 月
	17	帮帮公益	中华思源扶贫基金会，统战部	2016 年 9 月
	18	中国社会扶贫网	国务院扶贫办	2017 年 7 月
	19	联劝网	上海联劝公益基金会	2009 年 12 月
	20	广益联募	广州慈善会	2014 年 6 月
	21	基金会中心网	北京恩玖非营利组织发展研究中心	2010 年 7 月
媒体	22	新华公益	新华网，新华社	2016 年 11 月
资料来源：各机构官网及网上公开信息，截至 2018 年 7 月 30 日。				

（三）政府政策的规范及意义

2016 年 9 月 1 日起开始实施的《中华人民共和国慈善法》（以下简称《慈善法》），也是我国首部《慈善法》，经历了漫长十年酝酿。从 2005 年开始研究，到 2015 年才正式进入最终的“人大立法周期”，之后的审议仅用了 139 天，这在近年提请人代会审议法案中实属罕见，媒体甚至称之为“超级速度”，由此可见国家对《慈善法》的重视以及迫切需求。

需求迫使的“加速”需要特殊事件的推动，其中三个事件极具典型性：其一是 2008 年汶川地震，当年民政部和社会组织接受的社会捐款总额扩大为上一年的 5.6 倍。社会爱心被普遍激活的同时，围绕善款的管理和后续处理的种种问题也随之暴露。如财经网的报道指出，在汶川地震的 652 亿捐款中，仅有约 151 亿元公布了使用明细，占总额的 23.16%。其中 501 亿元至今没有在公开数据中明确显示详细去向，甚至连捐款来源也无从查证。极速膨胀的捐款规模和由此引发的乱象，引起了从政府到社会各界的重视，从而促成《慈善法》在 2008 年进入人大立法规划第一类项目，并在次年正式进入立法程序。其二是郭美美事件引发的网络舆论风暴对中国红十字会产生了巨大负面影响。其三是 2015 年前后，以腾讯“99 公益日”为代表的互联网创新热潮，普遍激发了网民的捐赠积极性，使得第三方线上筹款额激增。

“白杨树下微心愿”项目也是对互联网公益的实际探索，在了解了《慈善法》整个立法过程后，团队成员自发认真学习了《慈善法》关于互联网公益的条文，并基于平台的严谨性和风控考虑，起草了平台用户协议。联合从事律师行业的专家，对项目整体设计和相关协议进行了风险把控。天津鼎运律师事务所是已经入驻公益平台的爱心企业，为弱势群体提供免费法律咨询。

三、项目设计

前期的公益项目设计是整个项目的基石，如果设计不清晰可能后期实施会处于被动状态。首先要明确项目要解决的问题是什么，大致准备分几步去实施，哪些利益相关方可能会参与项目。另外，设计项目时要从简单出发，可能项目最后会做得非常大，但是开始的时候可以选择一个非常简单的切入点。

（一）分清慈善与公益

公益与慈善的区别在于，公益代表对全社会全人类利益的追求，而慈善代表对有需要人群的慷慨帮助。例如，捐款捐物属于慈善行为，而通过捐物等系列行为可以提高受捐者或受捐地区的整体生活环境，则属于公益行为。通俗讲，慈善是“授之以鱼”，公益是“授之以渔”。其实在真正的公益实践中，公益与慈善是紧密联系并相互转化的。

（二）调研与明确目标

在前期调研过程中，我们遵循了一定内在逻辑。其中关注了政策、社会热点、国外相关探索、当下流行移动互联形式、国内同行业情况、资源优势与劣势、内部成员的个人情况等因素。

通过前期对市面主流互联网公益平台系列调研不难看出，他们都是以募捐为主，但是募捐为主的公益隐含某种内在强迫性，因为它需要让捐赠人或捐赠企业“额外花费”去帮助受捐人。仿佛这又回归到了最初的“慈善”施舍层面，互联网科技手段只是将线下的“慈善”搬到了线上，让信息壁垒打通，让人们更便捷地获取捐赠目标信息。但是自从“郭美美事件”等曝出，许多用户对捐款行为已经有了极大的抵触心理。事实确实也如此，捐助款项是否可以真正下沉到需要帮扶的人身上，已经成为打消捐款人积极性的最大阻碍。那么，进入移动互联网时代，在“公益 + 社交”的生态下，互联网公益是否可以跳脱“金钱资源”的圈子，从另一“资源”入手，探索“人人可参与、时时可参与、处处可参与”公益生态的最大可能性，这正是我们此次公益项目着手去做的。

这里的另一资源就是“闲置资源”。当今人类已经进入工业化后期，全世界从来没有像今天这样存在大量的闲置资源。当今世界的闲置资源表现在两方面，一方面是大量受过良好教育的人的闲暇时间，即认知盈余；另一方面是大量物资和产品处于闲置或半闲置状态。如果能有效盘活这类“闲置资源”，让社会闲置资源再流通与使用，这就将互联网公益往前推了一步。这也可能就是基于 Web 3.0 的互联网公益。为什么一直没有提 Web 3.0 这个概念，是因为 3.0 目前还处在发展早期，业界争论很多且无定论。有的认为是数据管理方式，有的认为是交互手段，有的认为是带宽，有的认为是营销噱头，有的甚至认为 3.0 并不存在或不可能实现。但若从 2.0 出现的海量信息价值提取的核心问题出发，3.0 的目标是需要网络具备“智能”功能以对用户需求进行信息处理。从这个角度看，3.0 应该是“以用户为中心”的信息服务模式。每个用户都会有自己个性化的信息平台和智能助手，为用户实时动态提供其所需的信息和服务。虽然 Web 3.0 截至目前还无定论，但是基于这种模式下的互联网公益在英国已有探索，这就是 Impossible 平台。用户可以在 Impossible 平台做两件事：发布个人小小的心愿；根据自己的技能和地理位置回应平台上他人发布的心愿。这个平台所依赖的是陌生人的善良和慈悲的胸怀，背后依据了礼物经济的理念，即当你为他人提供服务的时候，对他人没有具体的回馈预期。平台创始人是想建立一个乌托邦社会，当你有需求的时候，任何人都可以响应，任何人都能支持你。Impossible 这样的理念引入国内的意义在于，可以用来打破“人人可公益”与“捐款”之间的等号。不仅如此，我们还可以把 Impossible 背后的礼物经济理念再推进一步，通过激励政策，使做公益的人在平台可以获得相应公益值，公益值可以兑换爱心企业提供的产品或服务。这样就开启了企业参与公益的更多可能性，不仅可以向基金会等慈善机构捐款，而且可以基于企业自身优势，盘活闲置资源，减轻企业参加公益的负担，通过移动互联网媒体曝光还有助于塑造企业公益形象。

又加之2020年是脱贫攻坚决胜年，国家政策一直宣导“精准帮扶”，提出“点亮微心愿”公益项目，通过前期市场调研分析，发现了产品缺口，又看到国外已有的实践成果，因此选择了“借船出海”的方式，依托腾讯建设的庞大移动互联网根基，借助信息技术，准备自主研发“微心愿”公益小程序，在这个平台上可以实现一对一精准帮扶，实际解决信息不对称、公益践行意愿低、帮扶没效果、公益无法下沉等现有互联网公益平台存在的问题。

（三）合作伙伴选择

发起这个项目的初衷是希望汇集一群心中有梦、眼里有光的人一起实现帮扶精准有效的目标。愿景致力于激励更多人践行公益行为，鼓励企业善用自身优势创造基于条件内的公益价值，同时帮助企业树立公益形象。

前期已经认真分析了这个项目的特点，先大致计划了所需的几个岗位：产研人员（前端、后端）若干、UI设计人员至少1人、运营策划人员若干、平面设计人员至少1人、外联人员若干。通过沟通和自身判断力，层层确认适合参与的人选，并确认其在团队中合适的角色，明确每个人的职责权限和工作范围，以保证项目的执行效率。

四、项目实施

（一）非组织的组织化管理

由于19位联合创办人几乎都有各自工作，并且在还没有正式开学的情况下，大家都分散在各个城市，全部聚集在一起讨论办公几乎不具有可能性，所以整体来讲，我们属于“松散”型的团队。基于这样的团队类型，建立有效的沟通机制和项目督导机制是非常关键的。

首先，在人数大于2人的职能小组设立小组长，负责把控小组的整体工作节奏和组员具体执行情况。

其次，第一次启动会后，通过线上投票方式，以少数服从多数原则规定了每周四晚9点全员线上碰头会议的制度，每次会议前都要制定基于本次会议的会议议程，会议后要及时总结会议纪要。这样的“沟通机制”是为了让每个人抽出固定时间，以尊重彼此为出发点，集中高效协作处理与项目有关的各项事宜。

再次，要求每个职能小组制定本组的各项事宜推进规划以及时间进度表，确定好每项事宜的“节点”，让全部成员了解每个人在做什么，需要自己协助什么，需要每个人“交作业”的时间点是哪些。通过这样的“项目督导机制”，一是基于目标更清晰地看到项目发展的整个计划脉络；二是明晰未来三个月每个人具体需要完成的事情，以便提早安排自己的工作和生活节奏；三是基于中国人普遍具有的“好面子”的心理，及时关注其他成员的工作内容和进度，形成内在的“攀比”氛围，以保证项目可以向着最优化发展。通过三个月的观察与相处，由于每个人具备不同的背景、文化、知识结构和工作方式，所以可能会出现矛盾、冲突等不和谐因素，但是这些因素也会转化成另一种项目的推动力。很多成员通过几个月的相处，不仅收获真正友谊，还可以发现将来有合作契机。

最后，基于远程协作的形式，善用团队远程协同办公工具。在整个项目进展过程中，我们使用了腾讯会议 App、问卷星（内部投票、调研使用，）小程序、腾讯文档 App（共享自己笔记，有权限的团队成员可进行编辑）、百度云服务（传输共享大文件）。或许是因为疫情原因，各种远程协同办公工具都在飞速发展，争夺用户群，目前大部分工具都可以免费使用，可以说为我们这种非组织型的团队进行“组织”化管理打通了“任督二脉”。

（二）项目启动与破冰

召开项目线上启动会，目的主要是让大家相互了解认识，并再次明确了共同目标。在启动会开始前，组长姜永慧先与产品经理李昀多次对接需要开发小程序的具体需求，并提前向所有联创人发布会议议题和需要讨论的需求文档，以便让为数不多的碰头会议更加高效。

根据各个职能小组的具体工作安排，首先通过投票进行线上“平台”名称的确定，然后从征集来的 20 多个名称中，确认了“白杨树下微心愿”这个名称，并同步开展了 Logo 设计以及 VI 设计工作。开始时筹备启动资金有一定难度，加之对于项目整体未来可能的“盈利”模式存在争议，所以虽然考虑过是否要注册商标，但最终还是放弃了。

图 1　白杨树下微心愿团队 VI 设计

（三）项目执行“双轨道”必要性

虽然“白杨树下微心愿”作为一个以核心产品“微心愿 i”小程序而成立的公益团队，但是一个平台的上线需要历经“漫长”的研发过程。作为一个由学校规定好结项时间点的公益项目，必须珍惜时间，在有限时间内输出最大价值。因此，我们改变了以往产品市场运营的模式，在产品（小程序）研发的同时，主动树立项目品牌形象，积极推进公益活动落地生根，通过建立自媒体征集心愿，以“许愿＋公益”的模式，在短短的三个月内策划开展了四场线下公益活动。

（四）轨道一：公益活动落地生根，树立公益项目品牌形象

项目组成立之初，为了体现团队精神和形象，我们定制了文化衫、胸牌、旗帜及横幅。

基于自媒体公号线上征集心愿，按照时间轨迹，开展了线下“点亮心愿”公益主题活动：

1.“牵手高榆小学，用爱点亮希望”公益活动

2020 年 8 月 15 日，白杨树下微心愿团队成员联合山东省临沂市板泉镇政府，与当地省派第一书记共同举办了“牵手高榆小学，用爱点亮希望”图书文具捐赠公益活动，同时还收集了家庭困难同学的微心愿。

图2 图书文具捐赠公益活动

图3 认真写下自己的微心愿

图4 将心愿投入心愿箱

2.“追忆红色峥嵘岁月，定格沂蒙老兵风采”公益活动

8月16日，时值八一建军节，在“微心愿征集”中发现一条微心愿，这个心愿让团队关注到了退伍老兵群体，于是联合临沂市板泉镇共同发起了“追忆红色峥嵘岁月，定格沂蒙老兵风采”公益活动。帮老兵重穿军装，拍军装照。

女	帮别人许愿	我的爷爷是名老兵，他想要再穿一次军装，拍一张好看的军装照珍藏，由于工作原因我一直在外地，希望有爱心人士可以帮爷爷圆梦。

图5 心愿收集

结束拍摄后，又实地探访三位曾参加抗美援朝战争的90多岁抗战老兵。

图 6 “追忆红色峥嵘岁月，定格沂蒙老兵风采”公益活动

图 7 再穿军装，定格风采

图 8 探访抗美援朝老兵徐进忠

图 9 赠送《无悔军旅》公益纪念册

9 月下旬，我们将自主设计并制作的公益活动纪念册《无悔军旅》，委托当地政府赠送给了沂蒙老兵们，受到老兵们的一致称赞。

3.“走进听障儿童，用爱叩响无声”公益活动

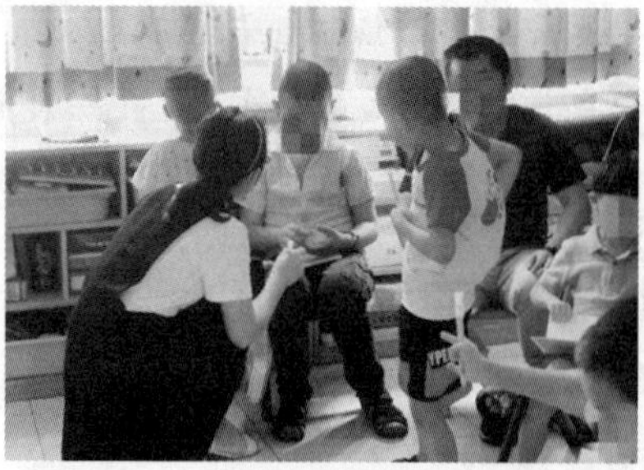

图 10 与小朋友耐心交流

图 11 小朋友用捐赠的文具画画、写心愿

8 月 22 日，白杨树下微心愿联合北京理工大学爱心学子一同走进北京市房山区天云听力言语康复训练中心，通过与孩子们亲密接触，聆听他们小小的心愿，为这群特殊的小天使送去温暖和关爱。

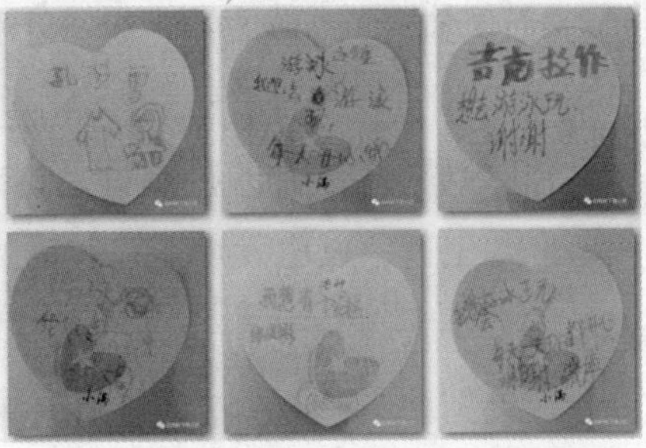

图 12　小朋友用捐赠的文具画画、写心愿

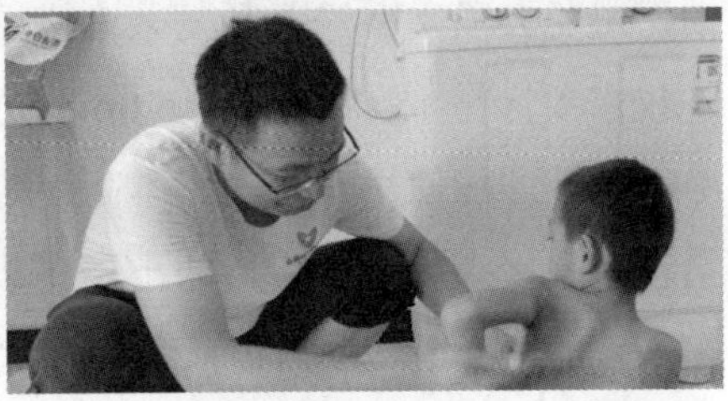

图 13　在老师指导下，团队成员帮孩子洗澡

4.“点亮心愿，职引未来”公益活动

白杨树下微心愿收到许愿人姚先生的心愿邮件，“我是一名老师，希望有专业的团队为大厂职教中心即将毕业的学生办一场职业规划讲座”。9 月 12 日，我们团队携手“为你职引”公益小组，走进大厂职教中心，为现场百余名同学献上精彩纷呈的“点亮心愿，职引未来”公益宣讲，帮助同学们正确认识自我、做好职业生涯规划，同时收集了同学们的微心愿。学校校长也参与了此次活动，并给予了中传学生高度评价。

图 14　同学们挥舞着“心愿卡”

图 15　与大厂职教中心李鹏副校长、姚金龙主任合影留念

图 16　邀请校长现场抽奖，活跃气氛

图 17　同学展示自己的微心愿

（五）轨道二：线上平台——小程序自主研发

线上平台研发的过程，遵循了如下步骤：

互联网平台最大的特点就是打破信息的鸿沟，实现信息对称，微心愿小程序也基于这一点出发。产品载体的选择是我们面临的第一个问题。在 App、Web 端和小程序端中，经过对比，我们最终选择了小程序。主要原因有两点：第一，更贴近用户：Web 端目前更偏向工作群体，移动端更加贴近大众用户，可以随时随地登录平台。移动端的选择对产品设计中能够贴近移动端操作习惯、避免大段文字输入和复杂表格操作提出了要求；第二，更低的成本：App 不仅需要区分 ios 版本和 Android 版本，对研发团队的配置要求高，用户也必须下载才能使用，接入成本高，对种子用户的累积要求高，所以 App 的方案被果断放弃。时下流行的小程序，更应和微心愿微字的词义：细小，轻微。在平台的选择上，项目组认为应该“借船出海”，选择一款用户基数大的常用工具平台，如微信、支付宝。其中，微信小程序更贴近社交网络，更易形成传播效应，最终“微心愿 + 小程序”在微信平台扎下了根。

确定了“载体”之后，进行具体需求对接，下述为平台主干需要实现的功能：

个人信息填写：为保障平台合法合规，许愿及认领心愿需在平台填写相关信息进行实名；

许愿功能：通过平台发布心愿，经审核后可见；

认领心愿：除许愿人外的其他平台用户可认领心愿，认领心愿后线下完成，完成后反馈平台；

公益值累积：平台积分体系 – 公益值，可用于兑换礼品，给予帮扶人一定程度的激励。公益值对应用户等级，达到一定等级授予铜、银、金、钻石等用户徽章，给用户荣誉感。同时具备一键分享荣誉至朋友圈功能；

积分兑换：用户可通过平台消耗公益值兑换礼品，通过平台填写收货信息，后用于给爱心企业进行履约；

志愿活动：个人账户可经认证升级为组织账号，发布志愿活动信息，招募志愿者。

通过需求分析，从手稿形成了产品架构图，再进一步形成了产品原型图，最后通过 UI 设计后可以继续开展前端、后端的开发工作。

其间也分析学习了市面类似产品：腾讯公益、京东公益、泉心愿等小程序。

腾讯公益：作为腾讯官方公益组织，不仅拥有功能强大、面面俱到的小程序，更设立了 9.9 公益日，是互联网公益平台的典型示范。主要由详尽生动的项目介绍，配合捐款形式进行帮扶。近期更推出了公益小游戏，提升了平台黏性及用户活跃度。腾讯公益背靠有强大研发实力的鹅厂，当中的产品和交互体验，是主要学习的对象。

京东公益：项目组同学曾经参与过京东公益项目，京东公益立足于其强大的电商交易、物流和供应链能力，实现了借助自身优势进行帮扶的方式，即用户参与平台项目，只需进行线上支付，京东即可对帮扶地区进行集中配送。这启发了我们，在产品设计和项目定位中，要发挥中传优势，立足校园，重传播，以点带面，以形成微心愿项目效应为目标，影响和发动身边人，关注和参与公益。

泉心愿：济南市历下区党政机关推出的公益平台，充分发扬地方特色，满足了个人小小愿望，以党组织为桥梁，指尖许愿，线上认领，合力圆梦。主要流程与项目目标十分相近。同样是线上结合线下的形式，因为其具有地方区域性，使我们开始立足校园的定位变得更加切实可行。

在开发语言的选择上，结合了开发人员各自擅长的领域，并考虑研发周期，最终后端采用 Python 的 Django 框架由宋彦杰独立开发，前端采用 uniApp 框架由丁连嵩和陈莎莎协作开发。对于框架结构，基于前期可能用户数量不大（预测 10K 用户），对服务器性能要求不高，

图 18 市面类似产品截图

所以采用 All-In-One 架构，没有做分布式，且采用云服务器，可靠性有保障。最终架构设计为 Linux+Django+uWSGI+MySQL+Redis。前期基于以往工作经验，考虑了高并发问题，但预估从用户数量以及时间分布等方面考量，并发链接数预计会在 200 以内，所以就没有设计高并发环节。

任何一个线上平台都有自己的运营规范，团队协同律师一起拟定了平台用户协议，制定了平台使用规范、用户公益值累计算法以及用户公益值兑换规则，以保证平台顺利运行，以及上线初期用户良好的使用感受，形成美誉口碑。同时也进行了可能的风险预估，提早做好预案。

图 19 “白杨树下微心愿”体验版上线

小程序经历了 1.0 内部内侧版本、外部用户体验版、正式版三个阶段，实现了基于从“个人”为主体的平台背书，跨越到以“企业”为主体的平台背书，这也充分体现了我国工信部对于互联网公益平台审核的高门槛和严谨度。起初选择“个人”的主要原因，一是没有现成“企业”合作挂靠；二是由于时间紧迫以及初期团队成员并非稳定，考虑不能耽误时间在无效果的讨论上，所以决定先“个人”主体运转起来，后期出问题再“打补丁”。这样的探索方式，可能看似后期上线阶段耗时周期变长，但是从整体项目来看，基于项目本身天生具备的属性，初期有没有及时抓住合作伙伴、及时抓住市场才是真正的关键。有时候错失了最佳时间点，很可能会让整个项目周期变得更冗长，甚至变被动或直接项目搁浅。

或许从专业的技术角度来看，项目平台可能所需的研发工作量并非庞大，但是从项目成员组成方式以及成员基本均为在职在岗的情况下，有些成员因个人工作生活安排，无疑被砍掉了许多沟通和交流的机会。这时候彼此间的信任和尊重就显得尤为重要，如何建立信任和尊重，或许不是此次公益项目所要探讨的主题，但是基于团队成员都是有丰富工作经验的人，所以关于这点，大家的共鸣不言而喻。

五、发挥团队成员自身优势资源，进行外部企业联动

国际商业机器公司于 2008 年 2 月发布的 *Attaining Sustainable Growth Through Corporate Social Responsibility* 调查报告指出，68% 的企业受访者表示企业社会责任活动可以帮助企业创造营收；54% 的受访者表示，企业社会责任行动可以为公司创造竞争优势；75% 的受访企业更表明，越来越多的企业将企业社会责任视为“成长的机会”而不是“慈善行动”。由此可见，企业社会责任已经不是可有可无的营业成本，而是可以带来财务报酬的投资，因为消费者会因为企业的社会责任表现而改变自身的消费决策。

在互联网出现以前，企业直接参与公益有两个明显的痛点：一是企业参与公益的方式单一，非常依赖直接向基金会等公益机构募捐；二是企业在公益活动中的参与感比较弱，社会的感知度也较低。随着互联网时代的到来，这两个痛点都可以得到不同程度的解决。比如在这个公益项目中，我们鼓励企业善用自身优势，充分调动闲置资源，进行基于条件内的公益行为，同时平台的传播窗口还可以帮助企业塑造公益形象。

自项目成立至今，外联组的成员积极与各企业单位寻求资源合作。目前，已有 12 家爱心企业给予我们赞助支持，分别是北京象形印务咨询有限公司、云海肴（北京）餐饮管理有限公司、天津鼎运律师事务所、北京奇良海德印刷股份有限公司、北京新益晖印刷有限公司、瑞禾印刷、北京精印堂印刷、北京美图印务有限公司、北京华联印刷、日本凸版利丰印刷、北京大百科全书和万户纳美科技有限公司。

图 20　与部分企业合影留念

爱心企业不仅给予小程序平台上线后的礼品赞助，也对线下活动的物料给予了最大程度的支持。通过不断优化完善，相信会吸引更多爱心企业的加入。

六、项目传播

当前社会正处于新媒体蓬勃发展的时代，利用新媒体技术进行品牌传播已成为对外宣传中必不可少的环节。基于此，“白杨树下微心愿”应用新媒体技术和传播渠道，通过搭建微信公众号、微博、头条号、抖音、B 站以及快手等新媒体平台工具，策划优质的内容，向用户广泛推送公益项目信息，提高项目知名度与参与度，从而让我们的核心产品“白杨树下微心愿 i”公益小程序得以深入人心，切实实现一对一精准帮扶。具体从以下三个方面对新媒体线上推广进行详细阐述：

（一）项目推广计划与策略

1. 找到突破口

①体现个人许愿——个人认领的“一对一精准帮扶”的特点；

②塑造人人皆能参与的公益平台形象。

关键词：许下心愿，实现心愿，一对一精准帮扶

关键词始终贯穿于整个项目的推广，是内容输出的主线。

2. 制定项目整体推广排期（2020 年 7 月～10 月）

推广目标：

树立“白杨树下微心愿”公益品牌形象，逐步积累用户群体，为公益小程序的上线做准备，实现用户导流，从而提高线上小程序的参与度，提升项目的影响力。

推广策略：

首先，对不同职业、不同人群进行划分，挖掘人物背后的小心愿，引发与读者的情感共鸣；其次，借助热点进行炒作，针对一些特殊节点释放与之相关联的内容炒作，巩固“白杨树下微心愿”一对一精准帮扶的核心价值点；

再次，通过短视频平台的渠道投放，增加曝光，为品牌输出获得更多流量；最后，线上传播须与线下落地互相配合，二者相辅相成，形成闭环，为项目的整体推广助力。

推广主题：白杨树下微心愿，以爱之名，点亮心愿

从公益的角度出发，帮助每一个许下心愿的人实现心愿，激发更多爱心人士参与公益，切实实现一对一精准帮扶。这是“白杨树下微心愿”成立的初衷，也是项目推广主题的核心内涵，同时这一推广理念也在各主题活动中进行系统的传递。

推广排期：

第一阶段：预热期（7月~9月）

这一阶段以输出“白杨树下微心愿”项目价值点为主，建立品牌形象，配合线下主题活动进行线上传播，为小程序的上线做前期造势，也让更多爱心人士和企业关注并加入我们。

第二阶段：引爆期（10月上旬）

这一阶段以“白杨树下微心愿 i”小程序上线作为引爆点，核心产品的推出势必会带来舆论关注，加上平台内容的持续输出，进而强化本项目的公益品牌形象。

第三阶段：维稳期（10月）

这一阶段以挖掘小程序平台里的典型人物故事为推广主线，配合典型活动宣传。

新媒体推广渠道如下：

微信公众号　微博号　头条号　抖音号　B 站号　快手号

图 21　各视频网站

（二）自媒体推广内容简析

1. 微信公众号推文展示及数据分析

微信公众号作为十分重要的推广阵地，其内容以项目核心价值点输出+活动宣传为主，阶段性相关数据如下（此为后台数据，与客户端展示数值计算方法有所不同）：

表 2　微信公众号阶段性相关数据

发文数	粉丝量	阅读次数	分享次数	点赞次数	完读率
12	624	6572	589	178	69%

26～35 岁人群占比最高，达 37.34%，其次是 18 岁以下人群，60 岁以上人群占比最少。

▲女性群体占比 65.98%，男性群体占比 34.02%，男女比例接近 1 ∶ 2。

▲从地域分布来看，主要集中在北京市和河北省。

▲①《白杨树下的心愿指南，请查收！》，阅读 1564 次；

②《大山里的小心愿》，阅读 1346 次；

③《铭记九一八，致敬老兵，不忘国殇！》，阅读 1302 次。

内容互动：上线简易版心愿征集小程序

在项目组自主研发的“白杨树下微心愿 i”小程序正式上线之前，为了加深用户对项目概念的理解以及培养操作习惯，我们上线了一款简易版征集心愿的小程序，与用户产生互动，通过用户参与并填写的心愿，挖掘出典型案例，为线下活动积累素材。同时，用户的信息反馈也为小程序的研发起到了关键作用。

图 22　征集页面展示

分析与总结：

综上所述，作为内容推广的主战场，微信公号的数据反馈与预期基本一致，达到此阶段的预期效果。其中，首篇推送获得了较好的曝光与关注度，为公号积累了首批用户。为了增强粉丝黏性，线下同步进行与微心愿相关的主题活动，线上传播内容以抗战老兵这一主题最受关注，彰显出时下青年群体的浓厚爱国之情，让青年的力量传递社会正能量。

在粉丝量增长方面，河北廊坊大厂职教中心线下活动当日出现了陡增，增长量为 178，得益于现场需扫码关注参与互动这一行为，这也促使河北省的用户占比激增，仅次于北京。

针对现状，我们加以反思，并提出了几点优化建议：①针对女性群体占比高这一特点，推文选题可以更偏女性化、更细腻动人，以小见大、触动人心；②以老兵这一主题活动为参考，寻找类似的典型人物群体进行宣推，更易于公益品牌美誉度和知名度的提升；③在线下活动的过程中，穿插引导关注的环节，避免用户流失。

2. 微博及头条号部分内容展示及数据简析

微博内容部分展示：

阶段性截图：微博 16 篇，累计阅读量 1 万 +。

发文 8 篇，累计推荐展现 6 万 +。

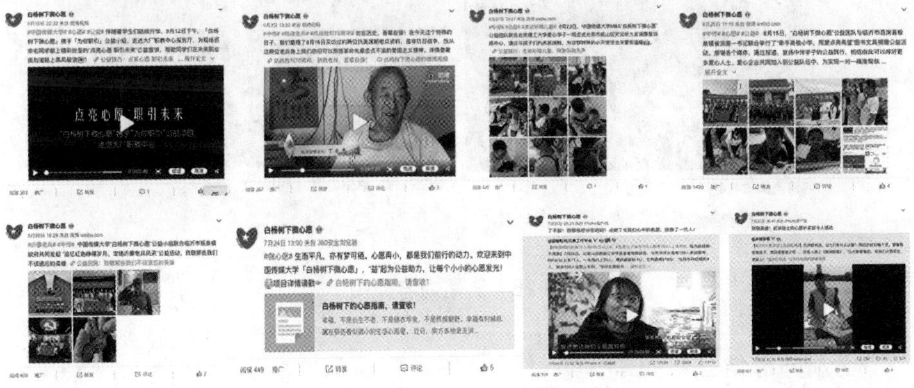

图 23　微博内容部分展示

分析与总结：

微博与微信号作为内容展现的平台，因运营时间和人员精力等因素，关注度不如微信公众号，累计的粉丝量也不高。作为内容持续输出的窗口，应优化内容形式，贴合二者用户群体喜好。从另一方面来说，二者也为“白杨树下微心愿”的品牌传播起到了一定作用，从微信公号文章的观看来源中，我们发现从微博、微信号引流的数量还是显而易见的。

3. 短视频平台内容展示及数据简析

图 24　抖音内容截图

图 25　快手内容截图

图 26　B 站内容截图

分析与总结：

本项目选取了时下主流的三个短视频平台，虽然三者的用户画像各不相同，但基于项目本身需广泛传播的诉求，尝试将制作的短视频发布于此。从数据上可以看出，在抖音平台播放量最高，平均 600+，在 B 站播放量最低。受众多因素制约，三个短视频平台的传播效果不理想，提升空间还很大，但不可否认的是，短视频依旧是内容传播的重要阵地。

（三）海报设计

针对项目传播的核心价值点以及线下开展的活动，本组设计了一系列海报图，便于朋友圈、公众号、微博等快速转发。

（四）视频制作与数据简析

项目运行至今，累计原创 4 条视频，不仅自主拍摄、剪辑了“白杨树下微心愿”项目宣传视频，同时围绕各个主题活动，制作了后宣活动视频，让内容展现形式更丰富多彩，提高传播效果。

1. 寻访抗美援朝老兵——丁元志

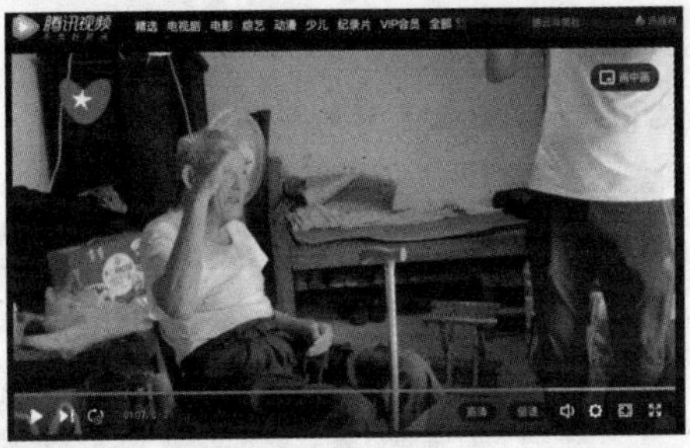

图 27　寻访抗美援朝老兵丁元志视频截图

视频链接：https://v.qq.com/x/page/p31463gliiq.html

2. 点亮心愿职引未来——大厂职教中心公益活动

图 28　点亮心愿职引未来公益活动视频截图

视频链接：https://v.qq.com/x/page/c31524oob9x.html

3. 公益践行者——项目组成员 VCR

图 29 项目组成员 VCR 视频截图

视频链接：https://v.qq.com/x/page/t3157rqvcmn.html

4. “白杨树下微心愿”项目宣传片

图 30 项目展示宣传视频截图

视频链接：https://v.qq.com/x/page/x31575du4h6.html

分析与总结：

以上由项目组成员自主创作的 4 条视频，全网累计播放量超 1 万次，通过视频形式的传播，进一步提升了大众对项目的认知度，进而关注到项目本身，为后期小程序的发布积攒了用户群体。但仍存在不足，无论是内容的丰富度，还是剪辑手法都有很大的提升空间。

（五）外部媒体推广展示

基于项目组自身的推广与传播，结合线下活动的开展，我们得到了很多政府媒体的关注与转发，极大地坚定了做公益的信心，我们也将继续发扬中传 MBA 学子的优良品质，肩负起社会责任，守初心记使命，在公益的道路上砥砺前行。

图 31　学习强国（中共中央宣传部）报道页面

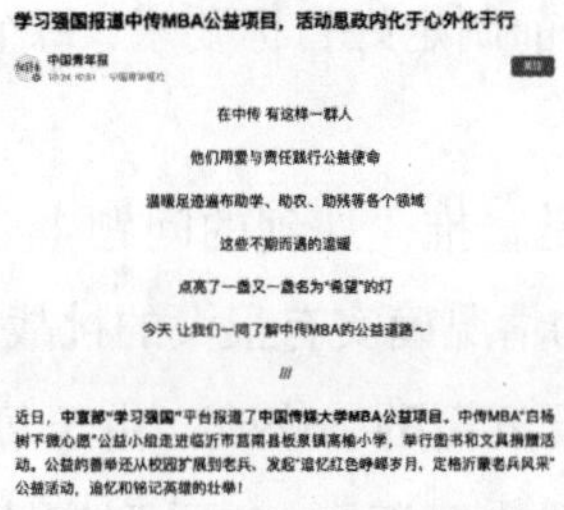

图 32　《中国青年报》报道页面

图 33　鲁网（山东省重点新闻网站和对外宣传网站）报道

图 34　今日板泉（板泉镇人民政府）官方报道

从传播效果来看，四场活动带来的社会效果是超出预期的。通过一系列活动，持续输出“许愿—实现心愿 + 一对一精准帮扶”的核心理念，不断强化品牌形象，不仅得到当地政府等相关部门的支持与肯定，还有幸荣登中宣部“学习强国”，受到广泛赞誉。公益活动的践行，是中国传媒大学 MBA“爱与责任”双心教育的良好体现，最大程度地滋养人心，传递中传学子温度，传播社会正能量，让全社会感受到我们肩负的使命与责任，不忘初心，让爱与温暖渗透到社会各个角落。

七、各职能小组所遇问题及解决措施

产研组面临的最大问题并不是技术问题，而是各自的时间调配协作的问题。因为大家都从业于各个互联网行业，即使之前没有接触过小程序的开发，学习起来上手也很快，但是互联网从业者日常工作强度大，而且不固定，所以能调配出共同的空闲时间很难。因此产研组选择利用“腾讯文档”App 这种可多人协作的在线文档，提前制定好目标要求，每个人据此安排时间将“在线文档”填满。

运营策划组的工作主要是宣推，遇到的问题主要有三个方面：1. 宣推都有时效性，对于组员且在职的情况确实有很大的挑战，可谓时间紧、任务重，尤其是视频剪辑制作，需要反复斟酌、修改，由于每个人对视频传播内容都有很高的期待，所以一度遭遇内容瓶颈；2. 受到疫情影响，原先策划的线下活动实际无法进行；3. 小程序研发进度的变化也直接影响到宣推的排期和内容。针对这些问题，更加体现了团队精神和共同愿景的重要性。每次遇到问题，几乎每个人都参与到讨论中，群策群力，力求找到最优解决方案，每个人都尽全力参与其中，不断推进宣推工作的开展。例如，小程序原计划 9 月上旬上线，以上线作为引爆点配合相关宣传。实际上由于多种因素导致原计划被推迟，我们为此重新规划了运营思路。“只要智商不滑坡，办法总比困难多”，即使大家都不在一个城市，即使大家各自都有繁忙的工作，甚至大家都未曾谋面，但团队的凝聚力特别强，都在为共同目标努力着。

外联组遇到的最大问题主要是“走向哪”和“如何走出去”的外联问题。基于第一次碰面会分析的平台人群定位，很快将初期向外外联的对象锁定为中传学生及北京高校学生，因此“走向哪”已确定。外联组首先积极联合 2020 级 MBA 学生以及拓展 2019 级 MBA 学生，秉承 1+1>2 的原则，共同开展了一系列活动。例如：联合 2020 级 MBA 学生个人发展成为平台的爱心律师，之后又进一步将其律所发展成我们的爱心企业，为平台用户提供免费的法律援助；联合 2020 级“为你职引”小组一起在大厂职业学校开展线下公益活动，受到学校校长的高度称赞；联合 2019 级学生个人为平台积极宣传拓展，将 2020 级其他公益小组的项目成果展示到我们平台中，丰富平台内容的同时，也可以帮助其用户引流，达到双赢目的。几乎所有人都是第一次参与一个公益项目的“从无到有”，所以对于拉赞助方面有些无从下手，也信心不足。因此就决定先从身边熟悉的资源入手，第一家拜访的是云海肴（北京）餐饮管理公司，对方给予的积极参与的态度是出乎小组意料的，第一次走出去企业给我们赞助了很多小礼物用于线下活动，同时也奠定了外联组的极大信心。之后又接连拜访了图书、出版社、印刷公司、文创公司等十几家企业，正是这样一步步的“走出去”，才为后面的四场落地有声的线下公益活动搭建了基础保障。例如，在山东省临沂市板泉镇组织的给贫困小学捐书的活动，由于当地遭遇雨水灾害，外联组为了保证图书安全准时到达活动地点，连夜驱车600多公里将540本全新精美图书准时送达，得到当地政府的连连称赞，为当地贫困小学解决了读书难的问题，达成了当地第一书记的微心愿。

八、项目成果

（一）阶段性成果总结

白杨树下微心愿公益项目运行至今，阶段性成果汇报如下：

在研发团队的共同努力下，从产品初代模型构建到抢先版上线，经过反复研讨、测试、修改，于11月初上线正式版“白杨树下微心愿i”。前期简易版心愿征集小程序的参与用户以及通过落地活动征集的心愿，总数达300+，陆续迁移至小程序正式版。小程序的研发上线，让微心愿公益行为不再受地域、人群等限制，再小的个体都可以基于平台发声，真正帮助到需要帮助的人们，让一对一精准帮扶落地有声。

通过新媒体端对项目品牌的宣传推广，已基本建立品牌认知度。微信公众号、微博、头条号、抖音、快手、B站六大平台同步发布，持续输出核心价值点以及相关联的落地活动，全渠道累计用户8000+、内容阅读量2万+、视频观看次数2万+，为核心产品小程序的导流起到了关键作用。

除了自建平台的内容推广，外部媒体资源也极大地推动了项目的传播。学习强国、中国传媒大学官网、中国传媒大学官微、中国青年报、中传MBA官微、中传MBA联合会官微、鲁网、板泉镇中心小学官网、今日板泉政府官网等媒体的宣传，为项目进一步造势。

四场公益落地活动，让微心愿项目内核更加饱满丰富。作为公益践行者，能够真正为需要帮扶的群体和个人解决困难，实现他们的小心愿，这是我们成立项目的初衷，也是我们举办落地活动的行为准则。高榆小学学生、沂蒙抗战老兵、听障儿童以及大厂职教中心学生，四个不同的群体，四份不同的心愿，在帮助他人的同时，也扩大了项目影响力，提升了美誉度。

截至目前，12 家爱心企业给予了我们赞助支持，分别是：北京象形印务咨询有限公司、云海肴（北京）餐饮管理有限公司、天津鼎运律师事务所、北京奇良海德印刷股份有限公司、北京鑫益晖印刷有限公司、瑞禾印刷、北京精印堂印刷、北京美图印务有限公司、北京华联印刷、日本凸版利丰印刷、北京大百科全书等。未来，通过我们的影响力，肯定会有更多爱心企业加入其中，与爱为伍，公益同行。

（二）项目具备可持续性

对于很多公益项目，可能很快会看到这个项目的一次性社会效益及短期社会效益，一次结果可以很快拿出。但“白杨树下微心愿”项目组看得比较远，更注重项目的可持续性，因为在互联网公益 Web 2.0 向 Web 3.0 的拐点，充满太多可能性，为我们提供了太多值得挑战的空间。我们愿意一直秉承“双心教育”理念，作为一名 MBA，承担起应该承担的社会责任。我们更愿意将这个成形的“白杨树下微心愿”公益平台以及这样的公益模式在一届届的中传 MBA 中传承下去，通过不断升级优化，探索出一条具备传媒基因的校园公益赛道。

此外，我们从以下几方面对是否可持续性进行了探讨：

人员构成：目前人员职责主要分为产研（含运营）、宣传策划、外联三大块。后期也可以按照这样的分工进行运营。一个项目的良好运转离不开财务和法务岗，对于我们项目而言，这两个职能都是由爱心校友兼任的，之后也可采取校友兼任或者相关专业学生直接任职方式。由于大家都出身 MBA，具备一定工作经验，有一定的应对能力，所以短期内可以不细分岗位，长期运营可以考虑将研发和运营分开，外联可以细分校园部分、企业部分，半年度考核指标。这些人员构成 MBA 自身肯定也是具备的。

社会资源：MBA 具备丰富的社会资源，所以这方面是具备优势的。

产品运维：可以成立 MBA 公益协会或公益组织，以组织形式招募校园学生加入，前期可以组织 MBA 学生进行系列培训，打造一个在校学生学习和实践互联网的平台。

落地活动：捕捉平台上典型的“许愿—认领心愿—达成心愿”案例，打造成经典案例用于平台传播推广，不断提升平台知名度以及美誉度，以此吸引更多的用户和企业加入，不断将“雪球”滚大。

传播：任何一个项目的良好发展都离不开传播，而这点中传具备先天优势，这里就不再赘述了，可以以具备中传特色的公益项目为目标去拓展优化。

此外，可持续性很重要的一点是能否不依靠外界企业的赞助，而是长期依靠自己的力量产生价值，形成内部良性发展。例如，听障儿童对色彩有着天生的敏锐，可以尝试将他们的画作进行展览或线上传播，象征性地收取义卖费用，积少成多，用这些经费再为孩子们实现自己的心愿，不再依赖外界。这种可持续的发展模式将会成为我们项目未来发展的关键。

目前，我们基于项目本身还向外拓展的周边文创产品，与文创公司和中国邮政合作打造了一套“白杨树下微心愿”纪念版明信片，用于奖励平台规定时间内首批认领心愿的公益践行人。此外，我们也计划同企业合作拓展更多的文创产品，将“内驱力”增强，解决部分可持续发展的资金问题。目前已经与一家文创企业达成战略合作。

（三）社会影响力

1% 的公益投入，即可产生巨大的社会影响力。无论是物品捐赠，还是亲自参与公益活动，付诸公益行为的同时，也为公益项目本身创造了社会价值和社会影响力。“白杨树下微心愿”通过公益践行，激励更多企业和爱心团体加入到公益行动中来，推动企业强化社会责任意识，给予奉献爱心的个人专业化的平台。

对企业而言，与微心愿公益项目合作，完成爱心捐助，有助于企业树立公益形象，提升品牌美誉度；对政府而言，与中传 MBA 联合开展线下落地活动，政校企合作，在推动政策及促进社会进步方面，可取得事半功倍的效果；对社会而言，白杨树下微心愿公益项目所传递出的社会正能量，感召更多的人加入公益、热心公益。在营造崇德向善的社会风尚的同时，激发全民参与公益的热情，促进社会主义精神文明建设。

（四）对爱心企业和爱心人士的持续带动作用

在项目运行过程中，收到了多家爱心企业的赞助、支持，以及众多爱心人士的公益奉献。通过本项目在品牌形象建设及社会影响力方面的不断提升，对参与其中的企业或个人都有长效的促进作用。通过树立和发挥典型公益活动案例，带动更多爱心企业、爱心人士投身公益事业，从而推动新时代精神文明建设和公益事业的发展。

九、项目趋势和展望

（一）“白杨树下微心愿”公益平台进一步优化空间

1. 遗留功能补齐

志愿服务：一期体验版版本中被舍弃的组织发布志愿活动，学生进行志愿报名的功能进行补齐，使平台功能更加全面化。

评价反馈：当前完成心愿后需要双方确认，还未开通双方互评功能，使心愿实现后流程显得较为单薄，心愿实际是否达成也较难考量。后期将补齐该功能，一方面对心愿是否达成真实可考，另一方面也自然形成风采性项目，增强平台传播性。

2. 平台提效

用户画像，精准匹配：目前平台只有简单的搜索和分类查询功能，帮扶人较难找到适合自己去帮助和完成的心愿。后期计划通过用户标签，LBS 定位功能，智能进行供需匹配，达到高效帮扶、精准帮扶。

动态公益值，心愿分级：目前平台早期因防刷功能未建立，降低用户教育成本两重考虑，每个心愿分值相同，均为 1 分。而实际上每个心愿完成的成本不同，为给予帮扶人有效激励，让有一定成本的心愿得以实现，将区分每条心愿所对应的分值，具体可由审核时运营赋值，也可通过大众审核的方式进行赋值，解放平台运营工作（类闲鱼小法庭）。

（二）互联网公益的发展势头、面临的挑战及应对

随着网络、手机承载的新媒体崛起，5G、区块链等新技术将持续赋能互联网公益，将提高公益活动传播效果。数据显示，2020 年通过网络实施的捐赠已超过 10 亿人次，捐赠金额超过 20 亿元，有超过半数都是互联网公益项目。公益性已成为网络媒体社会责任的重要组成部分。从互联网企业免费开放 AI、算法给抗疫科研团队，到通讯服务商将 5G 技术应用在远程医疗、远程教育等领域，说明在移动互联网时代，新技术、新应用也可以被当作一种公益资源，用于保障公共卫生安全、惠及普通百姓生活，这些尝试显然拓展了互联网公益的慈善边界。

我们可以看到疫情初期对公益救助反应最快的不是各类专业组织，而是华中科技大学、武汉大学等高校的微信校友群，他们从全球筹集到最早一批驰援一线的公益物资；被央视、人民日报等媒体点名表扬的武汉快递小哥汪勇、非正式的民间行动，相比正规机制下的应急动员更加灵活，且主动性高、行动力强。这种“朋友圈”式的民间参与，呈现跨地域、去中心化的发展趋势，成为政府、企业、社会组织等抗疫中坚力量的有益补充。

但是，正如我们所看到和所经历的，中国互联网公益规模快速扩大的同时，公益生态环境不成熟、参与者的能力和经验没能及时跟上，出现了公益项目的信息失真或夸大、盲目筹款和捐款、低效执行与反馈等问题，对公益行业造成不少负面影响。

面对未来，三个关键问题需要思考：一是科技，即未来的新技术力量，如何能更有效地作用于公益；二是机制，即未来的公益运营机制，如何以网络化方式开展；三是文化，即未来的公益文化，如何借助互联网塑造。关于这三点问题，提出以下解决方案：

首先，现在“白杨树下微心愿”项目提倡的就是，基于 Web 2.0 向 Web 3.0 挺进的公益探索。这样的探索，希望可以走出一条新道路，要由传统的输血型公益，开始转向造血型公益。不是你看到别人需要什么你就捐什么，而是

输出智慧、输出信息平台，充分调动社会闲置资源，解决别人的瓶颈。当然这其中需要商业激励和充分的科技储备，公益才能快速有效地融入新技术。

其次，从2009年到2018年9月近十年间，中国社会组织（包括社会团体、民办非企业单位和基金会）从23.6万增长为76.7万，增幅高达225%。庞大的生态意味着复杂的互动。当公益搭上互联网的快车，互联网本身低门槛、快传播的属性，给这个复杂生态带来负面信息被快速放大的风险，例如郭美美事件。所以一套互信机制的建立，可以有效连通市面上多个公益平台，实现数据互通，用户公益服务时常互通，这样通过整体数据分析，可对用户做出更全方位的公益评价，以激励用户践行公益意愿。当然，这样的连通肯定需要政府这只“无形的手”进行政策支持与宣导。

最后，虽然中国互联网公益发展突飞猛进，但是中国民间公益水平与发达国家相比还有较大差距。比如，2016年中国个人捐赠仅占21%，而美国是72%；中国的人均捐赠额2016年是97元，在全球十大经济体中排名最后，仅占排名第一美国8094元的约九十分之一。当然伴随移动互联网公益的发展，中国个人捐赠比例在提升，但是整体水平还是比较低。这些现象表明中国的民间公益水平还比较低，究其深层原因，在于中国还没有形成广泛的社会公益文化，很多人还没形成稳定的公益意识和习惯。到底什么应该作为中国公益文化的根源，如何贴近新一代网络化民众的文化诉求，可能是未来中国互联网公益需要进行的最高层次探索。

一个外教的暴走

一、项目背景

“扶贫必扶智，治贫先重教”，让新生代接受良好的教育，是阻断贫困代际传递的重要途径。党和政府高度重视教育扶贫工作，近年来，国务院、教育部等多部门先后出台了《关于实施教育扶贫工程意见的通知》《教育脱贫攻坚“十三五”规划》《深度贫困地区教育脱贫攻坚实施方案（2018-2020年）》等指导文件，高度重视教育扶贫工作。联合国可持续发展目标也提出，确保包容、公平的优质教育，促进全民享有终身学习的机会。

（一）政策分析

扶贫必扶智。让贫困地区的孩子们接受良好教育，是扶贫开发的重要任务，也是阻断贫困代际传递的重要途径。党和国家已经采取了一系列措施，推动贫困地区教育事业加快发展、教师队伍素质能力不断提高，让贫困地区每一个孩子都能接受良好教育，实现德智体美全面发展，成为社会有用之才。治贫先治愚。要把下一代的教育工作做好，特别是要注重山区贫困地区下一代的成长。下一代要过上好生活，首先要有文化，这样将来他们的发展就完全不同。义务教育一定要搞好，让孩子们受到好的教育，不要让孩子们输在起跑线上。古人有“家贫子读书”的传统。把贫困地区孩子培养出来，这才是根本的扶贫之策。

（二）技术分析

1. 互联网 + 教育 + 公益，打造共享公益新模式

“互联网 + 公益”将成为公益慈善事业发展的时代潮流。VIPKID 与马云公益基金会达成深度合作，共同推出“北美外教进课堂”的公益行动，通过优质英语教学资源分享、定制乡村教师在线培训、交流互动等，展开多方面的合作。双方一起通过互联网理念与技术，做到“互联网 + 教育 + 公益”三位一体，以共享公益的新形式推动教育公益的创新化、专业化与开放化的发展。将公益资源的供给方与需求方连接，实现公益资源的有效共享，提高资源的利用率，提升公益效益。帮助更多的孩子享受到与北美外教交流学习的机会，让他们拥有不一样的国际视野。

2. 电商直播新风口

2020 年，新冠疫情给直播电商的发展安上了加速器，直播电商成为新风口。中央及地方政府有关部门纷纷出台政策，加大扶持力度，强化组织保障，助推直播电商产业快速发展。2020 年 2 月，商务部出台《关于进一步做好疫情防控期间农产品产销对接工作的通知》，鼓励电商企业为直播带货等渠道提供流量支持。“直播带货”已成为打通各地农产品销路的重要途径，这也是在常态化疫情防控中推动地方经济发展、决战脱贫攻坚的有力措施。不少领导干部积极参与直播助销，得到各方点赞。“干部直播带货”解决的是当前农产品销路问题，若能以此为切口，建立电商直播长效机制，推动农民增收、农业增效，更会产生多重积极意义。

（三）社会环境分析

针对中国乡村教育存在的“不平衡不充分的发展”现状，中国约三分之二的小学生在乡村接受教育。所以，中国乡村教育的现状决定着中国社会的未来。

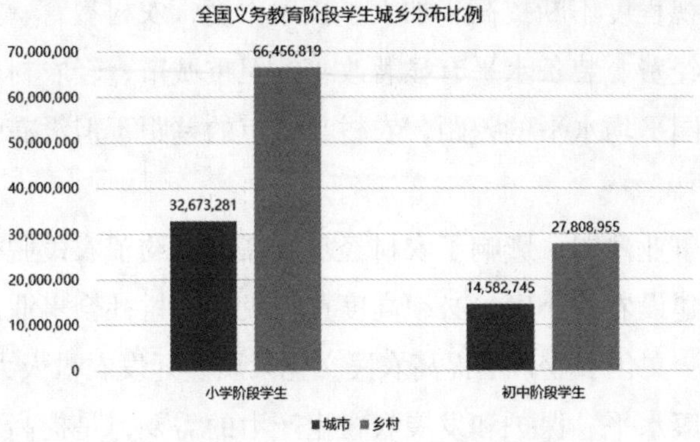

图 35 中国乡村教育的不平衡现状（资料来源：北京情系远山公益基金会官网）

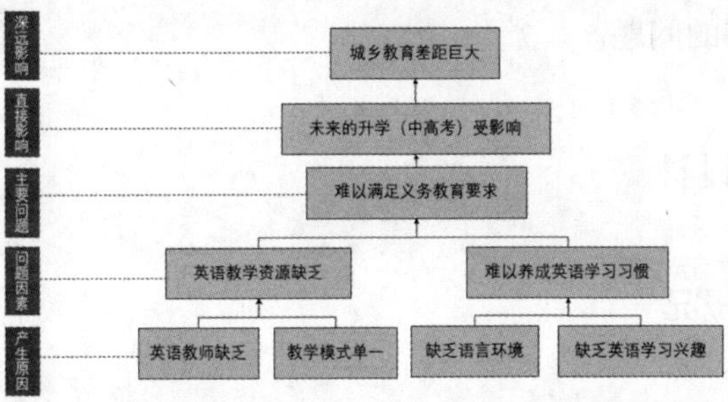

图 36 中国乡村教育问题分析（资料来源：北京情系远山公益基金会官网）

（四）农村公益事业

全面建设小康社会的重点和难点在农村。农村经济是整个国民经济发展的薄弱环节，农村教育、卫生、文化等公共事业发展滞后的问题，更是经济社会发展面临的突出矛盾。

农村教育整体薄弱的状况还没有得到根本改变，部分县市还没有完成“普九”任务，已经“普九”的部分地区水平较低、基础不稳，一些地方还存在着学生因贫辍学、拖欠教师工资、学校危房年久失修、经费短缺、教育负债历史包袱沉重等突出问题。

农村公共事业发展缓慢的原因是多方面的，主要是长期以来我们在指导思想上没有确立统筹城乡社会事业发展的思路，在工作实践中没有建立起完善的农村公共财政体制。农村改革以来，尽管从中央到地方各级财政对农村社会事业的重视程度不断提高，加大了投入力度，农村教育、卫生、文化基础建设、业务经费、装备水平有显著改善，但重城市、轻农村的倾向仍很突出，农村与全国平均水平的差距、农村与城市的差距不但没有缩小，反而进一步拉大了。

农村公共事业薄弱，影响了农村经济发展，制约了农民脱贫致富奔小康的步伐。全面建设农村小康，必须高度重视发展农村社会事业。大力发展农村教育、卫生、文化事业，是提高农民文化素质、开发农村人力资源的需要，是提高农民健康水平、保护和发展农村生产力的需要，是提高农民思想道德水平、丰富农民精神生活的需要。发展农村公共事业，增加农村公共品供给，要从我国实际情况出发，借鉴国际经验，逐步解决农村经济社会发展不协调、城乡发展不协调的问题。

二、项目设计

（一）项目概况

1. 项目简介

本项目处于初创阶段，围绕社会力量参与“打赢脱贫攻坚战”的时代要求和联合国可持续发展目标（SDGs），整合社会资源，将产业扶贫与教育扶贫、商业活动与公益活动相结合，在教育、乡村旅游与特色产业等方面跨界合作，借助优质教育培训企业、机构和高校拥有的以外教为主体的优秀教师资源，到乡村中小学校支教，促进城乡教育公平；结合当地特色文化，与企业合作发展研学旅行和营地教育，为乡村中小学生打开一扇了解外界世界的窗户，开阔视野，促使他们立志高远，自立自强。解决乡村教育遇到的现实困难，为致力于公益事业的企事业单位提供机会和平台，让喜爱中国并热身公益的外国友人更加了解中国各地风土人情，并吸引社会力量参与帮扶乡村地区发展。

2. 服务对象

（1）直接对象

广大中小学生、乡镇在校教师

（2）间接对象

企事业单位、社会爱心人士

（二）创新行动策略

不只支教，还尝试发掘中国美丽乡村资源，推动资源置换，利用直播带货、短视频推广引流，助力当地整体经济社会发展。

将物质捐赠转换为教育服务，利用爱心企业、社会力量，将较高质量的服务持续投入到落后地区。

尝试形成自我造血能力，通过举办品牌活动，撬动企业、学校、社会资源。

1. 项目定位

（1）本地调研

与当地教育部门联系：寻找有支教需求的中小学校；

与当地旅游部门联系：挖掘本地旅游、特产资源，寻找与外界合作机会。

（2）建立企业公益联盟

寻求社会合作，与相关公益组织、基金会合作，寻求资金支持；

与教育培训企业在研学旅行、营地教育领域合作。

（3）建立高校公益联盟

和各高校寻求合作，设立校园形象大使，提升项目品牌知名度，引导参与项目活动。

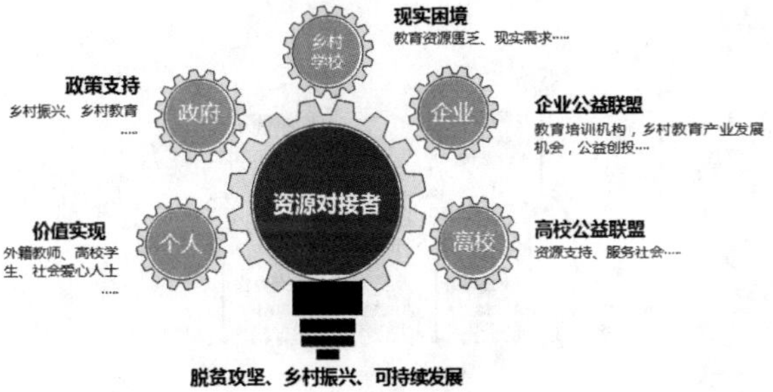

图 37　项目定位

2. 运作模式

本项目期望打造一个可持续、有自我造血功能的品牌公益平台组织。通过挖掘乡村当地优质自然、物质资源，利用互联网思维、技术、经济模式，带动发展当地特色产业，为本组织运转供能的同时，搭建平台整合社会资源和个人力量，引进优秀教育资源以滋养当地教育，促进资源置换、资源配置、资源流动。

（三）项目规划

1. 项目目标

（1）总目标

打造能够对接发达城市进行持续教育帮扶，具备自我造血能力的公益品牌。

（2）阶段目标

通过调研、设计和实践，完成一套面对欠发达地区学生的夏令营课程体系；

利用相关渠道，广泛收集服务对象需求，建立完备资源对接体系；

培养一批心怀社会、致力于乡村教育的公益助学团体；

与企业、政府、高校合作，建立热心公益的企业联盟；

建立公开透明的信息管理平台。

2. 重点发展方向

2020 年，在项目起步并成功实施数站之后，将已有课程进行改善丰富和标准化，进行更加广泛的招募和实施。

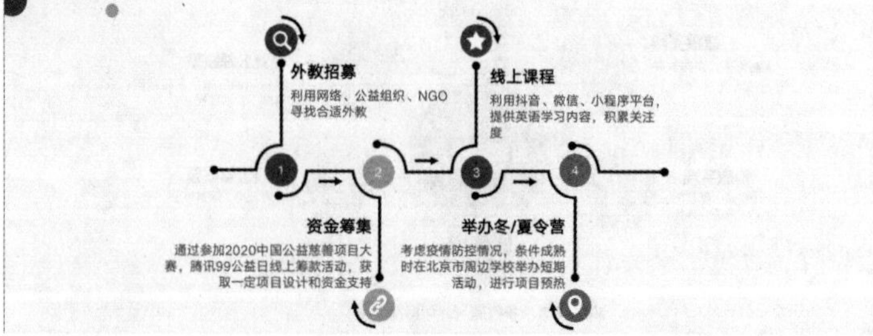

图 38　项目实施计划

3. 资源拓展

2021 年，寻找扶贫产业园区建立合作，通过直播带货获得资源置换用于部分支教经费。

2022 年，结合已有项目平台，搭载更多在线教育类资源和更多志愿服务力量，使得项目服务得以延续，持续性追踪受助学生。

2023 年，寻找稳定的赞助方，搭建受助者和志愿者平台，通过标准化的体系进行管理，协调并对接相关方的需求，进行平台化运作。

4. 预期成果

两年内发展两所偏远地区初中学校，服务近 300 名中学生，提供 3000 小时英语课程。

（四）组织建设

1. 组织文化

（1）愿景

让每个平凡的孩子都不普通。

（2）使命

专注资源对接，助力乡村振兴。

（3）价值观

博爱，务实，纯洁，奉献。

（4）组织 Logo

含义：两座山表示本项目旨在深入山区教育落后地区，中间道路象征我们团队及外教志愿者为教育落后地区奔走，打通山区孩子接触优质教育资源的通路，英文 Dream Sower 意为梦想播种者，希望我们的公益行动可以为贫困落后地区的孩子播下梦想的种子，感召他们凭借自己努力改变个人命运与家乡落后的面貌。绿色代表充满活力、积极向上、纯洁奉献的团队文化。

图 39　组织 Logo

（5）组织架构

负责人：项目统筹，资源整合，沟通协调。

团队助理兼财务：团队后勤管理，财务管理，筹款专员。

战略规划组：创新思维，商业分析，行业咨询，政策解读，行动策略，运营模式优化，跨界合作，质量控制，风险识别及规避。

社群运营组：视频采编，内容采访，项目进程记录，宣传推广及营销，“粉丝”增加，相关方沟通反馈。

策划公关组：活动策划，志愿者招募，企业、政府、学校资源对接。

技术支持组：品牌设计、平面设计，信息平台建设。

2. 运营机制

以县域为单位，组建 10~20 人的团队，以外教 + 高校学生助理分组进驻学校，安排课程教学，外教负责教学，助理每日负责将课堂录像保存上传至项目团队，并负责学校和学生情况信息采访记录。以半年为周期，期满后各小组可以申请在不同县域调换。

3. 奖惩机制

（1）激励机制

内部激励：培养团队无私奉献精神，调动团队成员积极性、主动性和创造性；定期根据实际情况提供专业技能培训以适应工作需要；阐明组织的目标、组织所倡导的价值观、组织的奖酬内容、绩效考核标准和行为规范，团队内部设置“杰出奉献奖”“个人突出奉献奖”“先进团体”“优秀志愿者”等奖项，并给出实际、适当的物质奖励。

外部激励：对外积极参加各类公益慈善大赛，通过参访交流、与业内专家互动，全方位提升项目品质，促进项目的能力建设、交流展示和资源对接。

（2）惩戒机制

有针对性地制定惩戒制度，加强团队成员法律意识培养，定期进行相关案例警示教育。对违反法律、道德的行为坚决抵制，对违反相关法律、道德的相关责任人严肃处理。

三、项目实施

（一）项目执行

1. 志愿者招募

有志于公益事业的企事业单位、慈善组织、高等院校社团、社会团体及公民个人（年满 18 周岁）均可以申报。

2. 合作伙伴招募

建立致力于公益的企事业单位联盟，倡导企业献身公益事业，担当社会责任，布局新兴市场，提高社会影响力。

3. 资源对接

通过支教网、电话、实地考察等途径了解学校情况、确定需求及支教目的地，结合企业资源联系。

4. 技术支持

建立微官网，提供项目展示、数据记录、信息公布、社会监督的信息平台。

5. 社群运营

创立官方微信号、抖音号，建立与社会沟通、监督、反馈机制，弘扬项目社会影响力。内容可包括课堂点滴、学生心声、社会反馈、媒体报道等。

图 40　微信公众号

6. 媒体支持

与相应的传统媒体、网络媒体合作，增加项目曝光度，以获取更多渠道和资源。

（二）相关方管理

1. 政府

国家、地方政策解读，了解当地教育部门现实需求。

2. 企事业单位

倡导致力于公益事业的企业加入提供人力、物力支持。

3. 专家顾问

向教育专家、社会专家、法律专家、公益事业管理专家寻求支持。

4. 志愿者

提供相关培训，保护志愿者身心健康。

5. 高校

为高校社团、个人提供支教机会。

6. 中小学校

了解详细情况，安排具体事宜。

7. 社会

积极与社会大众沟通，引导舆情舆论，倾听社会声音。

（三）项目跟踪

1. 质量控制

（1）规范透明

有明确渠道、内容和时间向捐赠人、利益相关方反馈项目实施情况，建立项目品质控制、运营决策的流程和权限。

（2）成效明确

明确使命，具备可验证的社会改变与可评估的量化产出。描述项目对社会带来的具体改变，提出受益对象的分布范围和数量目标，并提供验证和评估方法。

（3）高效运作

以更专业、更高效方式解决社会问题。突出强调与传统项目的比较优势和模式可推广、可复制性。

（4）创新责任

保持高度社会责任和系统性视角。项目中应避免可能产生的法律、道德、伦理、环境、文化等风险，采取措施防止对相关方的伤害、破坏社会生态平衡、引发新的社会问题等。

（5）违规投诉

对于提供虚假资料或采取不正当手段虚假参与者，一经查实立即取消资格，同时在媒体上进行通告。

（6）持续发展

建立可持续运营模式和资源供给及下一步实施计划、长远目标，对所解决的社会问题保持敏锐的洞察，注重与服务对象和合作单位建立可持续关系，注重构建保证项目持续发展的资源体系。

2. 风险防控

（1）项目风险

项目风险主要是来自其他项目同质化风险。应对措施主要是突出外教、产业扶贫＋教育扶贫等特色，与其他项目进行区分。

（2）人身风险

支教教师在支教过程中会涉及个人人身安全及被服务学生的人身安全，主要包括饮食安全、住宿安全（用水安全、用电安全、用火安全）、交通安全、社会治安、自然灾害。为了确保在支教过程中自身人身安全及学生的安全，应制定安全预防保障制度，建立安全应急机制。上岗前，对支教老师进行相关安全教育培训、医疗救护培训，签订安全协议书，购买人身意外保险。上岗后，事先与当地学校领导和相关负责人共同研究并落实安全措施，并有针对性地采取必要安全措施，防止意外事故的发生。

（3）法律道德风险

在项目运作过程中的法律道德风险主要来源两个方面：一是由于捐赠者与公益组织之间信息不对称及公益组织成员中利己主义的出现，引发例如贪污腐败的法律道德风险，导致组织的责任和义务无法得到切实履行，引起社会各界强烈反响，组织公信力将大大受损；二是公益组织在发力解决某一社会问题时，在项目创新中可能产生法律、道德、伦理等风险，引发新的社会问题。

因此，在项目运营过程中，一要加强组织文化建设，始终保持组织使命一致性；二要建立组织透明机制，做到组织的信息公开透明，尤其是财务信息的公开透明，不断维护组织公信力，提高公众的信任和认知度，为自身赢得生存；三要加强行业自律，做好自身能力建设。加强学习，培养专业化人才，项目创新过程中应保持高度社会责任和系统性视角，避免可能产生的法律、道德、伦理等风险。

（4）财务风险

作为初创型公益组织，随着资金来源渠道的多元化，面临着越来越多的财务管理风险。可能出现的财务风险有：一是财务管理职能较弱，资金使用效益不高。因为公益组织的公益性和非盈利性，容易忽视资金使用前的预测和使用中的控制，缺乏应有的监督、约束和绩效考评机制，造成项目经费的管理混乱；二是财务风险认识不足。在项目运营中存在不讲经济效益的倾向，铺张浪费。

因此，首先思想上要重视，制度上要完善。在降低成本、提高效率、投入产出等方面加强管理，形成社会效益和经济效益相结合的新思维；结合项目实际情况，建立健全内部财务规章制度，提高资金使用效益。二要加强资金计划管理预算控制，编制经费预算要细致、严谨、科学，杜绝人为因素的盲目性和随意性。按项目的轻重缓急主次先后制订费用支出计划，并严格按标准执行。三要加强审计，接受监督。健全内控制度，追求以更小的耗费获取更大的效益。

（5）潜在风险

当前项目存在的最大潜在风险是新冠疫情聚集风险。项目涉及外籍教师进校园支教的活动，这是对活动落地的最大阻力。有效规避方法是利用互联网视频技术，将线下支教活动转为线上活动。

四、项目成果

（一）中赞暑期线上交流活动阶段性成果

1. 活动背景

通过此项公益活动，希望帮助更多国内外的学生建立“外语”的语言环境，对所学“外语”能够学以致用，不仅能够顺畅地交流，更能了解这门语言背后的国家和文化。而这里的外教，不仅指工作在中国的外籍教师，也包括工作在国外的中国教师。

● 中国外教暴走在非洲

孟彩英老师作为河北经贸大学的一名教师，2017 年从新西兰访学归来后，于次年赴赞比亚北方省卡萨玛女子中学（Kasama girls' secondary school）开启了她的非洲执教之路。卡萨玛女子中学孔子学院由河北经贸大学与赞比亚大学合办，该学院创建于 2010 年。自学校揭牌以来，越来越多的赞比亚人开始学习中文，中国近些年突飞猛进的发展和与赞比亚等非洲国家的友好关系，对赞比亚的人民有着深深的影响。而在孔子学院学习中文，不仅有助于年轻人和孩子们学习和了解中国文化，更对当地的发展有着积极的推动作用。

此次活动，中传 MBA 学子为学校十四五岁的学生，上一堂别开生面的中文课。不仅丰富老师们的授课形式，也能让当地的学生们更直接地接触到中国“外教”，更好地认识中国、了解中国文化。

● 初识卡萨玛女子中学

卡萨玛女子中学是赞比亚北方省一所公立女子寄宿学校，该校进行封闭式管理，共有老师 70 人、学生 1500 人。教室、宿舍都是低矮的平房，当地水、电资源较为匮乏，软硬件设施极其简单，没有先进的投影设备，也没有供学生休闲的健身器材等。幸运的是，校方曾得到一批捐赠，大概 20 多台二手电脑，学生可以学习如何使用电脑。课程包括当地语言 BINBA、英语、数学等基础科目，汉语课每周三节。早上 7 点 ~ 下午 3 点半为上课时间，每天共 5 节课。课外时间，学生们喜欢唱歌、跳舞、打鼓等业余活动。

图 41　参加当地教师节，向教育部长介绍中国的孟老师

图 42　卡萨玛女子中学指示牌

● 老师和她的学生们

孟老师和两位当地老师带领学生与我们在线上见面交流，我们将向学生们分享中国的著名景点以及在中国日常生活中的所见所闻。

图 43　卡萨玛女子中学当地老师和孩子们

赞比亚是南部非洲最早和中国建立外交关系的国家，也是非洲大陆获得中国援助时间较长、额度较大、援助种类较全面的国家。

现如今，中非关系由“援助”转向“合作”，这也意味着在文化传播方面，我们不仅要为对方输送中国文化，更要与当地情况结合，让学生们能把中国文化的精髓运用到实际生活当中，我们要做的还有很多，未来一个外教的暴走公益项目，将有机会走进更广阔的天地，向更多的孩子传递中国语言文化知识，传递自信，传递爱。

2. 活动概况

活动流程：

活动流程

1、主持人开场
2、Kasama Girls' Secondary School 的视频播放
3、Kasama的老师介绍
4、中非自我介绍接龙
5、中文视频课堂（由中国传媒大学MBA的同学们作为视频主讲人）
6、中非双方关于教育的互动交流
7、Kasama校长致辞
8、中传老师致辞
9、Kasama学生们的舞蹈表演 - 感恩的心
10、合影留念
11、主持人结尾

图 44　活动流程

活动记录：

2020年8月14日，“一个外教的暴走”第一期活动在中传17名学子和赞比亚方学校的共同努力下顺利举行。这一期活动，我们走进了赞比亚卡萨玛女子中学，在该学校孔子学院孟彩英老师的主持下，17名中传学子化身为非洲同学们的外教，为她们开启了一场别开生面的“云课堂”。卡萨玛女子中学副校长MUSONDA先生，语言系主任GETRUD女士，英语老师CHILONGO老师，孔子学院孟彩英老师，中传经济管理学院老师，参加了此次活动，并对活动给予高度评价。

图45　Kasama学校的老师和学生们正在参与活动

图46　孟彩英老师正在活动中讲话

在赞比亚教授汉语、传播中国文化的孟彩英老师，放弃在国内的优越条件，到条件艰苦的非洲执教已经有2年时间。孟老师传承的不仅是中国的文化，更是对习近平主席提出和推动的“一带一路”建设的支持，是大国责任的践行者，也是我们此次公益活动的核心力量。

图47　中传MBA的同学们正在教非洲学生中文

在此次活动中，公益小组

图 48　学生们正在活动中学习中文

图 50　Musonda 副校长讲话

图 49　学生们正在用中文介绍自己

图 51　Kasama 学校的老师们讲话

以直播课程的方式，通过短视频展示教学内容，与赞比亚的同学们开启了面对面的汉语交流。课程内容丰富多彩，从中国的高铁到美食，从名胜古迹到日常生活，让赞比亚的同学们在学习汉语的同时，对中国的历史文化和发展，以及百姓的日常生活有了更深刻的了解，更认识到汉语言背后这个历史文明古国的文化积淀、现代发展和展现出的勃勃生机。

图 52　Kasama 的学生们正在舞蹈表演《感恩的心》

为表达对中传师生的感谢，活动最后，卡萨玛女子中学的同学们一起将手语舞蹈“感恩的心”送给中方的“外教”。虽然远隔万里，看着孩子们阳光下的

图 53　Kasama 学校的老师和学生

身影，我们隔着屏幕依然能够感受到这份真挚，这份“感恩的心”。

作为中国人，我们要和孟老师一起，让世界上更多的人学习汉语，作为中传人，我们更有义务传播中国文化，让世界上更多的人，认识中国，了解中国。

我们希望做一条路、一座桥、一个梦想播种者，从点滴做起，让更多喜爱中国、喜爱中国文化的外国孩子能直接与中国友人对话交流，推开认识世界的另一扇门。

3. 成果总结

活动具有很强的公益性，是中传 MBA 对赞比亚卡萨玛女子中学的学生送爱心，公益支教，帮助他们更好地了解中国语言、文化风俗等，打通她们直接与中国“外教”的交流通路。

活动具有很好的国际视野、跨组织协作精神。本次公益活动涉及 2020 中传 MBA 学子、孔子学院赞比亚分院、中建国际驻赞比亚某建筑分公司、卡萨玛女子中学四个活动主体，得到孔子学院、卡萨玛女子中学校长和师生、中传 MBA 老师等积极参与及支持，联动性较好。

活动前期、中期进行了充分的微信公众号、微信群、朋友圈传播，活动后期也有幸沟通中传 MBA 公众号、孔子学院公众号等协助延展宣传，提升活动影响力。活动得到赞比亚师生、孔子学院的老师们的一致好评，为后续进一步密切合作也打下了很好的基础。

● 专访赞比亚孔子学院孟彩英老师

问：孟老师您好，作为孔子学院的老师，您是抱着怎样的心态选择到赞比亚卡萨玛女子中学执教的？

孟：我是一名教师。2017 年从新西兰访学回国，正值习近平主席号召“一带一路”，中国走向世界，孔子学院是其中一个项目。河北经贸大学的孔子学院在赞比亚，当时就想作为一名党员，应该积极响应党的号召，发挥点余热，所以就报考了国家汉办的招聘项目，很幸运被选中了。

问：您到非洲后，当地风土人情、生活习俗等方面跟国内有什么不同呢？学校的环境是怎样的？以及当时让您最难以克服的是什么问题？

孟：赞比亚是英联邦国家，全民信教，周末都会去教会。习俗和英国、印度相似，比如饮食方面，当地人吃西玛（用玉米面做成的主食）就菜汤；早上 7 点上课，下午 3 点半放学。我被分到了北方省卡萨玛女子中学任教。这是一所寄宿学校，校园绿化很好，设施简单，师生们很友好。当地经济落后，学生一般没钱上大学，中学毕业后大部分学生就要回家、失业，这也导致她们更喜欢学《圣经》，不太喜欢学习其他基础科目。当时最难的问题是语言。当地人日常用语是 BINBA（可以理解为当地方言），他们的英语不太好，口音严重，导致我一开始听不懂他们说话，所以我就找到学校里几个英文比较标准的老师，通过跟他们沟通作为突破口，半年后开始马马虎虎听懂了，后面跟师生们接触多了，就逐渐适应了。

问：您放弃国内熟悉的环境，投身到赞比亚支教，是什么让您坚持下来，是什么在吸引着您？

孟：我在赞比亚快两年了，虽身在异国，祖国的关心很温暖。中国驻赞大使馆非常关心在赞华人，孔子学院的院长、老师们在工作、生活方面也给予了我们极大的关心。我一直坚守“不忘初心，牢记使命”的信念，我们的目的是弘扬中华文化，加深中赞友谊，尽量给予当地力所能及的帮助。我正申请延期，打算继续留在赞比亚教学。

问：在您现在的授课思路体系方面，您是如何向赞比亚的学生传授中国文化的？

孟：授课思路需要根据学生现状及时调整，我会结合音乐、视频、舞蹈、词卡来教授汉语。比如开始时教唱中文歌，这里的女生很喜欢唱歌，学得很快，但吐字不清楚。我会把歌词和拼音写出来，领读，然后再慢慢渗透汉字的书写。中间我会穿插着用英文来解释，尽量用学过的中文，为学生创造语境。2019 年 9 年级学生统考，成绩都比较优秀。现在 9 年级的学生可以用中文做自我介绍了。

问：您认为，未来授课方式等方面，有哪些需要改进的地方？如何改进？来帮助您的学生更好地认识中国、了解中国以及传播中国文化，并且运用到他们的实际生活当中。

孟：这里的学校条件有限，课时少。以后我准备利用多媒体和网络辅助教学，这样教学效果会比较好，也可以为学生们引进更实用的知识。同时我也计划联系一些中国的企业了解这里，为学校争取一些赞助。比如提供电脑、教育资金等，来改善目前的教学硬件设施。我相信，未来在赞比亚的中文教育会越做越好的。

问：做支教的这些年，您的学生做过最令您难忘或者最令您感动的事情是什么？想请您给大家分享一下。

孟：学生见到我会用中文打招呼，她们就像自己的孩子一样。最难忘的是2019年年底，我带的毕业年级学生，送我礼物留念，流着眼泪跟我说："老师，我们会想你的，别忘了我们。"当时我就觉得所有付出都是值得的，她们喜欢汉语老师，对我而言足矣。一分耕耘，一分收获，去年我被评为"优秀教师"。

问：选择对外汉语事业，难的是敢于迈出下定决心的第一步。我们知道有很多人都对对外汉语这一领域想尽自己的一份力，对他们，您有哪些建议？

孟：对外汉语这条路看上去光鲜，其实很艰苦。首先要解决的是异国他乡的孤独寂寞，大部分年轻人待一两年就回国了。稳定教育的前提是稳定师资。如果频繁换老师，势必会影响教学效果。所以，如果年轻人想走这条路，一定要有强大的内心，顶得住压力、耐得住寂寞。其次，这里的经济不发达、物价高、网络不便，城市建设远不如国内；文化理念差异也较大，人人都信教，这就需要包容、理解和接受差异的客观存在，让自己适应当地环境，再去思考如何把双方的优势有机结合运用，促进教学的可持续发展。能教出优秀的汉语学生，这才是自己的成就。

现在越来越多的人投身于对外汉语事业，他们的目的不仅在于传递知识、传递中国文化，更在于传递希望，传递信心，传递爱。

（二）心得体会

我们是一扇门，而不是门后的世界本身。如果他们能够通过我们，打开这扇门，看到了后面那个光怪陆离的大千世界，并产生了想要去探索的欲望与好奇。这才是我最荣幸，也是最希望看到的。

——王晓迪

第一个关键词是实践，作为一名中传媒的MBA学生，能够在学习期间参与如此有意义的活动，是对我自己各方面能力的一种锻炼。

第二个关键词是学习。在备课与辅导的过程当中，我也在不断地学习，扩充我的知识范围，在准备阶段，我从来不会怠慢，仔细认真推敲自己制定的教学内容，在英语沟通方面，我也认真准备发言提纲，所需的单词和语法的正确使用，做到精益求精。

——李佳

我自己是一个社会工作系的毕业生，曾经参与过很多基金会、NGO的公益项目，但更多时候都只是参与者。这个项目是我第一次参与发起的公益项目，未来我们会继续尝试去优化并进一步将“一个外教的暴走”项目继续推进下去。但在项目调研的过程中，我也进一步认识到了当前草根公益组织的生存困境，希望未来这个项目可以得到成熟公益组织的支持和助力，并帮助更多人沟通、交流和学习。

——徐亚炜

公益活动培养了我们的社会实践能力，它使我认识到：课本知识是不够的，应积极投身于社会实践，经风雨，见世面，丰富人生阅历，为以后的工作打下坚实的基础，为社会主义建设添砖加瓦。

——韩秋实

通过这样的平台，大家可以互相认识，互相交流，也可以通过这样的方式，吸引更多的人参与进来，让贫困地区的孩子被更多的人看见，得到有效的资助等。等新冠肺炎疫情稳定，线下的“外教暴走”更是指日可待。

——陈明瑜

完整地获得了一次线下公益交流活动的组织落地经验：从头跟进中传MBA&赞比亚卡萨玛女子中学公益交流活动，在资源不足的情况下，逢山开路遇水搭桥，解决各种突发情况，实现活动完整落地，积累了直接的活动操办经验。

——马娟

很佩服我们在赞比亚前方支教的中国老师，能切实落地教学，通过语言这个媒介把中国文化传递到非洲！我要特别感谢组内所有的小伙伴的付出，大家专业、乐观、有爱的态度与精神总是激励着我，期待下次有机会再跟大家一起参加有意义的公益活动！

——刘飏

公益的路还很长，需要我们每一个人共同努力，共同献出爱心，让更多的人都能够了解中国及中国文化，为公益事业献出自己的力量。

——相晶

爱的足音

一、“爱的足音”项目设计

（一）背景介绍

在中国现有的600万脑瘫患者中，70%是由于没有早期发现、早期治疗而错过了最佳的康复时机。随着医学的进步，早期脑瘫儿治疗有效率更是高达90%。我们希望可以一直关注公益，影响他人，让爱接力。

在北京儿童希望之家，有14名特殊的儿童，他们1~10岁，患有脑瘫、自闭症、发育迟缓、婴儿痉挛症、多重障碍等。根据不同的个体情况评估后，由专家多对一组成康复组长期治疗：分为PT物理康复、ST语言康复、OT日常、PSY心理康复以及全人康复训练，而每天的康复课程费用大约100元，这对于患儿的家长和家庭，都是一场长期爱的付出与希望的坚守。

爱的足音公益项目从关注心智障碍群体出发，结合中国传媒大学MBA群体传媒优势，目的在于关注参与、帮助康复和持续影响。

关注参与——脑性瘫痪是一种儿童时期常见的神经系统伤残患，发病率在发达国家为1.5%~5%。据统计，中国现有600万脑瘫患者，其中0~6岁的脑瘫儿童约120万，而70%的脑瘫患儿生活在贫困地区。

帮助康复——据研究，一名脑瘫患儿一生会给家庭带来高达至少50万元的经济压力，家庭因病致贫、返贫。我们可能无力改变一个家庭的现状或儿童的未来，却想帮助他们募集哪怕一次康复课程的费用。

持续影响——中国 600 万脑瘫患者中，70% 是由于没有早期发现、早期治疗而错过了最佳的康复时机。随着医学的进步，早期脑瘫儿治疗有效率更是高达 90%。中国传媒大学 2020 级工商管理硕士学生希望通过“爱的足音”项目关注公益，并影响他人。

（二）项目整体方案

1. 策划理念

一次传播：

也许我们无法改变某个孩子的一生，但希望借助我们的双手，让更多的人关注到心智障碍群体，并参与其中。

一双错袜：

“一起穿错袜，勇敢不一样。”通过错袜义卖，换个角度，跨越认知局限，我们渴望与你共同思考如何创造一个更接纳、更包容的多元世界。

一次徒步：

我们反对单纯施舍的慈善，希望通过自己穿起错袜，用每一步坚实的行走来感染身边哪怕少数群体，一起体会世界的温暖。

一份希望：

我很平凡，但我愿意为自己改变，也期待 14 个小朋友的康复传奇。时间会证明这一切都值得，中传 2020 级 MBA 公益助梦仍在继续。

2. 项目主题及 Logo

图 54　项目主题及 Logo

项目主题以徒步旅行为出发点，用脚步来传递爱与希望。用爱的足音传递爱与责任，Walk for Love，故得名“爱的足音”。

Logo 设计核心在于把爱心当作身体与脚步相结合，充分体现出我们是

图 55 小组主视觉

用脚步的方式去传播爱，希望能把这种爱带到每个人的身边。颜色选用了中国传媒大学经管 Logo 的主色调红色，同时加入了一些暖色系黄色做一个渐变的过度。

主视觉沿用 Logo 的表现形式，更直接、更具有冲击力地把一颗爱心作为主元素，并选择用不同暖色系来烘托这个心形，使其更具辨识度。同时通过颜色渐变、过渡的变化让这颗爱心更立体。主视觉为了更契合活动主题设计在主题字体的周围加入了 14 个脚印，代表公益对象是 14 名儿童之家的小朋友。同时加入一些声音扩散出来的效果做点缀，希望用这次发声的机会让更多的人关注到这群小朋友，唤醒更多的人来关注公益，契合活动目的。

3. 项目主流程策划

活动主流程为一次线下公益徒步，围绕线下徒步环节，策划公益传播和错袜义卖环节，使项目内容更加立体，公益形式更加丰富。

（1）先导视频环节策划

先导视频作为小组的启动之初重点策划内容，其优势在于积极调动了小组成员对被帮助公益群体的了解，同时也搭建了一次与被帮助公益对象的对接，正如小组成员在公益感言中说，历经视频素材的收集和整理（指针对心

图 56 先导视频部分内容

智障碍群体的康复视频过程），让自己掉下眼泪。相信每一次的“靠近”，都是对自己爱心的一次“感染”，也是对那些长期付出的公益机构的人员一次“鼓励”。

（2）错袜义卖环节策划

经过调研和访谈，发现其中几个关键信息促成了错袜的实现：

天佑小朋友，7 岁，脑瘫儿童。来儿童希望之家的时候，刚刚做完腿部手术，只能平躺。通过两年的康复治疗，现在已经可以站立走路。天佑是个小小梦想家，喜欢画画。虽然和正常同龄儿童比，他的作品还略显稚嫩，但每一条彩色的笔触都是他对生活的理解、对周围世界的认知、对未来无限的遐想。

目前公益小组帮助的群体主要集中在 1~10 岁，患有脑瘫、自闭症、发育迟缓、婴儿痉挛症、多重障碍等。他们也许会穿错袜子，表现出与常人不同的行为和举止。于是，社会部分公益组织借由这些“错袜现象”，呼吁更多人能够给予包容与接纳，以唤起更多公众的同理心，努力创造一个多元、融合、友善的文明社会。

希望之家的小朋友在专业康复机构帮助下，会根据个体情况评估后，由专家多对一组成康复组进行长期治疗：分为 PT 物理康复、ST 语言康复、OT 日常、PSY 心理康复以及全人康复训练，而每天一节的康复课程费用大约 100 元，这对于家长和家庭都是一场长期的付出与希望的坚守。综上，我们想到能否通过找到这些小朋友的美术作品，将他们对生活、色彩的表达制作成袜，并通过限量公益贩售的形式募集“康复课程”款项呢？

（3）传播物料策划

通过项目的深入了解和每位成员对公益的参与及理解，我们在策划中想到需要一种“特殊形式的物料”，让每位组员以“不同个体”的方式出现，再以一种“相同的形式”表达，形成“读图时代”的自媒体直给效应，于是一组“代言海报”由此而生。海报中分别以小组成员的形象为设计元素，配以自身行业出处说明并送上鼓励的暖心语言，通过不同颜色搭配，以集体组合的方式出现，在朋友圈九宫格等渠道取得了良好的传播效果。

项目的核心——线下活动“徒步环节”在策划中，需要与公益对象进行有效关联。除中途补给点现场宣传外，共性之一是小组成员都是非专业户外徒步人员，要进行的 5 小时 10 公里 1200 米爬升徒步，对每个人都是一场“坚持”与“极限”的挑战，而在徒步之后，如何将感悟和体验有效传递出去？经过讨论，决定通过明信片的特殊物料形式，小组成员再次集结，将自己的声音录制成不同的感言，无论是读诗、唱歌还是寄语，都温暖地表达了对小朋友和被救助家庭的关注、理解和祝福。（音频文件在百度网盘形成二维码小程序，印制在明信片中，经微信扫码可直接收听。）

图 57　小组成员代言海报

图 58　“错袜”实物图

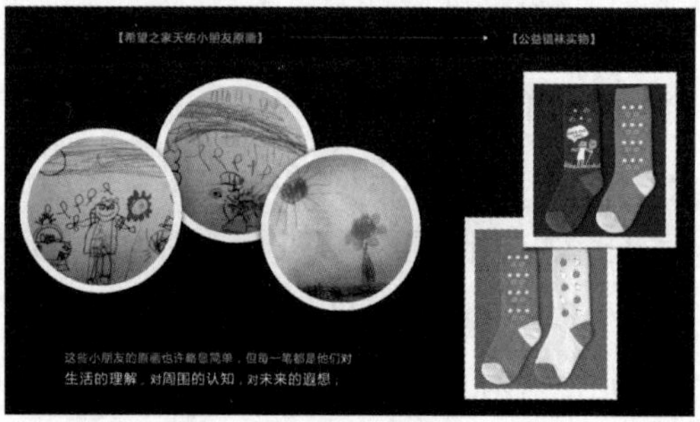

图 59　“错袜”设计灵感

（4）策划物料汇总如下

活动主题：爱的足音活动 Logo 及 KV 先导视频 3 分 15 秒；

义卖产品：（错袜 X3、儿童涂鸦卡、捐赠证书）及包装徒步组队文化衫；

代言海报一组；

文章：《公益同行 | 踏响“爱的足音”点亮 14 颗星火，帮助孩子完成康复之旅》；

《生命是种奇迹，岁月包容感恩》；

《“爱的足音”公益团队开启错袜之旅，助力脑瘫儿童康复》；

《来，穿上“错袜”，做一回“不一样”的小朋友》。

豆瓣话题《中国传媒大学 MBA 公益项目「爱的足音」徒步活动》；

知乎话题《参加社会上志愿者公益活动，有哪些渠道》；

在错袜义卖过程中，受到了参与募捐用户的认可和好评，外研社第 6 支部在 9 月的 99 公益日支部活动中参与到我们的错袜义卖，协助策划其在全社传播。同时，项目组捐赠 100 双错袜给儿童希望救助基金会用于 99 公益日，协助其将错袜和 99 公益募捐宣传结合，吸引了更多募捐用户的参与并好评。

（5）策划亮点

在整个活动策划过程中，我们在三个层面遇到了困难：如何策划徒步与公益的关联度？如何策划捐款与义卖的接受度？如何增强个体与项目的参与感？小组成员经过几轮沟通，在相应的环节思考关键节点之后一一找到突破口：

● 如何策划徒步与公益的关联度？

先导视频聚合了关键公益传播的内容，在徒步实施之前，通过一轮视频的制作与传播，我们将公益群体、康复过程、救助现状等内容整合，关联到项目先导视频中；同时，小组在徒步环节也将中途补给点“布置”成线下宣传点，进行线下义卖和现场宣传曝光；虽然不能直接走进小朋友身边，但每位成员将公益旅行自我挑战的感受，转化成“有声”明信片形式，并制作成套，作为赠予即将拆迁的希望之家的爱心礼物，交给那些坚强乐观的小朋友和坚持希望的家庭。

● 如何策划捐款与义卖的接受度？

捐款容易，但策划中我们将单纯“爱心奉献”转化成有温度的“情感账户”，即 99 元即等于一节康复课程的概念，定义了每一次定款捐助的意义和内涵；并将捐助款项只设立为 99 元和 49 元两档，结合锚点效应，增加了高价格的达成率，致使活动一上线 48 小时就募集善款金额过万；同时，错袜设计元素源自天佑小朋友的真实作品，增强了公益产品的专属感，加上独立纸质编号证书的印刷制作，与参与活动的爱心公益人士的“交互”更有仪式感和价值感。

● 如何增强个体与项目的参与感?

小组各成员虽然所处不同行业，但集体“代言海报”的设计物料让每位同学的参与感增强，直接有效影响身边群体；徒步中每个人的错袜穿戴也多次引起了路人的关注和询问，再一次增强了个体的自豪感；最后的有声明信片记录了每位成员真挚的祝福，无论是为你读诗、还是暖心祝福，都拉近了疫情客观情况下公益志愿者与被关注群体的距离。

4. 时间规划

（1）筹备期 / 制作期（6 月 16 日~7 月 24 日）

内容包括：项目讨论 / 策划定稿 / 小组分组 / 徒步踩点 / 先导视频 / 机构对接 / 商务沟通 / 产品设计 / 制作物流 / 捐助渠道 / 物资筹备

（2）传播期 / 义卖期（7 月 25 日~8 月 20 日）

内容包括：软文撰写 / 传播渠道 / 稿件发布 / 代言海报 / 证书设计 / 善款对接 / 物流跟踪 / 反馈收集

（3）徒步期（8 月 1 日）

内容包括：线下集结 / 徒步实施 / 补给点宣传 / 音视频采集

（4）总结及收尾小结（8 月 10 日~9 月 11 日）

内容包括：活动视频制作 / 二轮传播内容 / 有声内容筹备 / 明信片设计与实物制作 / 儿童希望之家探访 /99 腾讯公益日跟进 / 传播结案 / 项目总结

二、项目实施

（一）一次传播

1. 传播计划

表 3　传播计划

	朋友圈	微博	社群转发
7 月 26 日	转（传）: A 互动预热稿（含海报） 传媒圈 转（基）: A 互动预热稿（含海报） 其他组员	转（传）: A	转（基）: A 互动预热稿（含海报）

续表

	朋友圈	微博	社群转发
7月27日	宣导视频+个人代言海报 转（基）: A 互动预热稿（含海报）		
7月28日	转（环）: D 张华《生命是种奇迹，岁月包容感恩》	宣导视频	
7月29日	转（环）:《生命是种奇迹，岁月包容感恩》		
7月30日	转（环）: 错袜海报		
7月31日	转（环）: B 错袜义卖稿	转（环）: B 义卖稿	转（环）: B 义卖稿
8月1日	早上:（海报+自拍）+晚上: 徒步营销（自拟）	徒步营销（自拟）	转（环）: B 义卖稿
8月2~5日	徒步义卖感受及海报分享		
8月6~7日	活动新闻稿传播		
8月29日	参观儿童希望之家交流并为公益发声		

2. 公益先导视频策划

处在新媒体传播时代，我们需要先了解和走进群体，知晓他们的日常；策划上，我们借助视频形式，将病症、康复、现状等情况进行策划编辑、展示传播。走近14位心智障碍特殊群体，了解基本情况及康复体系，制作公益视频为群体发声。

3. 主题海报设计

4. 个人代言策划

策划组同学准备了12组文案，选择自己代言发声：

图60　采访视频示例

互联网行业：互联网让这个世界打通了无限可能，我也希望能走进你的世界。

医药行业：我希望世

上有种神奇的治愈之药，能让你迈出一步，去欣赏似锦繁华。

媒体行业：大声地告诉这个世界你的不一样，希望可以牵你的手，让梦想有爱同行。

教育行业：他们说你是独一无二的天才宝贝，只是我们还差一个约定一起整装待发。

母婴幼教类企业：从会坐到学步，从微笑到交流，看你拥抱明天；从关注到了解，从旁观到参与，让世界温暖治愈。

旅游行业：坎坷只是生命的片段，无限是你人生的可能；走向康复，终将遇见属于你的春暖花开。

金融行业：阴雨总是短暂，阳光终究会映照到你的笑脸，那是属于我们每个人的人生海洋。

医疗行业：偶然间，我关注到了一群可爱的折翼天使，我希望用微博的力量愿他们梦想实现。

体育行业：平凡的你注

图 61　海报主体设计

图 62　个人代言策划

定有着不平凡的人生，治愈的道路上，让我和你一起全力以赴。

航天行业：仰望星空，你是父母眼中最亮的那颗，脚踏实地康复前行，让希望照进梦想。

健身行业：即使再艰难也拥抱明天，纵然布满荆棘仍坚持梦想，爱心让我们有坚持力量。

交通行业：阴晴终有时，启程无早晚，爱心康复的道路上，有我陪你一起看细水长流。

（二）一双错袜

1. 错袜设计

（1）一双错袜

错袜（Different Socks）是借由倡导通过“穿两只不一样的袜子”的行为，表达对自闭症、脑瘫、唐氏综合征等精智障碍人群及其家庭的包容与接纳，唤起更多公众的同理心，努力创造一个多元、融合、友善文明社会的公益活动。

我们想能否找到这些小朋友的美术作品，将他们对生活、色彩的表达制作成袜，并通过限量公益贩售的形式募集康复课程的款项呢?

参与项目的爱心人士就会得到一双（3 只）左右不同花色的袜子，我们希望他们不必珍藏，与我们一起穿错，一起勇敢不一样，并帮助我们继续传播。

这些小朋友的原画也许略显简单，但每一笔都是他们对生活的理解、对周围的认知、对未来的遐想。我们想以错袜形式，将善款对徒步的捐助转为产品爱心义卖，增加爱心人士参与感，将小朋友真实作品与错袜图案结合，形成产品专属感。

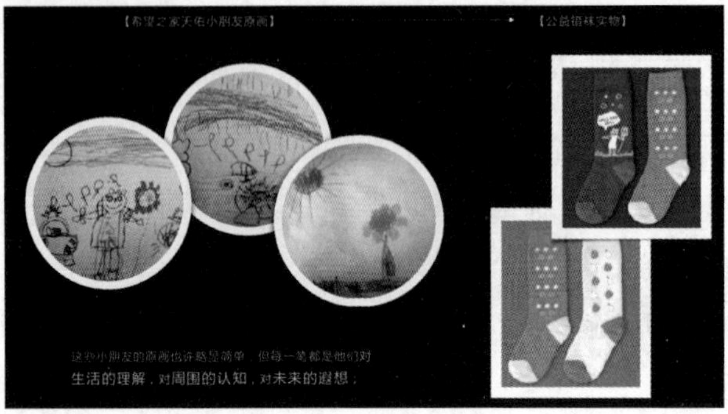

图 63　公益之家小朋友原画及错袜实图

这次的错袜可能是整个设计物料里面最费时最耗精力的，策划小组的这个创意很棒，用错袜义卖的形式为小朋友筹集康复课程的费用，因此这个袜子也是整个项目非常重要的一个元素，所以不得不考虑很多因素，从袜子舒适度、材料、高度，到色彩和元素的表现上，都需要项目设计师下了很大的功夫。

（2）袜子的高度

前期团队每个人都对袜子的高度进行了投票，最后选择长筒袜和中筒袜两个高度，由后勤团队联系袜厂寄来了样本。经过实际对比，最终高度确定为袜腰为 15cm 的中筒袜。

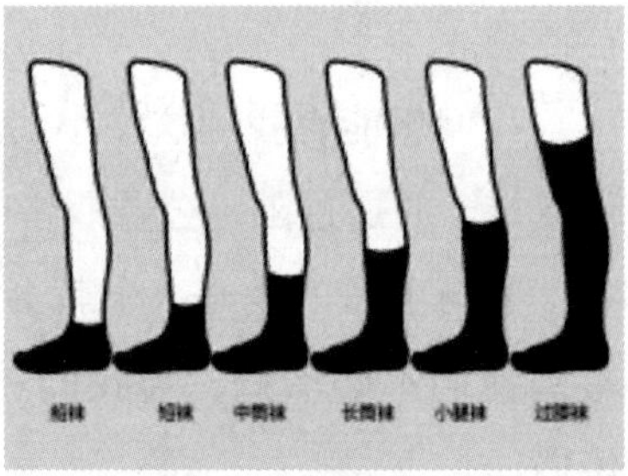

图 64　错袜设计理念

（3）袜子的颜色

在选择袜子颜色的时候，我们一直在思考这些孩子能用什么颜色去表达。楚航看了荷兰艺术大师彼埃·蒙德里安的经典作品《红黄蓝》突然有了想法，就用最基本的三原色红、黄、蓝来作为袜子的三个主元素，这种最基本的颜色也同样代表这些天真的孩子。

（4）袜子的图案

袜子的图案选择用小朋友的画作，虽然这些图很难成体系，可以挑选里面可执行的图案进行设计，再进行加工处理，在还原原画的基础下保持美观。

2. 卡片的设计

卡片提炼了画作背后的故事并采用了儿童希望之家天佑小朋友的画作进行设计：

天佑，8 岁，轻脑瘫 & 左胫骨畸形，参加儿童希望之家远程康复，目前正进行幼小衔接认知教育课程、PT 物理康复训练、PSY 心理干预治疗。2018 年来到希望之家时，刚刚手术完的天佑大腿两侧有两根钢钉，腿部打着石膏只能平躺，爱学习的他喜欢听故事，阿姨就在身边读绘本讲故事给他听。经过营养调理慢慢康复，从平躺到能坐，扶着站起、练习行走，学习数字和字母，对大自然的美好总有好多词汇来形容，于是他就想画出心中的美好和梦想。当身体行走不便，当与同龄儿童认知有差异，或许天佑自己也会问，为什么我和其他同龄小朋友不一样？难免会有些易怒自卑、难过忧伤。随着时间的累积，生活老师的呵护照顾，康复老师的耐心教导，及时的 PT 物理训练，还有 PSY 心理干预，让孩子慢慢打开了自己，被爱充满的孩子像花儿一样从容绽放，孩子的性格也温和下来，开朗爱笑，充满阳光。

图 65　小朋友画作：中国火箭

让我们看到经过康复支持和全人关怀的孩子，真的不一样，那就是爱与希望的力量！

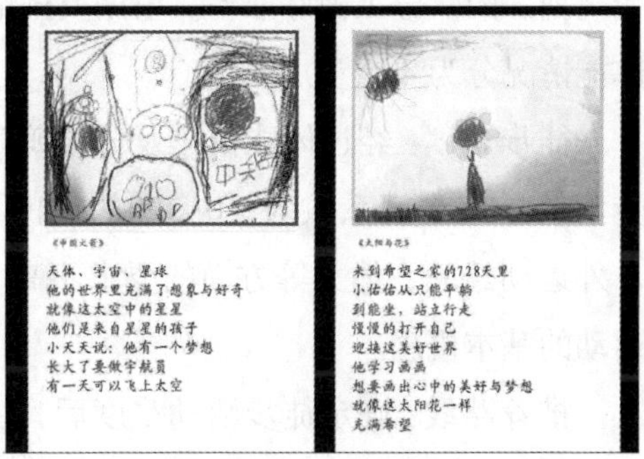

图 66　明信片设计

天佑曾经在爱心志愿者的陪伴下去过一次天文馆，天体、宇宙、星球，让天佑大开眼界，对太空充满了想象，他特别好奇，会问十万个为什么。图 65 这幅画，最右边蓝色，是地球，地球下方是自己写的名字；中间黄色的是土星，左边金色的是火星，火星上方还有一只宇宙飞船，遍布太空中的还有很多小星星……而在画的最上面的部分是即将发射的火箭，还不能写很多字的他，让老师帮忙一定要写上“中国火箭”四个字，很为中国骄傲很有荣誉感的孩子，而火箭里面还画了一个小朋友，天佑说，火箭里面坐着的那个小朋友就是他自己。

他说：“我有一个梦想，长大了要做宇航员，有一天可以飞上太空！”

远程康复现在成了疫情孩子每天的盼望，愿折翼的天使，早日康复，乘着梦想的翅膀翱翔！

3. 错袜制作

7 月 1 日策划组明确活动要与错袜相结合，后勤组开始找错袜的制作商家，错袜提花，定高度，定设计稿，打样，最后成品制作。

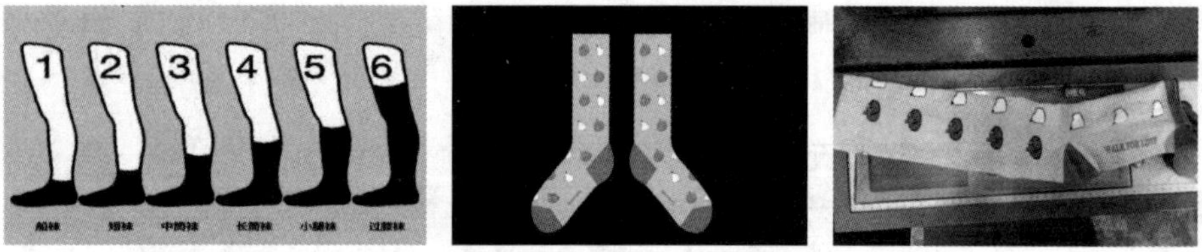

图 67 错袜打样

（三）一次徒步

1. 体能调研

为了更好地组织落地本次公益徒步，在活动开始前通过线上问卷的方式，对小组成员的体能及运动基础情况进行了摸底，为后续的活动方案选择、路线规划、团队分工做好准备。根据摸排情况，综合评估后将 19 名团队成员按体能情况分为 4 组参加徒步。

徒步难度：经过体能摸排及分组确定后，小组通过线上会议决定本次徒步活动采用难度系数为 1.0~1.5 的休闲类轻装徒步。此类活动对个人装备、户外运动经验、体力等方面的要求不高，休闲为主，可以让新人们熟悉户外运动的基本概念。

推荐路线：确定徒步活动难度后，由徒步组研究并推荐徒步路线，最终入围的有 6 个活动方案。

2. 会议讨论路线确定

经过小组成员会议讨论，并评估疫情期间的实施可能性后，决定选择方案六－大觉寺徒步穿越，具体原因如下：

北灵山徒步：需要出京（疫情期间不可控），始发地不同需要车辆调配，否决。

“香八拉”溜腿：难度较低、路程短，否决。

白河峡谷徒步：游客多，徒步路程短，否决。

云蒙山穿越：支线较多，山路野路多，容易迷路，路途较远，否决。

平谷国际徒步大道：公路多、路程多、路线远、不便集合，否决。

大觉寺徒步穿越：路线成熟、风险低，下撤点多，有补给点、可操作性强、游客多适合公益宣传，采用。

3. 路线初探

为确保在疫情期间户外活动的可靠性及可操作性，小组成员共分三次对路线进行踩点评估：

第一次：6 月 27 日，徒步组组长进行路线初探，行程约 11 公里，明确了路线的可实施性及路况等基本情况。

第二次：7 月 4 日，活动总负责人带领 5 名团队成员，行程约 22 公里，评估团队整体身体状况及路线难度，确定了最终徒步路线、补给点及徒步难度，确定本次活动难度系数为 1.0。

第三次：7 月 25 日，后勤组组长及团队 2 名成员，在正式活动前一周，对后勤补给路线进行踩点并最终确认，确保活动后勤保障。

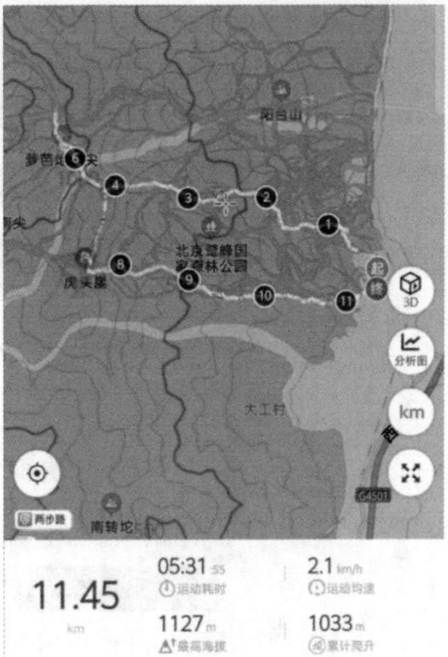

图 68　踩点徒步路线

4. 路线确定

具体活动位置：海淀区苏家坨镇大觉寺路 9 号。

徒步路线：大觉寺－北尖－妙儿

洼茶棚遗址－东大坨－妙儿洼茶棚遗址。

徒步路程：约 10 公里。

难度指数：1.0。

补给点：大觉寺景区便利店、妙儿洼茶棚遗址。

日程：6:30 大觉寺停车场集合、7:00 徒步开始、10:30 萝卜地北尖、11:30 妙儿洼茶棚、13:00东大坨、14:00 妙儿洼茶棚、15:00 大觉寺停车场。

5. 徒步准备

体能训练：在确定 8 月 1 日活动日后，由组长进行会议公告，告知小组成员进行为期一个月的体能训练，以确保各成员在徒步活动日能顺利完成全部路线。期间各成员均自发进行锻炼并打卡记录锻炼成绩。

后勤保障：由后勤组统一根据路线及气候情况，对车辆、补给、药品、装备、错袜、宣传海报、运动 T 恤等进行统筹安排。

6 月 27~28 日，在徒步公益活动确认后大家积极认领工作，后勤四人组组建成功并对后勤进行了全面梳理及详尽安排。

初步方案如下：

横幅及队旗方案见图 69、70：

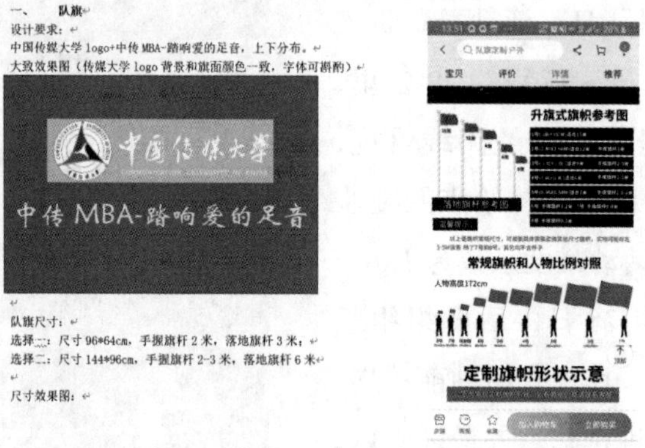

图 69　队旗设计方案

图 70　横幅设计方案

队服方案：队服设计理念为胸口展示活动发起方中国传媒大学 MBA 与活动主题结合，背后展示活动赞助商中电华航。初步确认男生队服为蓝色，女生队服为白色。

后勤中期工作：随着策划组活动的策划的进行小组逐步增加活动中所需物料，后勤组积极配合需要所有活动物料的制作，同时踩点工作确认活动路线及落实活动中的保险、物资，还有错袜及证书邮寄等工作。

活动路线确认：

7 月 4 日队长及其他活动小队长进行徒步实地踩点，确认 10 公里徒步路线：大觉寺 – 北尖 – 妙儿洼茶棚遗址 – 东大坨 – 妙儿洼茶棚遗址

两处补给点：大觉寺景区便利店、妙儿洼茶棚遗址。当天大家的集合点为大觉寺山脚下，中途补给点为妙儿洼茶棚遗址，因此需要将提前准备好的物资运到妙儿洼茶棚遗址，从山脚到补给点是盘山公路，大巴车行驶较为困难，因此明确徒步当天方案：卡片及包装袋制作、落实保险、邮寄及物资等相关事宜、队服确认。最终经过大家一致决定，全员队服选用白色。

图 71　队服确定

购买保险：经过比较，最终选择方案为 5 元 / 人 /5 天。

错袜、证书、卡片邮寄：错袜、卡片和包装袋确认制作商家，并将制作好物资邮寄给梅竹；经过多家比价，最终确认中通北京总部附近的快递来邮寄此次活动的物料。当天，将所有小组成员队服和活动当天所穿错袜进行邮寄。

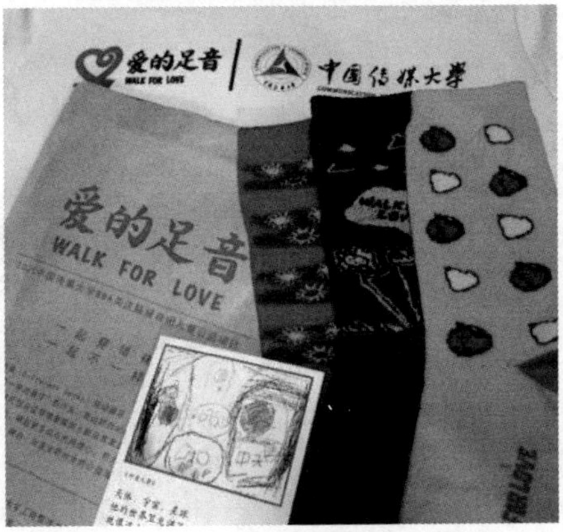

图 72　错袜邮寄

物资采购：

7 月 31 日，后勤组去超市及药店采购活动当天需要的所有食品、用具及药物等物资。

活动当天8月1日，小组出发前，将个人携带的水、药品等物资分发到各位成员手上。

徒步装备：由徒步组介绍户外运动装备，各成员根据个人情况进行采购：

衣物：衣物（速干、透气为主，不建议穿棉质T恤）、鞋类（徒步、越野跑、运动鞋）、遮阳帽、头巾、护膝（强烈建议）、棉袜。

装备：背包（18L~30L，不建议背电脑包）、登山杖（非必需、强烈建议）、手台（5台）、充电宝、电池、雨衣（视天气）、多功能刀、救生哨、头灯（手电）等。

图73 徒步活动装备准备

活动提醒通知：根据活动日历，在正式活动前一周、前三天及前一天，分别进行天气预报、装备准备的提醒。

6. 徒步活动执行

挑战自我，我们将通过公益旅行方式，完成一次10公里海拔1200米的徒步。

线下义卖，沿途我们统一着装，穿上不一样的错袜，在补给点现场宣传。

隔空寄语，我们将对小朋友的寄语和沿途风景留存制成明信片交付希望之家。

图74 公益小组全员集结

图75 公益小组现场义卖

图 76 公益小组完成徒步

8 月 1 日 4:30，天还未亮，“爱的足音”小组 19 名成员从各地出发，6:30 准时在大觉寺停车场集合。

因为疫情原因，导致团队大部分成员之前并未谋面，故在简单的相互认识及热身后，所有成员 7:00 准时开始登山徒步。

因此条线路前半程上升较多，体能消耗比较大，在出发半小时后，有成员开始体力不支，经过短暂的休整，体力好的同学主动分担负重，让团队整体攀登速度保持在一个良好的状态，同时也保证了团队活动的统一性。在途经望京塔和萝卜地北尖后，所有成员均在预定时间抵达补给点——妙儿洼茶棚。

天气闷热，在补给点简单的补水后，所有成员再次整装待发，一路向上，在欣赏山间美景的同时，带着公益的心向最高点——东大坨前行，一路上团队成员相互鼓励，互相扶持，最终在 13:00 抵达本次活动的最高峰——海拔 1200 米的东大坨。从海拔不足百米，到海拔 1200 米，用时 5 小时完成登顶。小组成员用脚步丈量爱心，徒步因公益而更有意义，公益因徒步而更多彩。

所有成员顺利撤离到补给点午餐，最终乘车于 15:00 准时抵达集合点，完成徒步活动。

（四）一份希望

希望我们的声音和文字能给这群可爱的孩子及他们的家庭带去多一分希望，让他们知道社会上有很多很多跟我们一样的人在关心在惦念着他们，一定要充满希望，努力康复！

表 4　小组成员有声明信片

 【录音内容】同明信片文字内容。	【明信片文字】Hi，希望之家的小朋友们，我是建颖姐姐，今天我登上了妙峰山的峰顶，看到了山雾中的妙峰山，像在仙境中，真的很美。希望在未来你们可以去到任何想去的地方，看更美的风景！所以，你一定要加油！
 【明信片文字】Hi，儿童希望之家的小朋友们，我是瑞芬阿姨，也是两个孩子的妈妈，你们和我的孩子一样，都是同一棵树上的叶子，同一个海洋里的珍珠，这一次，我们穿着错袜走在山间，为你们加油，特别高兴！因为正是更多不一样，才让世界大花园丰富多彩！愿你们开心成长，好好康复，用爱去点亮这个世界！	【录音内容】一首儿童祷文歌：上帝啊，指引我，保护我，点亮我的心灯，使我成为一颗灿烂的明星，你是大能者，强力者。
 【明信片文字】Hi，希望之家的小朋友们，我是王冬梅，带着对你们满满的祝福，我终于爬到了山顶！很幸运能为你们康复尽一份绵薄之力，听说康复的过程漫长而艰辛，希望你们一定要坚持下去，等着和你们相约一起去爬山 ~ 加油！	【录音内容】Hi，小朋友你好，祝你能够早日康复，开开心心快快乐乐，这个世界也许不如想象中的明媚，难免会遇到挫折，希望你永远保持一颗纯真的心，坚强而勇敢地往前走。祝你幸福！

续表

 【明信片文字】Hi，希望之家的小朋友们，你们好！我是你们的大朋友，我叫梅竹，希望你们坚持，自信，阳光。我愿和你们一起努力搞明白这个世界！	【录音内容】儿童希望之家正在康复的小朋友们，你们好，我是你们的大朋友，我叫梅竹，希望你们能够快乐成长，找到自己的幸福生活。现在跟你们分享几句话吧。 第一句，“今天很残酷，明天更残酷，后天很美好，但绝大多数人死在明天晚上”，马云叔叔告诉我们要懂得坚持。 第二句，“看，前方 500 米，部队向前攻击 500 米，守住他为炮兵赢得时间”，李云农爷爷让我们懂得要掌握生活的节奏。 第三句“问题和问题的解决办法是同时产生的”，我希望你们能够更阳光，积极地面对生活中的坎坷。 可能你们现在还不懂这句话的意思，我也在努力搞明白这个世界，愿我们共同努力。
 【明信片文字】Hi，希望之家的小朋友们，我是志杰叔叔。看到你们的画和你们的努力的样子，真心为你们感到高兴！我和我的小伙伴们在你们的影响下，穿着有你们画的袜子完成了 10 公里徒步目标。希望我们和你们一起，在以后道路上快乐成长，不忘初心，砥砺前行！！	【录音内容】Hi，希望之家的小朋友，我是志杰叔叔。看到你们的画和你们的努力的样子，真心为你们感到高兴！我和我的小伙伴们在你们的影响下，穿着有你们的画的袜子完成了我们的徒步目标。希望我们和你们一起在以后的道路上一起快乐成长，不忘初心、砥砺前行！

续表

 【明信片文字】Hi，儿童希望之家的小朋友们，我是凌晨。很高兴通过“爱的足音”公益活动了解你们，走进你们，帮助你们！有爱，就有希望！为你们念诵一首小诗——《礼物》，愿你们像种子一样，勇敢地冲破泥沙，将嫩绿的幼芽伸出地面，指向天空！ Loving you~	【录音内容】 《礼物》 如此幸福的一天。 雾一早就散了，我在花园里干活。 蜂鸟停在忍冬花上。 这世上没有一样东西我想占有。 我知道没有一个人值得我羡慕。 任何我曾遭受的不幸，我都已忘记。 想到故我今我同为一人并不使我难为情。 在我身上没有痛苦。 直起腰来，我望见蓝色的大海和帆影。
 【明信片文字】Hi，希望之家的小朋友们，我是楚航。之前通过你们的故事，慢慢地了解到你们有多棒！同时也非常开心可以用你们画的图案做成袜子，并和其他叔叔阿姨穿上这双错袜挑战自己，攀登 1200 米的山峰。希望你们也可以不断挑战自我，战胜困难！加油！	【录音内容】 《面朝大海，春暖花开》 从明天起，做一个幸福的人， 喂马，劈柴，周游世界。 从明天起，关心粮食和蔬菜。 我有一所房子，面朝大海，春暖花开。 从明天起，和每一个亲人通信， 告诉他们我的幸福， 那幸福的闪电告诉我的， 我将告诉每一个人， 给每一条河每一座山取一个温暖的名字。 陌生人，我也为你祝福， 愿你有一个灿烂的前程， 愿你有情人终成眷属， 愿你在尘世获得幸福， 我只愿面朝大海，春暖花开。

续表

 【明信片文字】Hi，希望之家的小朋友们，我是浥宁。虽然你们来到这个世上后，经历了一些特殊的磨难，但是，在成长的路上，你们并不孤单，因为有很多关心爱护你们的人在陪伴着你们。愿你们能早日康复，每天开心、快乐，享受属于你们自己的人生！	【录音内容】 《假如生活欺骗了你》 假如生活欺骗了你， 不要悲伤，不要心急！ 忧郁的日子需要镇静； 相信吧！快乐的日子将会来临。 心儿永远向往着未来； 现在却常是忧郁。 一切都是瞬息， 一切都将会过去； 而那过去了的， 就会成为亲切的怀恋。
 【明信片文字】Hi，希望之家的小朋友们，我是康丽阿姨，现在有好多叔叔阿姨、哥哥姐姐关注到你们，我们都希望能帮助你们早日康复，希望你们能茁壮成长，并实现自己的梦想，热爱生活！加油！	【录音内容】Hi，儿童希望之家正在康复的小朋友们，我是康丽阿姨，了解到你们的成长康复经历，阿姨非常佩服你们的勇气、毅力，给你们点大大的赞，阿姨希望你们能早日康复，茁壮成长，早日实现自己的梦想，你们每个人在阿姨心里都是 super star！ 送一首星星的诗给你们，给你们打气加油。 《星星》 当夜色降临， 我站在台阶上倾听； 星星蜂拥在花园里， 而我站在黑暗中， 听，一颗星星落地作响！ 你别赤脚在这草地上散步， 我的花园到处是星星的碎片。

续表

 【明信片文字】希望之家的小朋友们，我是华叔，很高兴穿着你们绘画图案的错袜，我完成了这次徒步。仰望山峰，只能知道它的高大，而坚持攀登，却能感悟自己的能量。希望你们也有一天能走进大自然和我一起探索和挑战自己的潜能，即使现在，你只是比别人出发稍晚了一点，加油跟上！ There's a crack in everything，that's how the light gets in.（万事万物中都有裂缝，这样光才能照射进来。）	【录音内容】 《火车》 去什么地方呢， 这么晚了， 美丽的火车， 孤独的火车。 凄苦是你汽笛的声音， 令人记起了许多事情。 为什么我不该挥舞手巾， 乘客多少都跟我有亲， 去吧，但愿你一路平安， 桥都坚固隧道都光明。
 【明信片文字】Hi，希望之家的小朋友们，我是光伟叔叔。2020 年，我很幸运，也刚刚当上了爸爸，我深深知道每一个孩子的到来，都是勇敢可爱的小天使，而这个世界都会给予你们无限温暖与关爱，让我们一起快乐前行！	【录音内容】叔叔接下来分享一首诗，名字叫《面朝大海，春暖花开》 从明天起，做一个幸福的人， 喂马，劈柴，周游世界。 从明天起，关心粮食和蔬菜。 我有一所房子，面朝大海，春暖花开。 从明天起，和每一个亲人通信， 告诉他们我的幸福， 那幸福的闪电告诉我的， 我将告诉每一个人， 给每一条河每一座山取一个温暖的名字。 陌生人，我也为你祝福， 愿你有一个灿烂的前程， 愿你有情人终成眷属， 愿你在尘世获得幸福， 我只愿面朝大海，春暖花开。

续表

 【明信片文字】Hi，儿童希望之家的小朋友们，我是任凯琴，很开心有这样的机会认识你们、看到你们，生命是一场旅行，最美的风景永远在路上，属于你们的风景正在等待着你们！所以继续前行吧！加油！	【录音内容】小朋友你们好，今天想跟部门分享的是土耳其的一首诗，《火车》。 去什么地方呢， 这么晚了， 美丽的火车， 孤独的火车。 痛苦是你汽笛的声音， 令人想起了许多事情， 为什么我不该挥舞手巾， 乘客多少都和我有亲， 去吧，但愿你一路平安。 桥都坚固隧道都光明。 小朋友，你们是蝉鸣，是蛙声， 是滚烫的空气，是奔腾的云朵， 是蓬勃的生命力， 希望你们都健康快乐地成长。
 【明信片文字】Hi，儿童希望之家的小朋友们，我是丽娟姐姐，我从儿童希望之家知道了你们的故事，你们真的很棒！很勇敢！很坚强！听说你们有人长大后想成为一名宇航员，飞上太空，那真是太棒了！那里有很多未知的东西等着去探索发现，希望你们早日康复！乘着梦想的翅膀在太空翱翔！	【录音内容】儿童希望之家的小朋友们，你们好，今天在这里我想送你们一首诗《萤火虫》，希望你们能像这萤火虫一样，用光亮照亮自己、照亮未来。 《萤火虫》 小小流萤，在树林里，在黑沉沉暮色里， 你多么快乐地展开你的翅膀！ 你在欢乐中倾注了你的心。 你不是太阳，你不是月亮， 难道你的乐趣就少了几分？ 你完成了你的生存， 你点亮了你自己的灯； 你所有的都是你自己的， 你对谁也不负债蒙恩； 你仅仅服从了 你内在的力量。 你冲破了黑暗的束缚， 你微小，然而你并不渺小， 因为宇宙间一切光芒， 都是你的亲人。

续表

 【明信片文字】Hi，儿童希望之家的小朋友们，我是郭王威，我穿着你们画画的图案做成的袜子走到了这里，也有更多的人通过了解你们的故事，知道到你们真的很棒！希望你们快快康复，与我一起走进大山，踏入溪流，加油！	【录音内容】小朋友，不要被黑夜中的噩梦，影响你醒来时的心境，不管这世界如何的变幻，不管这时光是多么的无情，任世间坎坷，绿肥红瘦；你可明白，生命从来不是美丽的水晶云梯，所以你要学会战胜痛苦，学会享受孤独，学会让自己变成光源，点燃胸中神灵的智慧灯，用内心的勇敢照亮前行的方向。我会一直祈祷，阴霾与灰暗不再纠缠于你。

项目组成员代表于 8 月 29 日走进儿童希望之家交流学习，亲自送上小组成员录制的有声明信片，接受儿童希望救助基金会感谢证书并参与 99 公益日助力发声。

图 77　赴希望之家参观学习

图 78　部分宣传渠道

三、项目成果

（一）传播效果

整个活动期间，我们以新媒体海报、软文、公益视频、义卖连接等形式从自媒体向社会媒体扩散，其中部分渠道和截图展示：

表 5　宣传文案

文章标题	发布平台
活动预热文章： 《公益同行——踏响“爱的足音”点亮 14 颗星火，帮助孩子完成康复之旅》	中国传媒大学 MBA 联合会、环球善行族、儿童希望基金会
活动深度稿： 《生命是种奇迹，岁月包容感恩》	环球善行族、儿童希望基金会、跑步圈、任淑一心理育儿等
错袜预热稿： 《来，穿上“错袜”，做一回“不一样的小朋友《	儿童希望基金会、环球善行族等
徒步活动稿： 《“爱的足音“公益团队开启错袜穿越之旅，助力脑瘫儿童康复》	中国传媒大学官网、中国传媒大学 MBA 联合会、儿童希望基金会、环球善行族等

（二）错袜义卖效果

首轮义卖：义卖仅上线 48 小时就募集过万，公益形式及传播得到公益合作机构的高度认可，也赢得了周边爱心人士的关注。

图 79　首轮义卖结果

（三）社会认可

1. 儿童希望之家的荣誉证书

团队及本次活动效果及影响力获得了儿童希望救助基金会的高度肯定。

2. “错袜”意义和影响的持续延伸

接力“爱的足音”，一起穿“错袜”——外研社第六党支部 9 月献爱心公益活动

活动主题：爱心捐款，助力心智障碍（脑瘫自闭症）儿童康复

活动时间：2020 年 9 月 7 日~9 月 16 日（捐款截止时间 17:00）

参与对象：第六党支部全体党员及身边群众

活动介绍：

外研社第六党支部联合儿童希望救助基金会，共同为爱传递，在 9 月 7 日~9 月 16 日以线上形式发起自愿捐款活动，用爱心支持心智障碍儿童

图 80　儿童希望之家荣誉证书

图 81　99 公益日活动

康复，推动教育公平。此次活动党员和群众均可参与，捐款金额不限。每一位参与人都会收到感谢证书，捐助满 99 元（心智障碍儿童一次康复治疗的课程费用）的参与人将额外获得错袜一双。

康复课程属于特殊教育，目的是让这些孩子们也能享受正常人生活、教育的权利，希望每双袜子都能换来他们参加一次康复课程的机会。

3. 公益一直在继续

项目组在 99 公益日向儿童希望基金会捐赠了 100 双错袜并产生了持续的影响和传播。

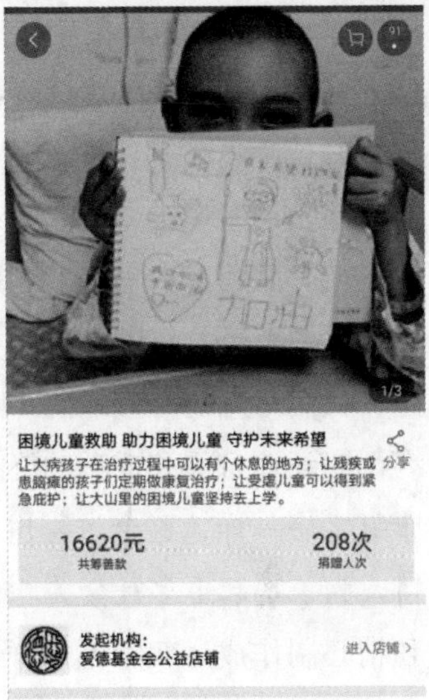

图 82 捐款总额

（四）募集康复款

儿童希望救助基金会平台募集款项总计 16620 元，共 208 人次参与。

（五）团队成员收获

虽然因为疫情，我们无法和孩子见面、和孩子交流，但通过团队成员亲身参与线上采访、传播代言、线下徒步，错袜义卖、儿童希望之家线下交流、参观孩子们日常康复的场所，凝视一张张孩子们的照片，公益之心被一次次点燃，最后每个人录制了一张对孩子们说的有声明信片。那里承载了我们每个人此次公益活动的最大收获，我们点亮孩子们的道路同时，内心也被孩子们照亮，可以让我们继续心怀阳光，乘风破浪。

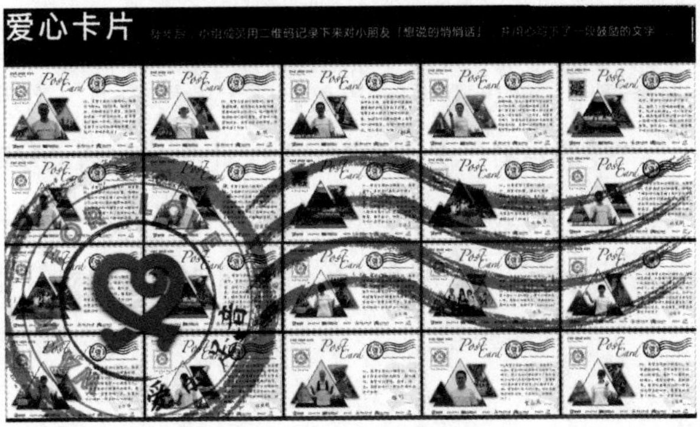

图 83 团队收获

（六）结项感言

整个活动期间我们高效协同、配合默契，从策划、制图、剪辑、写稿，到开会、踩点、制作以及拉赞助。每个周末、假期、深夜和凌晨，都有我们执着热情的身影，近 3G 的几百条视频和照片，多次连线康复专业人士和公益机构，多份康复报告及相关文献阅读了解，视频脚本讨论、策划及翻译，视频后期剪辑及包装都融入了集体成员在工作之余的主动付出和爱心。

我们用穿越的方式向 14 名接受脑瘫自闭孩子祝福，只要坚持、有爱，最终都能到达希望和成功的终点。10 公里爬升也许只是很小的挑战，但和孩子康复之旅一样，这个过程也需要物质支持，精神鼓励、爱与团结，信心与坚持。为了唤起更多社会关注，14 位小朋友其中部分的画画作品，经过再设计和精心制作成一双双不一样的错袜，并进行线上线下义卖。我们希望当人们收到错袜后可以穿起来，帮我们继续传播。我们做到了！精心的设计，用心的制作，“错袜”成了最靓的风景，孩子们通过错袜被更多人关注。

一次活动的募款对孩子们的康复只是杯水车薪，我们活动的真正意义在于通过发声进行“爱的接力”，希望有更多的社会团体通过我们的活动关注到这样一个弱势群体，并参与其中，这才是我们活动的价值所在。在 99 公益日，外研社第 6 支部的党建活动接力“爱的足音”继续为孩子们的康复助力。有了爱的接力，孩子们的康复就有了希望。

此次活动让我们认识到用心付出会让这个世界更温暖，也收获了太多。其中也有诸多遗憾，比如因疫情原因，我们没能和孩子们相处，讲述更多新鲜有感染力的故事；也因为活动自身的一些局限，没有更多的社会媒体参与进来。未来如果有机会，公益旅行团队希望能凭借我们的专业技能和自身的社会责任，能走得更远，产生更大的影响力，帮助到更多弱势群体。

“爱的足音”公益善款说明：此次公益活动所得善款将用于儿童希望之家康复项目中脑瘫自闭儿童康复费用。儿童希望救助基金会作为非公募基金会，挂靠在爱德基金会的淘宝公益店铺下进行合规公开募捐行动。

第二部分

助力社会热点

为中小微企业提供精神支持

一、公益项目设计

（一）项目背景

2020年，新冠肺炎疫情影响了企业的生存与发展，中小微企业受影响尤其严重。然而，中小微企业对于国民经济稳定发展、居民就业意义重大。国家十分重视中小微企业脱困问题。相关政府部门、金融机构在内的社会各界都对中小微企业生存发展问题做出了巨大努力。作为中国传媒大学的MBA学生，未来要从事企业管理或者经济管理工作，不仅需要了解中国企业，更需要投身改变现状的实践。因此，项目组发起“为中小微企业提供精神支持”公益项目，与中小微企业工作者建立联系，开展交流，提供建议和力所能及的支持。

（二）可行性分析和整体设计

项目组进行政策和市场等方面资讯整理、具有专业基础和帮扶针对性的深度稿创作。项目组希望这些文稿能够为中小微企业工作者提供可供参考的思想资源。另外，项目组采取团队整体与中小微企业对接的方式，开展企划、品牌宣传等方面的咨询，并以制作视频、撰写宣传文案的方式助力企业产品宣传。

（三）具体设计

项目组确定组员后采取群策群力的方式开展讨论，确定项目组工作内容和方式，确定以下方案：

（1）从各自企业帮扶开始，如果自己企业不合适，也可提供其他帮扶对象。

（2）各自安排帮扶企业对接人一两位，可以各自建群，包括帮扶企业对接人和项目组成员，方便沟通帮扶事项。

（3）项目组设置岗位包括：企划支持岗位、品牌宣传 / 文案策划岗位、微信公众号运营岗位等。

（4）建立微信公众号作为项目组宣传推广平台，安排运营人员、校对人员、主编人员岗位。开通微信公众号之前，全体组员热烈讨论，经过筛选，最后确定微信公众号的名称为“助微企业服务平台”。

二、公益项目的具体实施

在整体设计和具体设计都有了方案之后，项目开始实施。按照原定设计方案，对接帮扶组员所在企业一家、组员亲友企业一家。之后，通过项目宣传平台联系到项目组的一家企业负责人要求帮扶，于是项目组进行对接和帮扶。在项目实施中组员共计帮扶三家企业。帮扶按照原定方案进行，着重品牌宣传、开展访谈、制作视频、撰写采访稿，配合企业产品信息，将这些材料进行整合，在项目宣传平台——微信公众号“助微企业服务平台”上推广。同时，建立包括帮扶企业负责人和组员在内的微信交流群，开展讨论和咨询。

（一）第一次帮扶：北京星河云图影视文化传播有限公司

2020 年 7 月 18 日，项目组来到位于北京市朝阳区尚屹文园的北京星河云图影视文化传播有限公司，采访了公司联合创始人刘睿理。项目组视频制作组员全程录像，并制作访谈视频。刘睿理认为公司从美食纪录片制作开始朝着大银幕方向发展，已经开始探索和布局。他提到年轻化、精致化纪录片制作理念，以及合作伙伴对公司作品的高度认同。他表示对未来充满信心。

8 月 17 日，项目组在微信公众号“助微企业服务平台”上推出采访稿，从美食纪录片开始的大荧幕梦想之路，如何才能开拓？——北京星河云图影视文化传播有限公司联合创始人刘睿理访谈实录。

图 84　星河云图影视文化传播公司联合创始人刘睿理接受项目组采访

图 85　星河云图影视文化传播有限公司美食纪录片截图

北京星河云图影视文化传播有限公司成立于 2016 年，位于北京某产业园。公司已经做出一些比较出色的纪录片、视频和影视作品，和一些较大客户的长期合作也取得一定成效。基于年轻人的价值观，展示传统文化内涵，体现精致化、年轻化、生活化潮流，这是公司理念。在这种理念指引下，从美食主题开始，进入科普和社会经济领域的相关主题，公司正在有序布局。

受到疫情影响，其他中小微企业面临困境，互联网中小微企业却面临新的机遇。北京星河云图影视文化传播有限公司正在利用自身业务积淀努力探索前方的道路，采访过程中，刘睿理对公司前景充满信心。

如何抓住机遇？

采访者： 刘总你好，很高兴有这样的机会和你一起沟通。我知道公司在过去取得了很大的成绩，包括全网推广的影视和纪录片产品。公司是如何抓住了视频和影视成为文化产业风口这个机遇的？

刘睿理：近几年来，关于互联网视频，市场在扩大。同时专业的从业者其实就这么多。那些近几年新兴的自媒体，他们从专业性上来说可能会差一些，但是从内容的广度来说可能很大。我们的策略是发挥了自己的优势，即我们本身的专业性。在互联网视频领域，品牌方有很多需求，包括硬广或者是一些植入广告。在这些方面，现在的市场前景还是比较广阔的。我们的策略其实是把自己的专业性发挥出来，深耕在某一个领域内。以之前的案例来说，应该是纪录片的商业定制。从品类来说，现在是以美食为主。因为这是我们自身的兴趣，同时我们在这方面的经验比较充足。和这类视频的网站平台，包括爱奇艺、腾讯、优酷这些平台合作的时候，我们的优势比较突出。

如何利用年轻人的价值观推广产品？

采访者：在制作纪录片以及其他的视频影视方面，我们怎样利用比较有特色的价值观，比如利用年轻人的价值观去推广产品？

刘睿理：是这样，至于现在年轻人的价值观，不管你想不想承认，都必须承认他应该是生活化或者娱乐化，然后相对有一点点负面，可能有点快餐有点反思考。我们在做的事是什么？首先是我们迎合这种价值观，这是现在市场普遍的做法。

采访者：中国年轻人口比重较大，很有市场潜力。

刘睿理：可以这么说。在市场开拓方面，我们可能还是以大众化的美食为主。从舌尖开始，近几年这种美食纪录片比较多，大家认可的也比较多。我们从这方面出发，把更多的商业化的可能性与平台结合在一起，然后进行拓展，比如拍个片子卖给平台，现在不基于这种商业模式，而是和平台一起合作招商，做一些定制化的内容。我们去年跟中国劲酒一起合作的几个片子，比如说《天下一锅》是一个讲火锅的纪录片，《中国宴》是讲我们传统宴席文化的，这些都是和平台合作开发的商业模式，它就不单纯是做片子，这种模式是客户有需求，我们来策划，根据客户需求做一个定制化的产品。

如何结合传统文化？

采访者：在我的理解当中，文化公司应该体现中国精神才有市场，也才能走得远。刚才你讲到公司是做了一些传统文化方面的产品，传统文化产品对我们的意义就是开拓市场。除了开拓市场之外，还有什么呢？

刘睿理：首先，我理解的传统文化，它不是那种特别枯燥的，或者是很久远的东西，它并不过时。传统文化一直可以很时尚，比如说现在咱们比较流行的什么国潮，这种东西年轻人很喜欢。他们其实也是我们主要的用户。我们刚好是做纪录片的，它更适合表达这种传统文化的内容。我们从美食出发，会涉及一些外延的内容，先用美食和纪录片来吸引观众，形成我们固有的用户群体，然后会涉及社科类的，包括科普类，还有我们后面的数字中国的项目，它属于经济类的。这个项目不会成为社科新闻，但是它可能会和一些传统文化结合起来。

采访者：具体和传统文化怎么结合？

刘睿理：最主要的就是选题上的结合。比如网红叫李子柒，其实她可以作为我们数字中国里的一个选题来讲。数字中国是通过数字看时代发展，李子柒作为重要的一个互联网文化现象，她的一个视频播放量可能是上千万。她的收入已经达到大概七八百万美元了。她作为我们传统文化走出去的一个代表，我们聚焦到她的数字上，然后分析说，目前我们传统文化是如何走得更远的。她作为一个选题来参与到我们的纪录片当中。我认为经济和传统文化的结合还是比较有发展前景的。

采访者：我对这个选题很感兴趣。李子柒能够在中国传统文化领域走向国际，就是将传统文化和我们的商业模式结合起来。我们能不能参照她的模式，也采取这样的推广方式？

刘睿理：目前来讲，我们也在做一些短视频的内容，包括生活类的 MCN 的一些矩阵。但是我们会先把本身专业的内容做好，那些东西可能不是现阶段的重点，只是未来的一个发展方向。

采访者：公司的布局非常广，从美食到科普，再到其他一些正在设计的板块，刘总能不能举个例子，在纪录片方面，怎样把它的价值充分挖掘出来，体现我们的传统文化内容，获得更多的受众。

刘睿理：就拿我们之前做得比较好的一个片子，叫《无饭不起早》。这个是在爱奇艺播的一个美食纪录片，讲早餐的。现在播完了以后发现，共 6 集，大概有1.7亿人次观看。然后是和维他奶合作的一个商业定制的项目，曝光量也很高，大概有32亿次左右。我们把早餐和故乡的这种情感联系在一起。人们每次过春节回家，或者放假回家，要吃到一口自己家乡的早餐，其实那种情怀感觉是不一样的。它可能引起年轻人，尤其是在大城市奋斗的年轻人的共鸣。我们把情感作为讲述的核心价值观，然后把各地的美食作为这种价值观的输出和呈现。聚焦到早餐这个生活上的小点，其实就是我刚才说的生活化和精致化的内容。

最好的视频、影视作品是什么？

采访者：公司曾经做过很多影视作品，有哪些非常出色的呢？

刘睿理：我们目前有一个网剧，现在处于剧本已经完成的阶段。它叫《二十四桥明月夜》，它是讲民国的一个美食的美食剧。我们做了这么多美食纪录片，有了这些基础知识的积累和沉淀，可以在其他非纪录片领域进行一些尝试。

成功的合作案例是什么？

采访者：我们和爱奇艺和腾讯有合作，像我们合作对象应该是很广泛的，你能不能列举一下我们有哪些比较大的一点合作伙伴？

刘睿理：我们之前做一些广告，包括tvc起家的，汽车类的奔驰、宝马，包括一汽，快销类的康师傅、skⅡ。至于这些客户，我们之前都有合作。还有科技类的戴尔、联想，还有长期合作的客户，比如中国航天。去年“4.21”他们的航天日的时候，全套的视频制作由我们负责。我们在保持原有的优势的情况下，近些年把重点向纪录片这里转移，也是为了更好地适应市场新的可能性。

未来规划是什么？

采访者：我们已经建立了良好的信任关系。那么最后我想了解刘总对公司未来的规划是怎样的？

刘睿理：未来我们还是想往大荧幕上走一走。通过纪录片也好，网剧也好，或者互联网视频内容，甚至后面的一些短视频或者MCN这种矩阵，包括互联网化的内容，

采访者：我们将会做怎样的准备呢？

刘睿理：首先肯定是资金方面的准备，希望获得一些融资，在规模上先做大。然后是技术或者业务能力上的提升。最后是一些合作伙伴或者人脉和机遇，可能会在这些方面做一些积累和突破。

（二）第二次帮扶：中广影音（北京）文化传播有限公司

由组员同学联系亲戚和朋友，项目组最终确定一家音频内容制作运营公司作为帮扶对象。经过沟通，项目组记者和公司对接人确定了访谈时间和访谈内容提纲。

2020 年 8 月 20 日，项目组记者来到位于国家轻工业局展览中心的中广影音（北京）文化传媒有限公司，采访公司董事长孙雨。孙雨提出公司是“专业的人做专业的事”，有声书产出稳定，并不担忧激烈竞争。他侃侃而谈，从公司发展历程到公司优势再到对于音频行业的分析判断，都提出独到见解。因为获得浙文投的投资，公司发展加速，现在已经具有中等规模，基于专业化团队和标准化制作，推出《生死疲劳》有声书。

孙雨热情邀请记者观察制作团队。这次访谈实录在“助微企业服务平台”推出，并附带《生死疲劳》有声书片花。项目组期望推广活动有助于公司有声书产品宣传。

9 月 21 日，项目组在微信公众号“助微企业服务平台”上推出采访稿，并展示如下照片：中广影音（北京）文化传媒有限公司制作的有声书 App“有声派”上的 IP 数张。

图 86　中广影音（北京）文化传媒有限公司有声书 App“有声派”作品

图 87 中广影音（北京）文化传媒有限公司有声书 App“有声派”作品

中广影音（北京）文化传媒有限公司创始人孙雨访谈：

中广影音（北京）文化传媒有限公司 2016 年在北京成立，由于近几年网络音频市场的规模越来越大，用户对于音频内容的挑剔程度，直接决定网络音频这条产业链的发展走向。2020 年，中广影音制作的诺贝尔文学奖作家莫言的《生死疲劳》有声版面世，该作品演播阵容强大，也备受行业和听众的高度关注。掌舵人孙雨，曾经的中国新闻奖获得者，从事广播电视台新闻播音工作 18 年，有声音频行业 12 年之久。

孙雨谈到中国有声行业初期的情况时说：“那个时候录制有声书还没有形成一个群体，有声书制作商就委托我们这些播音员主持人来录制有声书，而我本人也随之参与到有声书制作和发行运营的全过程中来。初期我以总编辑的身份加入中国第一家有声内容的互联网平台‘天方听书网’，负责整体的内容出品和内容运营，由于业务体量增速很快，2010 年，天方听书网正式被盛大文学收购，随着互联网技术的发展，2014 年盛大文学成功收购了当时主攻移动端的音频平台‘懒人听书’，经过多年的运营，它也是目前全国唯一一个盈利的互联网音频平台。”

在谈到最初创立中广影音的时候，孙雨讲道：“2016 年 12 月 12 日，正式注册了中广影音，2017 年公司只有 4 个员工，而公司却做了三项大业务：一是给中央人民广播电台做长篇小说的录制；二是给豆瓣做了一个知识付费的平台，叫‘豆瓣时间’，这里面 95% 以上的栏目和内容由我们公司支撑起来，都是由我们来制作，这其中涉及各种大师课，有电影课、心理课、北岛的诗歌课等；第三是我们成为微软的中文音频的供应商，主做 AI 主播的声音模型。”

踏踏实实做好作品和业务，公司成绩好了，员工也慢慢增多。孙雨说：“作为精品有声内容的出品商，我们一直坚持的是自己签版权，自己签主播，自己全制作，看似要投入大量的成本，但这也是中广影音在保证高品质内容的核心竞争力。”好内容，自然哪里都会抢，所以每一部作品问世，都会通过内容分发到全国超过 50 个音频平台。凭借着手握好内容，2018 年开始数家平台和机构纷纷向公司抛出了投资的橄榄枝。最终，凭借自产高质量有声内容，为全国 70 多家平台及出版机构提供音频代制作和运营业务，中广影音在 2019 年 5 月，获得了浙江省文投的投资。

一直稳扎稳打的中广影音随着业务的慢慢扩大，也逐步加强自身网络平台的建设及产品的扩张升级。2018 年 H5“有声派”和 App“面包 FM”上线，2019 年开发上线了儿童音频客户端“面包绘本故事”，2020 年增加了儿童产品 ipad 版本和完成了多个小程序的开发。

整合：利用优质内外资源

中广影音具有三个优势：主播、制作、版权。利用优势主播资源和标准化制作流程，结合用户关注度高的版权内容，业务发展上取得快速发展。

“从公司建立之初，优质的主播资源就是公司坚实的依靠。因为有声书需要真人来朗读，我把有声书定义成通过语言艺术再创作的新作品。拿莫言的《生死疲劳》来说，这一本书里面有 161 个人物，有 N 次的出场场景，多名主播演播才有可能驾驭这种多场景的变化。”从公司建立以来，吸引、发现、培养优秀主播，一直是公司业务体系做的最基础要求。孙雨介绍说：“我们合作签约的主播中，有一位非常具有代表性的人物就是艾宝良先生。艾先生原来是京剧演员科班出身，做过讲师。他 1994 年开始在北京广播电台播一个栏目，叫《午夜拍案惊奇》。可以说他是中国播小说最多的一个人。他今年 72 岁，有非常深厚的语言艺术功底，被广电总局授予过‘听众最喜爱的演播艺术家’称号。我按照曲艺的磕头拜师的形式，帮他招收了几个徒弟。我们对这些徒弟进行了考察和分工，比如在业务类型方面，适合播悬疑、玄幻的，就用一些‘大神’的作品对他们进行加持和塑造，加上业务指导等等这些辅助。这样为他们加强业务功底、建立强大人气助力。目前他们大多数已经成为有声演播的中坚力量。在 2015 年年初，我又给这 8 个徒弟举行了仪式，收了 100

多个徒孙。这100多个徒孙的作品现在遍布在各个有声平台，基本都在TOP榜单上实力占据。”

引入名家，独家签约头部的演播人，是中广影音具备的优势资源。孙雨说：“全国播《鬼吹灯》《盗墓笔记》等作品网络最具影响力和粉丝量的第一主播周建龙，也是我们公司独家签约的主播代表之一。2020年‘服贸会’上，中广影音还特别主办了周建龙粉丝见面会，现成上至白发老人、小到00后蜂拥而至，热闹非凡。同样，前几年我也和他收了8个徒弟，他的8个徒弟目前有3个都在我们公司里从事具体的业务，得到了很好的锻炼和发展。其他的也在各个平台都有良好表现。《生死疲劳》这部作品就由周家班的全体成员参与演播，也向社会和听众交了一份满意的答卷。公司陆续和280个以上这样的主播进行独家签约。”正是这些优秀主播创造了丰富、优质的有声内容，为中广影音三大战略优势之一奠定了良好的基础。

既要有好的声音，也要有好的制作去诠释这些声音，所以在每一部作品的制作上，孙雨也是投入很多。孙雨说：“曾经有很多的同行和资方问我，有声行业的核心技术到底是什么？我总结两个字叫‘制作’。‘制作’包括的范围很广：第一是作品的选题，第二是作品的改编和演播形式定位，第三是作品和主播的匹配，第四是对作品整个制作流程的把控。我们形成了独有的有声制作的标准流程。中广影音有了这个流程之后，可以节省成本，而且产出时间是稳定的，产出质量是有保证的，这也是我们成为微软、中央人民广播电台、懒人听书、网易、喜马拉雅、上海译文、磨铁、新经典等众多平台的制作合作伙伴的一个原因。”

孙雨谈到公司第三个优势时说：“我们还有版权优势。做一个音频内容，光有主播，有好的制作，没有好的IP也是不行的。有声书和文字阅读市场是成正比的，不管是出版物，还是网络文学，只要是在Top5榜上，做有声书也一定是在好的级别上，这是因为有一定的阅读用户基础。那么怎样去获取这些好的版权呢？我们团队有多年的制作和主播经验，这是我们获取版权的一个捷径。比如，我们从马伯庸那里拿到《三国机密》《风起陇西》这些版权，版权成本几乎可以不计，但是通过我们的精良运作，《三国机密》在几十个平台上同时发布，上线一周收听量超过千万。有11个平台给我们做了客户端的开屏推荐和各个平台都有焦点图个各种推荐位，简单盘点一下《三国机密》在各个有声平台获得的广告资源按照刊例价超过 1 亿元，这就是我们给作者的一个回馈。作者不要版权费用但是认可我们，我们给作者较高的传播收益回报，同时也给公司带来一定收益。”

除了极低的外来版权费用，公司还会利用自身资源获得版权。孙雨说：“作者孔二狗的《东北往事黑道风云二十年》、网络第一大神作家唐家三少的《神澜奇域无双珠》。这些优秀的作品目前也均在制作和发行当中。”

内容：不断总结发现不断创新

中广影音不断制作优秀作品，同时不断从优秀作品中总结和创新，发现周围环境的新特点和自身提升点。

谈到公司最好的音频内容，孙雨说：“截至目前，艺术性和欣赏性最好的是莫言的《生死疲劳》有声书。我们用了七八个顶级主播，用了 40 多位知名的主播。莫言也亲自参与角色饰演。另外，《黑道风云 20 年》《鬼吹灯》的后 4 本、《盗墓笔记》这些都是过百万的 IP。从知识性内容来说，我们开发了天文知识付费的课程《懂得这些再去穿越》，这本是一个音频节目，却得到传统出版机构的青睐，白马时光跟我们签了合同，现在正在排版当中，他们会把音频转化成文字再出版。这样，我们既能获得音频传播收益，又能获得纸质书的销售收益。”

公司从最好的产品中不断总结周围环境变化和自身发展现状。孙雨谈到有声书发展环境的变化情况时说：“如果从有声读物的艺术性上来讲，我发现现在的演播更加繁荣一些。过去的有声书展现方式比较单一，基本上是单人播讲的方式。因为做广播剧的成本很高，现场录制的主播较多，还有导演、背景音乐这些成本，所以那时广播剧的制作相对较少。随着近年互联网音频行业的发展，现在对播的双人、三人以上的有声剧、多人演播的广播剧更多。在制作成本上、对作品的艺术追求上都有所提高，也带给用户更丰富的收听体验。今年随着腾讯‘TME 酷我畅听’和字节跳动‘番茄畅听’这些巨头对有声市场的投入，必定会带来更大的市场繁荣。”

至于自身内容发展现状，孙雨总结说：“创新是永葆向前的驱动。早些年做有声内容的时候，我们已经运用了一些创新手法。就以《生死疲劳》为例，首先我们将剧本进行详细改编，数易其稿，为了更完美的创作音频内容。其次导演和责编全程参与录制，随时更改瑕疵，为了更贴切地展现作品内涵和语言艺术之美。我们还为作品创作了主题曲，原创主题曲贯穿铺垫整部作品，主要用于渲染情绪、场景的转换和人物内心展现。只有认认真真做好内容，才有市场的良好反馈和用户买单。”

走过去的路能带来反思和回顾。中广影音不断制作优质有声书，同时也关注行业市场和用户的习惯变化，从听众需求出发，制作和运营更多优秀的作品。

规划：借助资本稳步前进

中广影音定位于为中国各个不同阶层打造精品有声内容，具有全局视野和社会责任感。

公司对未来的战略规划是非常清晰的。孙雨说：“浙文投的投资给公司增加了一个资本的翅膀，让我们能飞得更高更远一些。我们公司的定位很清晰：头部精品音频内容制作和运营商。做内容我们是专业的，也是认真的。我们会开发精品音频内容为中国儿童带来更好的内容，给中国不同阶层，诸如白领、领导干部、公务员、农民、打工子弟带来不同精品有声阅读体验。这是作为一个音频内容从业者的社会责任。”

这个规划看起来很宏伟，在谈到打算怎样实现这个规划时孙雨说：“我们公司员工很多都是中国第一批互联网音频从业者，具备良好的职业素质和技术。公司每个部门、每个员工的责任、义务都很清晰，每个月都按照既定目标完成任务。我们的发展方向比较清晰，运营流程比较成熟，主播、制作、版权三大优势相对明显。从融资之后，经过一年的发展，我们的成绩已经相当于一个中型公司的规模。中国的有声市场在崛起和发展中繁荣，在今后一段时期，按照公司既定目标继续进步，我们的业绩一定能够得到充分的展现。”

观察：看过去、现状与未来

作为具有多年、丰富经验的有声内容从业者，孙雨具有观察音频行业的独特视角。基于长期观察和思考，孙雨对于音频行业发展历史、现状、未来的认识和判断清醒而客观。

孙雨谈到有声书发展历史时说：“有声产品最早出现在传统的广播电台上。中国第一本有声书是在 1949 年 6 月 11 日。在新中国成立之后，上海广播电台做了中国第一本有声书。这是一个抗日题材的小说，叫《李勇大摆地雷阵》。中年人小时候听过的评书，都是通过收音机收听的。随着中国互联网的发展，2003 年的雷军和中广影音董事李成宇以前瞻眼光去做互联网音频，算比较早的。那个时候是 PC 端，直到智能手机出现加速了互联网音频行业的发展。”

孙雨谈到有声书发展现状时认为：“中国有声阅读行业还是相对落后一些。为什么？原因是内容还不够丰富，质量还不够好。全国有的号称多少万小时的，有的号称数十万百万小时的这些平台，真正的有效音频（指的是用户喜好收听的）其实是没有多少的。另外，中国的有声用户较欧美发达国家还有一定的数量差距。盗版也是对正版有声平台发展的一个绊脚石。因此中国的有声阅读市场，现在只有一个‘懒人听书’在盈利，其他平台基本都是靠资本催生，疯狂烧钱去圈用户，他们至今还没有盈利。”

在谈到音频行业未来发展趋势时，孙雨这样判断：“在 2020 年以前，我就认为中国音频行业已经形成格局了。在 2014 年、2015 年、2016 年期间那些发展不好的音频平台已经倒闭了。从 2016 年到 2019 年，各个平台做了用户付费内容，‘喜马拉雅’‘蜻蜓’‘懒人听书’这些头部公司已经形成三足鼎立态势了。今年情况又发生了变化，‘今日头条’做了‘番茄畅听’的听书产品，腾讯音乐推出了‘酷我畅听’。今年虽然有疫情，但是巨头纷纷跳到有声内容市场来。我认为到 2020 年年底，有声内容市场还会有更大的波澜，甚至有一些并购的可能。我认为 2021 年或者 2022 年基本上能形成音频市场的巨头，或者如我所说稳定的三足鼎立态势。”

公司怎样应对这种竞争局面？孙雨总结说：“‘内容为王’是亘古不变的真理。任何平台不管有多强大，有多少用户，需要的都是精品内容。制作是有声行业发展的核心技术，而做内容是比较专业的事，毕竟我们真的是专业的人做专业的事。”

面对音频行业激烈竞争和不确定环境，因为公司所具有的包括优秀主播在内的多种优势，强大的制作技术能力，以及内外资源整合的良好条件，孙雨淡定而从容。基于全局性视野，以及头部精品音频内容制作运营商的市场定位，中广影音定能赢得自身立足音频行业并持续发展进步的机会。

（三）第三次帮扶：北京盛源桉格商贸有限公司

2020 年 9 月 12 日，项目组来到位于北京市怀柔区李两河 140 号的北京盛源桉格商贸有限公司，采访公司创始人史坤。史坤从公司定制礼品服务商业模式发展历程到具体情况开始谈起，谈到公司开展业务的两种优势：资源优势和团队优势，接着谈到当前业务减少的困境和包括拓展新业务和探索建立自身品牌在内的解决办法，最后展望定制服务行业发展趋势和前景。他认为个性化和定制化服务是未来趋势并具有广阔的发展前景。

针对定制化产品组员展开讨论："公司产品的定制体现在非常小众的物件上。比如车载吸尘器，目标用户仅仅是有车、有车内吸尘需求的车主。这就将定制产品的受众直接缩小了。故宫的文创最初是做大众化的产品，比如口红，所有女生都需要；比如笔记本，几乎所有人都能用到。所以第一个建议是：把定制产品的目标受众扩大，在这个方向上进行创意。""用户范围扩大化，聚焦刚需产品定制，这些都是正确的。但是，当前问题是：如何进行定制客户获取？"群内讨论启发新的思路，以深入思考和探索促进企业经营状况的改善。

创始于 2014 年的北京盛源桉格商贸有限公司已经适应在疫情中度过艰难岁月。其业务开拓可以开源节流、新客户开发正在酝酿、自身品牌建立逐步成型，这些离不开六年的礼品定制化服务经验积累，也离不开高效合作的互补性专业团队的努力，更离不开勇于探索的团队领导者精神。然而，上升中的企业总会遇到困难，只有适应困难生存环境，拥抱变革，才能不断前进。公司创始人史坤笃定地引领公司业务发展，在一个具有"温馨"情感色彩的商业领域，正在以高昂的热情进行前瞻和布局。

定制业务模式发展历程及具体情况

采访者：你好，非常高兴能够和你讨论礼品定制商业模式和您公司的情况。希望有机会学习定制模式和国内国际上定制行业发展前景的观点。先请您谈谈公司定制业务发展历程。

史坤：我从 2009 年开始北漂。当时在一家文化传媒公司，负责他们礼赠品的定制业务。后来我去红牛的贵州分公司工作了两年。在这个过程中积攒了一些人脉。从 2014 年开始，我就和现在的合伙人一起创建这个公司。因为之前积累的一些资源和人脉，所以这个公司的建立也算是水到渠成。

我们礼赠品的定制大概是这样一个过程：首先根据客户的要求，我们给他提出一个方案，客户选定产品之后，我们再给他打样，打样确认之后再安排制作。这个过程说起来比较简单，但在整个操作过程中，还会有很多曲折，比如说有的东西迟迟不能确认，有时候确认一个东西甚至需要一两个月。

在这个过程中我们也有一些思考。最初我们每人负责一个客户，比如说这个客户从打样到最后出货，不管是客户还是上游的工厂，我们都一直跟下来。后来随着公司的发展，人员的增多，我们发现这个模式有弊端。它不能形成流水线操作，于是我们把销售跟采购整个分开，这样就相当于一个流水线作业，有利于公司发展。我们在一些平台上增加了一些业务。给搜狐的搜易贷做代发，它有积分兑换的平台，开始做礼品。平台上的礼品不用加 Logo，不用定制，但是都要用大品牌的东西。帮他们运作产品由我们来提供，租库房给他们发货。大品牌的东西就没有那么多麻烦，一旦出现售后问题的话，交给品牌方解决。我们开始思考：这个品牌的业务，我们为什么不可以做？

公司业务优势和团队优势

采访者：我们的优势体现在哪方面？

史坤：从业务方面来说，就是集中在箱包和服装方面。我们主要得益于之前跟红牛公司的合作。因为红牛公司较多做包类、服装类的东西，所以无论是工厂资源还是品质把控方面，都有很大的优势。这几年在体育方面的涉足，在体育户外品牌方面也有一定的优势。在一些大品牌商那里，能拿到特别低的折扣。国内的李宁、安踏这些品牌，能拿到 4 折到 5 折的优惠价格；还有耐克、阿迪这些品牌都是 6 折左右；安德马品牌大概是 7 折左右。一些奢侈品比如阿玛尼、范思哲、施华洛世奇这些奢侈品牌，品牌折扣是我们在业务方面的一个优势。

团队的优势我认为是在设计和服务方面。合伙人从清华美院毕业，他独立设计。从客户的反馈来说，他的设计能达到客户的满意度。礼品一定要送到客户的心坎里，不只起宣传的作用。

有时候我们这样一个小小的促销品，不一定 Logo 特别大，但是我们要同样起到作用。比如我们去年给 58 同城公司做过卫衣礼品。58 同城公司比较开放，当时他们提出的要求就是不想把它做成一件工服。后来我们想了一下，把 Logo 放在帽子后边，就是后背的地方。平时如果不戴帽子根本看不到 Logo，但是戴起那个帽子的话，就会有一个很明显的 Logo，一句很打气的话。另外我们把 Logo，也就是数字“58”做成一个很精致的小胶标，放在右臂的地方，虽然不是很明显，但是抬手的时候就能看见。这个设计得到了客户的认可。

遭遇的困难及解决办法

采访者：我们现在面临着什么样的困难呢？采取哪些措施克服困难？

史坤：当下疫情影响比较大，我们的业务属于客户导向型的服务型行业。客户自己的业务都受到影响，就没有精力再去做礼品服务了。很多公司销售可能都出现问题，怎么还会有钱去做别的东西，这样我们的业务就会受到很大影响。面临当下困局，我们在不断改进。首先拓展客户，以前的客户有跳槽的或者好久不联系的，我让员工们全都梳理一遍，看看能不能再挖掘一些机会，其次拓展业务。

采访者：开源节流，拓展业务，克服困难。可是从长远来看，可能还要聚焦主业定制服务，那么在定制服务方面有怎样的新想法呢？

史坤：最近两年发现马拉松项目和电竞项目比较火，在这方面用我们自己的品牌做一些东西，布局线上。做一些跑步的 T 恤衫、袖套、腰包、号码牌。做出一些样品放在阿里上面，客户选定之后批量订购。尝试不是很成功，今年我们想做大批量库存。我们就做自己品牌的东西，这样价格也能卖上去。

采访者：在做自己品牌的时候，有没有考虑到客户的需求导向？做什么东西迎合广大客户的需求，让他们选择我们？

史坤：去年做阿里的时候，我们当时想得比较简单，在阿里上接到的订单并不多。可能是因为我们这个方案和布局有一些偏差。今年我们就做了一些调研，比如马拉松这个项目。今年可能主要做 to C 的业务，这样的话就直接面对一些消费者，这样会好一点。

对客户需求我们也在思考。to C 的业务不好把控，每个消费者爱好都不一样，对于价格、品质、风格的选择是不一样的。我们思考着要迎合差异化的需求，在这个过程中不断学习。我认为要想做好自己的品牌，需要研究怎样通过差异化的服务满足不同的需求。

另外，红牛公司从转型之后有一些变化，他们开始放权了。它有 30 多个分公司，我们往常跟红牛公司合作的时候，跟每个分公司都有联系，所以我们从去年开始拓展分公司的业务。每个分公司的需求都是不一样的。我们在客户打样的过程中，客户可能提了 1 个方案，我们提供 10 种方案，客户可能就选 3 种，其余的方案怎么办？

其余的方案可以推向全国的分公司。也许那个分公司喜欢大 Logo，另一个分公司喜欢小 Logo 或者隐形的 Logo。我们就把以前做过的这些样品全部弄成 PPT，推向全国的分公司，让他们来选。这样他们在这个过程中总会有选中的东西。从去年开始我们做这样的努力，效果非常好。除此之外，现在还拓展一些新的业务。我们在怀柔得天独厚的优势想合作，有一些办事处、招待所、会场，计划今年跟会场联系，帮客户做会场服务。

采访者：除了这些盈利性质的业务拓展之外，听说公司还参与一些公益项目，能具体说说吗？

史坤：拓展的业务还有一种纯公益性质，我觉得特别有意义。新浪旗下有一个公益组织叫“扬帆计划”。平常在淘宝上买东西可以看到，比如买多少钱的东西，会显示向扬帆计划捐多少钱，基本上是捐 1 块钱。我们跟扬帆计划今年有一个业务的合作，他们给全国偏远山区的孩子做书本，还有一些美术用品、体育教材捐赠。

定制服务行业趋势及前景判断

采访者：请你谈谈对定制行业在国内国际的发展现状和前景的看法。

史坤：礼品行业相对来说比较传统，主要分为两类：一类是传统的定制模式，客户提出要求，我们根据客户的场景、调性需求做这个产品；另一类就是服务模式，我刚才说的那种品牌产品的渠道销售，基本上走银行、保险这种渠道。国内的礼品销售主要是服务的模式。

国际业务我接触的比较少。以前有一个客户跟亚马逊合作，他们在国内采购定制一些产品，然后放在亚马逊上。他们是在香港注册的品牌，然后在国内一些工厂来代工，代工完成之后，他们放到亚马逊上。这种亚马逊的模式跟国内的模式差不多。但是他们设计的品类相对集中，比如说产品品牌，体育资源丰富的就做体育、户外，家居资源丰富的就做日用品。

我挺看好这种定制服务前景。首先，我们原来的业务属于 to B 的业务，其实 to B 的业务还是比较好发展的。我们对接的是企业，需要熟悉产品的调性，还有对接人的眼光和他的脾气秉性。如果能对接好的话，这个业务是比较好开展的。但是现在我发现所有的大公司在 to C 的定制方面都有布局，比如一些大公司都开始提出，应用场景不同的客户定制不同的产品。一些大型品牌可能都有一些个性化定制服务，都开始提出定制口号。因此我认为定制化服务是一种趋势。

据说一些服装的大品牌，已经开发出一种机器，人往前一站，就能定制服装。其实这是定制化的探索。定制化可能还会跟数字化结合起来。

采访者：在市场发展越来越成熟、科技迅速进步的环境中，定制化服务可能是趋势并拥有广阔前景。开拓新业务可能需要聚焦主业。美国营销方面的专家特劳特说过，定位的品牌宣传需要第一次打进客户心智，而且聚焦，不要急于延伸品牌。比如说我们做定制，to B、to C 都可以，我们可以在某个品牌方面深耕深挖，做到国内一流或者国际一流。祝愿盛源桉格尽快走出疫情影响的困境，获得更好的发展！非常感谢史总接受采访！

除以上具体的企业帮扶以外，项目组还对国家帮扶中小微企业的资讯进行整理，于 2020 年 9 月 21 日推出信息资讯：

工业和信息化部联合发展改革委、科技部、财政部等 17 个部门共同印发《关于健全支持中小企业发展制度的若干意见》中指出：中小企业是国民经济和社会发展的主力军，是建设现代化经济体系、推动经济高质量发展的重要基础，是扩大就业、改善民生的重要支撑，是企业家精神的重要发源地（工信部联企业〔2020〕108 号）。中小微企业在国民经济体系中的地位和作用可见一斑，但受今年新冠肺炎疫情影响，中小微企业在复工复产中举步维艰，针对此情况国家出台相关政策进一步加强对中小企业的财政扶持、进一步加强对中小企业的金融扶持、进一步加强对中小企业的创新支持、进一步加强对中小企业的公共服务、进一步加强统筹协调等措施，帮助广大中小企业坚定信心，强化措施，实现有序复工复产，渡过难关。下面为大家梳理分享：

（1）金融贷款

2020 年 9 月，央行等部门对中小微企业贷款相关政策“打补丁”，鼓励银行进一步支持中小微企业，增强延期还本付息力度，提高中小微企业信用类贷款比例。这已是国家 2020 年第 4 次发文扶持中小微企业融资。

（2）纳税缓交

对有特殊困难不能按期缴纳税款的企业，由企业申请，依法办理延期缴纳税款，最长不超过 3 个月。

（3）社保免、减、缓

从 2020 年 2 月起对企业缴纳的养老、失业、工伤三项社会保险单位缴费部分实施免、减、缓三项措施，对中小微企业三项社会保险单位缴费部分免征的政策，延长执行到 2020 年 12 月底。受疫情影响生产经营出现严重困难的企业，可继续缓缴社会保险费至 2020 年 12 月底，缓缴期间免收滞纳金。

（4）返还失业保险费 50%

对 2020 年不裁员或少裁员的参保企业，可返还其上年度实际缴纳失业保险费的 50%，企业实际缴纳失业保险费金额按照税务部门缴费凭证确认。

（小知识：《失业保险条例》规定：城镇企业事业单位按照本单位工资总额的 2% 缴纳失业保险费。）

（5）房租一免两减半

疫情全国封闭期间，对承租政府性资产中经营用房的中小企业和个体工商户，租金 1 个月全免、2 个月减半；鼓励其他业主（房东）为租户减免租金。

（6）减税

对于疫情期间减免租金的大型商务楼宇、商场、市场和产业园区等出租方，当年缴纳房产税、城镇土地使用税确有困难的，可申请困难减免。如不符合条件无法享受减免的，可按照租金减免期间所缴纳的房产税和土地使用税给予 50% 扶持，扶持金额不超过减免租金总额。

（7）就业稳岗补贴

厦门市对于初次来厦就业和本市初次就业的劳动力，且已办理就业登记和缴交社保，在同一企业连续工作 3 个月以上的，按每人 500 元的标准补贴给企业。

黑龙江省对于参保企业新吸纳劳动者就业并开展以工代训的，给予企业每人每月 500 元培训补贴，最长不超过 6 个月；不足 1 个月的，按实际开展天数计算补贴。

徐州市鼓励有条件的培训机构（企业）对返乡人员开展线上职业技能培训，培训后取得证书（职业资格证书、职业技能等级证书、专项职业能力证书、特种作业操作证书、培训合格证书等）的，按规定给予每人不超过 4000 元的职业培训补贴（搜狐网）。

除以上政策方面的优惠扶助以外，国家更提出从制度上改善中小企业的发展。《关于健全支持中小企业发展制度的若干意见》的推出，既提出了缓解中小企业融资难、融资贵等突出问题的具体措施，又对加大财税支持、优化服务体系、保护中小企业合法权益等方面进行了制度设计，同时对完善基础性制度、压实地方政府责任提出了要求，共从 7 方面提出了 25 条具体措施。推进《关于健全支持中小企业发展制度的若干意见》的落地，将为中小企业发展营造良好发展环境。

（注：以上文字部分来源于中华人民共和国工业和信息部官网及搜狐网）

三、项目成果

项目组每一次帮扶企业，都会由记者组员认真整理加工，产出篇幅较大的采访稿，在微信公众号“助微企业服务平台”上推出，也获得一定影响力。同时，项目组还为一家企业制作了采访和产品整合的视频进行推广。另外，项目组组员经过调研，梳理了国家帮扶中小微企业的相关政策和信息，整理成一篇可供中小微企业参考的资讯。项目成果包括采访稿三篇、资讯一篇、视频一部。

采访稿结合企业文化产品一起公开，取得一定点击率和影响力，对于帮扶企业品牌宣传起到一定作用。组员与帮扶企业工作者的交流互动产生一定作用，为他们提供了一些新的视角。组员的建议和帮扶行动增强了他们的信心，为他们降低疫情对生产和经营的影响提供了支持和动力。

四、结语

只有中小微企业发展壮大，社会进步才能顺利进行。在疫情影响之下，中小微企业急需社会帮扶。“为中小微企业提供精神支持”公益活动项目以组员的微薄力量助推中小微企业走出困境获得发展，实践社会责任担当理念。

虽然心中怀着希望，但是项目组手中资源有限，所以还是寄成就的希望于未来自身力量强大之后。尽管如此，经过这次公益活动锻炼，组员同学也获得成长，在精神方面，提升社会责任感，开拓宏大格局，开拓开阔胸怀；在专业能力方面，自主策划帮扶方案，培养统筹规划能力，提升写作能力，实践自己独有的视频制作理念和品宣理念；在社会交往方面，提升和谐高效沟通能力，准确表达能力等。

项目组组员将不断总结，不断前进。各自在今后的社会责任担当行动中继续发挥力量，发扬特长，成就他人，成就自身。

丝路传奇

一、总体概括

法显作为西行求法的高僧65岁从长安出发，赴天竺寻求戒律，历时14年，经陆路游历了30多个国家，79岁时从斯里兰卡携经卷搭乘商船由海上回国。他西天取经时间早于唐玄奘230年，被鲁迅称为“中华民族之脊梁”。法显不仅对中国佛教文化的发展作出了不可磨灭的贡献，其撰写游记《佛国记》，也为国人开启了观察外界的窗口，促进了中外文化交流，而他所走过的路线，更是与“一带一路”相吻合，是陆上丝绸之路与海上丝绸之路的完美结合，重提法显精神，在当代具有现实意义。

在该背景下，由中国传媒大学MBA学子发起“丝路传奇”公益项目，充分发挥文化传媒类院校特色，通过重走法显路，挖掘其所到之地的人文历史和经济发展状况，以新闻纪实的形式，全方位展示关于法显的点点滴滴。最终项目以作品集的形式呈现，作品集将捐赠给法显文化研究协会等民间公益组织，便于其研究、宣传、推广，以法显为纽带，促进“一带一路”沿线城市经贸文化合作交流。“丝路传奇”公益项目以弘扬传统文化为己任，以保护非物质文化遗产为目标，弘扬法显精神，助力“一带一路”。

二、项目基本情况

（一）项目背景

丝路传奇公益项目灵感来源于山西省委宣传部“四个一批”人才工程项目，该项目是加强山西省宣传思想文化和高层次人才队伍建设，调动和发挥人才的积极性、主动性和创造性，不断开创全省宣传文化事业发展新局面的重大举措。以法显为纽带，充分挖掘法显所到城市和国家的人文历史和经济发展情况，旨在促成相关城市和国家建立联盟，开展全方位、多渠道的经贸文化交流与合作，搭建合作论坛和高层互访平台。

（二）团队架构

组员来自五湖四海，从事不同行业，根据项目需求及不同职能，组员共划分为三个小组，分别是：调研组、创意组及媒体组。

调研组：对法显西行路上国内几大关键城市进行实地采风及调研，并与当地相关机构如政府、院校或企业建立联系，采访拍摄，累积素材，为后期作品集的制作奠定基础。

创意组：本次项目的创意来源及团队主力，主要负责作品集的构思及创作。通过收集网络资源，对目前已有的有关法显西行视频进行再创作，并针对调研组收集的图片、视频进行剪辑制作。

媒体组：主要负责本次项目策划，新闻稿撰写编辑，以“双微一抖”（微博/微信公众号/抖音）为核心，打造自媒体矩阵，对创意组作品及线下活动进行发布及宣传推广。

（三）项目特色

结合学校公益活动要求，对项目进行了规划设计，原计划一年的项目分阶段实施。科技性体现在我们系列短视频的定位上，随着5G技术的普及，短视频成为新的风口，对此，我们以年轻人喜闻乐见的形式，设计制作了18个短小精悍的小视频，在抖音、哔哩哔哩等平台发布，以诙谐幽默、通俗易懂的内容呈现，使项目深入人心。下一阶段我们还将以直播的形式继续公益，选址“一带一路”沿线城市，以更直观更有趣更互动的方式进一步宣传项目及当地旅游文化特色。传播性体现在：一方面我们将作品捐赠给法显研究机构，这些组织在国内外颇具影响力，作品将用于“一带一路”沿线宣传、推广；另一方面，项目后期我们也将走出国门，在“一带一路”沿线宣传我们的作品与公益活动。商业性，这将在我们项目后期体现，文化搭台，最终还是要经济唱戏，经过一年的时间，我们力争实现以法显为纽带，促成相关城市和国家建立联盟，开展全方位、多渠道的经贸文化交流与合作，打造合作论坛和高层互访平台。

（四）意义

弘扬法显精神，既是为中华传统文化助力，又是对他个人勇于探索、坚韧不拔精神的歌颂，更是宣扬“一带一路”的倡议，将法显和国家的友好形象联系在一起，展示大国风范。在消费主义盛行的今天，法显对理想的追求、对信念的坚守值得我们深思与学习；在速成学、成功学的背景下，法显高龄出征、百折不挠、胸怀天下，仍有巨大的时代意义；在变化多端的国际形势下，法显西行取经的事迹表明我国一直以来对邻国的态度，有助于我国友好包容的大国形象。

三、项目设计思路

该项目需要将“一带一路”沿线城市及国家的人文历史、风土人情、经济社会发展现状，以纪实文章、照片、微视频等多种形式发布，以法显为纽带，促成相关城市和国家建立联盟，开展全方位、多渠道的经贸文化交流与合作，打造合作论坛和高层互访平台。我们将项目分阶段实施，第一阶段主要侧重于加强与法显研究协会的联络，结合文化传媒类院校特色，丰富该公益组织的宣传资料。因为我们在调研过程中发现，法显研究协会宣传资料匮乏，仅仅只有一首自制歌曲和一部法显小说，远远达不到宣传效果，于是决定发挥团队优势，自制系列短视频和纪录片，无偿捐赠给法显研究协会，助力其在“一带一路”沿线宣传推广。

四、项目实施情况

（一）总体计划

“丝路传奇”公益项目组基于有限人力及疫情防控常态化因素考虑，预计将实施目标具体分为以下三个阶段：

1. 第一阶段（2020 年 7 月至 9 月）

采风系列报道。以临汾为中心，围绕法显西行国内所到之地开展城市调研，通过图文、视频形式多样化呈现其人文历史，最终形成作品集，并赠予法显文化研究协会等民间公益组织，便于其研究、宣传、推广。

2. 第二阶段（2020 年 10 月至 12 月）

国内城市联盟。以法显求佛之路经过的国内城市为基点，形成点线合作，促进城市经济文化交流。

3. 第三阶段（2021 年）

促进国际合作。走出国门，以“一带一路”思想为指引，重走法显之路，再现法显精神。

历时三个月，项目组成员分赴山西、南京、徐州、西安等地，实地采写资料素材，深入研究法显相关书籍，精心制成 18 部短视频及 2 部纪录片，该项目阶段性成果渐已呈现。“丝路传奇”项目组并与 2020 年 9 月 26 日于北京圆满举办作品集捐赠仪式。组长李羿玫正式将项目组创作作品赠予法显文化研究会，法显文化研究会会长冯春海代表研究会接受捐赠，并授予项目组捐赠证书，为第一阶段画上完美句点。“丝路传奇”后期将持续推进项目实施，号召更多的爱心人士和企业的加入，让该公益项目更商业、更科技、更传播，最终实现文化搭台、经济唱戏，为“一带一路“建设贡献更多力量。

（二）项目实施进度

2020 年 6 月 25 日，确定队名为“丝路传奇”公益项目组，队呼为“万里普法苦中行，法显精神强国兴”，并设计制作队旗。

2020 年 7 月 1 日，小组成员分头行动寻找文化名人为项目助威打气。同时，项目媒体组和创意组策划方案出炉。

2020 年 7 月 11 日，项目组自媒体平台（两微一抖、B 站、腾讯视频）搭建成功，账号顺利开通。

2020 年 7 月 23 日，项目正式启动，各界人士纷纷通过视频为项目送上祝福，小组制成先导片，在微博、微信、抖音等多个平台发布，全员互动转发。

2020 年 7 月底，项目组走进山西临汾进行实地调研。

2020 年 8 月初，项目组走进江苏徐州进行实地调研。

2020 年 8 月初，项目组走进陕西西安进行实地调研。

2020 年 8 月中，项目组部分成员参加“第九届亚太地区商学院沙漠挑战赛”，走进沙漠。弘扬法显精神，经风沙洗礼，人生步伐必然更坚定！

2020 年 8 月底，项目组走进江苏南京进行实地调研。

2020 年 8 月至 9 月，短视频系列及纪录片陆续制作完成并发布。

2020 年 9 月底，项目作品集捐赠仪式在北京举行。

（三）各小组工作职能

1. 调研组

调研组成员在短短三个月内，完成了山西临汾、江苏徐州、陕西西安、江苏南京四地的采风调研，深度挖掘法显背后的故事，对取得的一手材料进行梳理和分析，以纪实的形式展示当地法显相关历史遗址及城市文化经济发展现状，为之后创意组视频及纪录片制作提供素材支持。

临汾调研：作为法显故里，临汾的调研对了解法显的生平至关重要。2020 年 7 月，项目组依托山西本土资源优势，全面考察临汾法显出生地遗址，走访法显文化研究会，收集中外法显文化交流活动资料，为整个项目的推进奠定了基础。

徐州调研：法显归国后曾在徐州（古称“彭城”）度过约半年时间，并主持修建了中国第一座印度建筑风格的寺庙——龙华寺。2020 年 7 月，调研组在徐州法显爱好者的带领下，实地考察了徐州龙华寺遗址、司马桓魋石室、秦始皇泗水捞鼎遗址、楚王陵汉墓、京杭大运河、徐州博物馆、云龙山、戏马台、兴化禅寺等地，循着法显当年的足迹，近距离触摸了徐州的历史文脉。调研还包括个别访谈，寻找和法显命运交织的现代人，深度挖掘徐州非遗文化。

图 88　项目组徐州调研

图 89　项目组南京调研

西安调研：公元 399 年，法显以 65 岁高龄从西安出发，开始西行之路，因此西安在研究法显文化过程中占据极其重要的地位。2020 年 8 月，调研组实地考察拍摄了西安大雁塔、南湖、丝路群雕、兴教寺、钟鼓楼、回坊街、鸠摩罗什寺等地，拍摄素材用于短视频的制作。并通过与当地法显爱好者的沟通，进一步收集民间文献资料，为后期作品创作提供参考。

南京调研：南京是目前长三角经济带的中心城市之一，而它作为六朝古都，曾是“海上丝绸之路”东海航线的起点，历史源远流长。1600 年前，法显经“一带一路”取经回国后，来到了南京的道场寺，翻译佛教经典，撰写著作《佛国记》。如今，《佛国记》在世界学术史上占据着重要的地位，而昔日的“道场寺”已无历史遗存。2020 年 8 月，调研组成员赴南京实地考察了六朝博物馆、建初寺、晨光机器厂、南京博物院、栖霞市等重要地标。同时采访了南京大学杨维中教授，深入了解了南京历史文化及社会经济发展状况、法显留存印记、《佛国记》背后故事等。

2. 创意组

创意组负责整个团队的内容创作和制作，组员们通过自己查阅资料撰写故事线，大量浏览各种纪录片搜寻素材，配音配乐，并完成剪辑。三个月内，创意组完成四个系列共 18 部系列短视频。

同时，创意组共策划了两部纪录片《南京：江东风流六朝迭兴》和《徐州：龙华寺的故事》。其中，南京纪录片已经完成，在片中，以法显逗留在南京的五年时间为时代背景，讲述了建康城（南京旧称）在魏晋南北朝时的风光，并以时代发展为时间轴，讲述了南京城在不同历史时代下的风貌，法显乱世求法与现今中国人爱好和平的精神相辅相成，弘扬了中华民族经久不衰的“和”的思想。

这些作品不论是撰稿、剪辑还是配音配乐，都显得很稚嫩，但每一部片子都力求尽最大努力呈现更专业的作品。这些作品也许没有央视专题片那样厚重，也没有 BBC 纪录片那样华丽，但是，创意组能找到的资源非常有限，每个组员都倾尽全力去学习技巧，构思画面。如果以后的人再去研究法显，希望他们可以借助项目组的作品，更全面、更立体地去认识这个伟大的人。这也许就是这些稚嫩的作品存在的意义。

3. 媒体组

项目组成立伊始，媒体组小组成员通过多次线上沟通、头脑风暴，最终确定了本次项目的策划方案，第一时间选择合适的自媒体平台搭建账号。项目推进过程中，配合调研工作进行新闻稿件的撰写，对创意组作品进行分类整合，第一时间进行自媒体发布及媒体宣传。

媒体组于项目实施期间负责搭建官方自媒体账号，包括微信公众号“丝路寻梦”、微博“丝路传奇公益项目”、抖音“丝路寻梦”、哔哩哔哩“丝路寻梦”及腾信视频“丝路寻梦”，制定自媒体运营策略及规划，定期发布作品宣传项目及法显精神。

微信公众号：截至 2020 年 9 月底，发布原创作品 12 篇；

截至 9 月底，7 部视频作品分别在抖音、哔哩哔哩、腾讯视频发布；

临汾日报：于 10 月 12 日《本地要闻》版面对捐赠仪式进行媒体报道。

2 临汾日报 本地要闻

筑巢引凤添动力

临汾市第四届人民代表大会常务委员会
关于接受王建明辞去山西省第十三届人民代表大会代表职务的决议

临汾市人大常委会
关于撤销郜有田市中级人民法院副院长、审判委员会委员、审判员职务的决定

临汾市人民代表大会常务委员会任免名单

我市开展歌舞娱乐场所联合执法行动

我市平稳度过双节假期

国务院安委办专项督查反馈电视电话会议召开

中国传媒大学公益作品集赠予
临汾市法显文化研究会

图 90 临汾当地媒体宣传报道

临汾日报（电子报）：10 月 12 日对捐赠仪式进行媒体报道。链接 :http://paper.lfxww.com/h5/html5/2020-10/12/content_105757_12472640.htm.

“临汾法显文化研究会”公众号：9 月 27 日对捐赠仪式进行发布报道。链接：https://mp.weixin.qq.com/s/2NHYIiCFC_hFhXGrLVULJA.

五、项目成果

（一）作品情况

截至目前，丝路传奇公益项目共制成 18 部系列短视频、1 部纪录片《南京：江东风流六朝迭兴》。其中，18 部短视频分为四个系列：

丝路传奇之发现法显：这个系列分上下两集，分别是《发现法显（上）》《发现法显（下）》。通过讲述法显生平事迹，弘扬法显精神。

丝路传奇之人文篇：在这个系列中，创意组根据法显所处时代的人文特点，整理相关知识，让观众从政治、经济、文化等不同层面，更加立体地去了解法显这个伟大的人。这个系列共包含 5 部作品，分别是：《法显时代的世界格局》《语言的魅力》《佛教绘画》《佛经的秘密》《寺院的故事》。

丝路传奇之衣食住行篇：在这个系列中，组员刘静通过脱口秀的方式，为观众生动地讲述了法显西行路上的点点滴滴。这个系列共包含 5 部作品，分别是《序》《衣》《食》《住》《行》。

丝路传奇之地理大发现：在这个系列中，我们沿着法显的足迹，重走法显路。将法显一路上的重要国家或地区的风土人情，通过短视频的方式呈现出来，使观众感受到法显一路上的精彩。这个系列共包含 7 部作品，分别是《山西》《西安》《河西走廊、新疆》《巴基斯坦、阿富汗》《印度、斯里兰卡》《青岛》《南京》。

（二）创作思路

讲什么故事能让观众有兴趣继续看下去？继续了解法显这个人？于是，我们从法显的时代背景、国际环境、人文地理、宗教文化等方面入手，创作短视频，搭建一个立体的时空，让观众全方位了解这个僧人。

选择“法显时代的世界格局”这一主题，因为法显从安稳的农耕社会经河西走廊进入风沙漫天的西域，跨过崇山峻岭到达古印度，完全不同的文明、完全陌生的环境，他一个人默默承受着一切。世界的一切充满魅力和诱惑，而法显抱着一颗求索的心，踏上了他乡。

（三）作品情况介绍

1. 发现法显（上）

一提到西天取经，大家首先想到的就是大唐高僧玄奘。其实早在玄奘取经之前200年，东晋高僧法显就已经以65岁高龄远赴天竺求取完整经书。公元399年，法显为了寻找到完备的佛家律法，他与十位志同道合的僧侣离开了长安，踏上了漫漫的西行求法之路。经过一年多的跋涉，法显一行西出玉门关，遇到了第一个难关——以凶险知名的白龙堆沙漠。

《佛国记》中详细记述了穿越沙漠时的情景，沙河中多有恶鬼、热风，遇则皆死，无一全者。上无飞鸟，下无走兽，唯以死人枯骨为标识耳。而法显一行人不畏艰辛，在这种恶劣的环境下跋涉了17个昼夜。1500里路程，终于穿越了白龙堆沙漠，到达西域的第一个小国：鄯善，更为人熟知的是它的另一个名字：楼兰。楼兰是古代丝绸之路上的重要国家，曾因贸易繁荣一时，但因为战乱和流沙袭击而被淹没，法显见证了它最后的辉煌。

在路上走了一个月零五天，他们到达了于阗国，位于今天的新疆和田地区。于阗国丰盛安乐，人民殷实富足，信奉佛法，以法乐相娱。于阗国主将他们安顿在瞿摩低寺，法显在藏经阁内发现了许多未曾见过的佛家经典，这让他坚定了去天竺求法的决心。

随后，他们途径子合国、于麾国，来到了今天位于新疆塔什库尔干县的竭叉国，从竭叉国向西就是葱岭，葱岭便是今天世界著名的帕米尔高原，这里一年四季都大雪飞扬，想要穿越它，是一个巨大的考验，然而年近古稀的法显却带领一众僧人，经过一个多月的艰难跋涉，成功翻越了雪山，到达了天竺。

2. 发现法显（下）

天竺是佛教的发源地，也是印度佛教文化最丰富的地区。在这里，法显一边潜心钻研佛法，一边考察当地的风土人情，年逾古稀的法显学习了梵语，还亲手抄录了大量经书，他像久旱的禾苗畅饮着佛祖洒下的甘露。法显同行的伙伴被佛教圣地深深吸引，决定留在天竺，但法显始终不忘初心，他带着经书独自一人毅然踏上了回国的征途。

为了将经书更好更快地护送回国，法显返程选择了海路的商船。当时多摩梨帝国是出海的口岸，这里有 24 所寺院，寺院里都有僧人居住，佛法也很兴盛，法显在这里居住了两年，写经画像。

斯里兰卡的佛法在统治者的大力倡导下极为昌盛，以佛法之道闻名于世，法显在这里居住了两年，得到了不少汉地没有的经本。自此，法显长达 12 年的求法旅途进入了尾声，他将带着这些珍贵的佛法戒律回到祖国。

经过三个月的航行，法显从今天的青岛登陆。回国后，由于长安饱受战乱摧残，法显来到今天的南京，开始梵文典籍的翻译工作。年事已高的法显为了争取宝贵的时间，日夜讲经诵佛，翻译经文，为我国佛教的正本清源作出了不可磨灭的贡献。随后法显在荆州江陵潜心修行，将西行见闻写成了《佛国记》，作品完成后不久，法显就走完了一生的旅途。

法显用信念实现了自己的理想，完成了伟大的壮举，为后世留下了宝贵的精神财富。

3. 法显时代的世界格局

法显生于公元 334 年，于公元 420 年圆寂。你知道在他在世的 86 年间，世界是个什么样子吗？咱们从自己家门口儿说起。

法显的标签几乎无一例外地标注为东晋高僧。那么东晋在我国长达 5000 年的历史长河中位置在哪儿呢？其实这个历史时期更被人所熟知的组合称谓是魏晋南北朝或三国两晋南北朝。许多对历史不太敏感的小伙伴对这个时期不太了解也是情有可原的，因为这个时期，是中国历史上政权更迭最频繁的时期。频繁的政权更迭必定伴随着连绵不断的战争，由于大规模的战乱多发生在北方并且时间持续很长，使得北方经济遭到严重破坏。此时中国已成体系的儒家文化受到佛教文化的强烈冲击，不论是儒家文化、道家文化还是佛家文化，都开始了自省与革新。

带着这种使命，法显于 399 年踏上了西行的漫漫长路。我们也随着法显的脚步将目光投向海外，放眼世界。看看这个时期的世界是个什么样子？

古代世界有四大帝国，汉帝国、罗马帝国、安息帝国、贵霜帝国。

我们刚刚讲的法显所处的历史时期便是汉帝国灭亡后所带来的战乱时代。我们再将目光投向西方，此时的罗马帝国也是风雨飘摇、内忧外患，终于公元395年，庞大的罗马帝国分裂为东罗马和西罗马。如此一个横跨欧亚非的庞然大物解体，势必带来一系列的连锁反应。

我们将目光往东边移，四大古典帝国之一的安息帝国，也称波斯第二帝国。这个帝国因为丝绸之路而发家致富，由于常年对外征战，尤其是抵抗罗马的入侵，早在法显的时代到来之前就国力衰退、改朝换代，被波斯人的萨珊王朝取代，史称波斯第三帝国。这个历史时期便是法显西行的时期，是伊朗波斯文明最灿烂的时期，其文化影响力远远超出了帝国的边界，影响力遍及西欧、非洲以及法显所在的中国和法显西行的目的地印度。

最后我们看看古典世界四大帝国中的最后一个贵霜帝国。这是一个由大月氏人建立的帝国，疆域从今日的塔吉克斯坦绵延至里海、阿富汗及印度河流域。同样也是在法显时代到来之前就已经国力衰微、分裂成若干小公国，直到笈多王朝重新统一了北印度。法显到达印度时，正是笈多王朝的鼎盛时期，此时的印度正值印度教兴起，大乘佛教盛行，国王的贤明统治使印度人民安居乐业。纵观印度的历史，人民安居乐业的时候不是很多，我们不得不庆幸中国的僧人法显是何其的幸运能在这样一个天时地利人和的时期来到印度，探索大乘佛教的真谛。当他踏上故土的那一刻又是多么的荣耀！如今一带一路重新开启，打开了中国人新的梦想。法显已经逝去，但是他的精神永远值得我们学习。

4. 佛教绘画

公元408年，法显来到了位于恒河三角洲东端的多摩梨底国。多摩梨底国有24所寺院，这里僧人众多、佛法盛行。丰富的佛经典籍和佛像绘画令法显赞叹不已，这一切让他暂停了东归的脚步。

他在多摩梨底居住了整整两年，每日抄写经书，研习佛教绘画。佛教绘画可以用来庄严寺院殿堂，可以形象地传播佛教的教义，也可以供佛教徒礼拜供奉。在法显心中，这些庄严的佛菩萨圣象，是中土僧众观瞻佛影的最佳方式。佛像会让所有信徒的心更加平和、更加虔诚。而绘制佛像同样是一种修行，将信仰融入画中，领悟佛法的真谛。

公元409年，习得绘像之法的法显搭乘商船离开了多摩梨底国，继续寻找归国的海路。今天就让我们追寻法显的足迹，一起欣赏几幅沿途佛教绘画吧：

第一幅：

这幅画可以看到佛陀和弟子们双目圆睁，呈现出纪元以前地中海周围的古典美术色彩，人的装束和发饰具有犍陀罗美术风格。

第二幅：

这幅出土于若羌米兰的壁画《扛花童的神子》，位于佛塔的腰部，用于供养敬奉佛教，具有罗马美术风格。

第三幅：

这幅画同样来自于若羌米兰，这种天使翅膀的图案通常出现在基督教美术中，这里被借用当作佛教的飞天，由此我们也可以看出当时地中海文化与东方文化的交融。

第四幅：

出土于吐鲁番以及巴中南龛的《双头瑞像》，造型逼真、栩栩如生。关于双头佛像的由来，还有一个神奇而又动人的传说：在古印度地区的犍陀罗国，是一个佛教兴盛的国家，人人都对佛教有着虔诚的信仰。有两位贫苦人用省吃俭用攒下的一点钱请求画师为他们分别画一幅彩画佛像，以表达自己的虔诚之心。

虽然这点钱还不够负担颜料，但画师被他们的赤诚之心打动，决定为他们两人画一幅佛像，以满足他们的礼佛祈愿。画师将自己平生所学的技艺都倾注在这尊佛像之中。或许是佛祖被两位穷苦人的诚心感动，奇迹出现了，佛像放射出耀眼的光芒，形成一轮金色的光环，隐隐约约地看到佛像在徐徐移动，由一个佛像分成两个一模一样的佛像，交相辉映，奇彩炫目。过了一会儿，渐渐地合二为一，成为一幅两个佛头共处一身的奇异瑞像。

（四）捐赠情况

2020年9月26日，中国传媒大学MBA“丝路传奇”公益项目作品集捐赠仪式在北京塑三文化创意园举行。丝路传奇公益项目组以新闻纪实和系列短视频的形式，全方位地展示了法显的生平事迹，以及“一带一路”沿线城市社会经济文化的发展现状，创作的作品全部捐赠给法显文化研究会。

图 91　丝路传奇公益项目捐赠仪式

“丝路传奇”公益项目组充分发挥文化传媒类院校的特色与优势，践行中传 MBA“爱与责任”双心教育，以弘扬传统文化为己任，以保护非物质文化遗产为目标，呼吁更多的爱心企业与人士加入，促进法显所经之地的人文交流合作，为“一带一路”建设贡献更多力量。

（五）影响及后续

“丝路传奇”公益项目第一阶段已经接近尾声，作品悉数捐赠给法显文化研究会，作品及公益行为得到业界人士的一致赞扬，之后这些作品将远播“一带一路”沿线城市。同时，随着公益活动进入下一阶段，我们重心将由国内转向国外，逐步扩大创作范围，进一步提升影响力，以法显为纽带，最终促成相关城市和国家建立联盟，开展全方位、多渠道的经贸文化交流与合作，搭建合作论坛和高层互访平台。

六、经验与教训

在整个“丝路传奇”公益项目中，我们收获了一些成果，但同时也获得了不少经验教训。从客观条件来说，时间准备和资金准备不足。在时间准备方面，目前“重走法显路”中，团队仅完成了山西临汾、江苏徐州、江苏南京、陕西西安四站，这使得整体的完成度略有欠缺，也是宣传整体素材偏少的原因。在国际交流方面，由于疫情原因，“重走法显路”暂时没有走向国外，建立沟通站点。从主题意义来说，整个团队对法显人物的认识还不够深刻，了解了法显法师的人物生平、著作等，但就具体事件或著作的研读方面稍显不足。从宣传的形式来说，虽然宣传的渠道多样，包括微信公众号、微博号、抖音号和B站号，但并没有达到预想中的宣传效果。其中原因有以下几点：宣传素材偏少；宣传画风不够统一；没有针对性地找到精准用户并就用户特性进行宣传；宣传费用偏少。从文化交流方面，由于疫情、经费、时间等多方面客观条件所限，完成度较低。

在下一阶段的项目实施中，项目组将吸取之前的经验和教训，力求让项目更加完整、呈现形式更加多样、宣传效果更加广泛，从而达到预期设定的目标。

七、团队成员感言

李羿玫（项目发起人及总负责人）：

做这个项目的初衷其实很简单，就是想跟志同道合的同学做一些有意义的事，能够突破自我、获得成长。在这个过程中，我们收获了感动、友谊和成长，我也从一名记者蜕变成一名负责人，感恩中传MBA的平台，感恩心怀赤子之心的同学，感恩有缘相遇，希望该公益项目成为同学们重返校园的新开端，在今后两年里我们将继续携手前行，共同描绘绚丽多彩的研究生画卷。

（一）调研组

岳佳磊：我在公益活动中找到使命感和责任感，看到项目组每一名成员都在尽心尽力、无私奉献，我也学会了换位思考，培养了谦虚包容感恩之心。未来我也会和丝路传奇项目组成员一起，继续践行公益，弘扬法显精神，为国家“一带一路”建设奉献力量。

陆瑞：有幸加入丝路传奇公益团队。丝路传奇公益活动只是一个开始，也是对自己的一个要求，公益活动是没有终点、没有止境的，是需要我们每个人都全身心参与的，未来的日子我将竭尽所能践行公益，发菩提心，行菩萨道。

史进：公益活动是关注社会、提升自己道德修养的一种途径，也是培养自己社会责任感和爱心的重要方式。

（二）创意组

李露：对自己热爱的事情，愿意花费时间去做这样一件有意义的事。很感激遇到这样一群志同道合的同学，一起熬夜一起剪片子，一起骑车一起学习。

古倩云：过程是艰辛的，但是当看到自己做的成片时，心中还是充满了成就感。当然在视频内容、剪辑技能方面自己还有很多的不足之处，还有很大的提升空间，通过这次活动，也激发了自己在视频创作方面的兴趣，希望以后可以不断提升创作水平，输出更多优质内容。

刘静：看到来自社会各界钻研法显事迹、精神的学者们都是不求回报，自掏腰包，为了将法显精神发扬光大而努力着。我的心灵受到了震撼，也找到了共鸣，我们不知不觉中已经将法显这种大无畏精神融入到思想和行动中，也在潜移默化地改变着身边的人，这就是我们公益小组存在的意义。未来希望能有更多的人加入我们 . 让我们将法显精神发扬光大，真正做到不忘初心、方得始终。

程霞：我从零开始，学习了视频的剪辑和制作，我陪着纪录片中的法显，走完了他漫长曲折的一生。《诗》云：“靡不有初，鲜克有终。”谁的心里没有兴致勃勃地计划要完成一桩大事呢？可是开始太难了，绝大部分的人，他们的劲头倒在起跑线之前。是的，在还没有开始的时候，他们已经决定出局。余下的人，开始在人生的赛道上奔跑，只是这项比赛实在是特殊，走上这条赛道的人，他们的对手不是别人，而是他们自己。所以最终迈过终点线，昂首挺胸地撞线而过的人，堪称万里挑一。从这一意义上来讲，法显也不该被遗忘。

况蕾：虽然公益项目告一段落，但是法显的精神给我带来很大的冲击，这位 65 岁的老人，是我学习的榜样，不仅要活到老学到老，更要有目的，有不达目的不罢休的劲头。

张译彬：通过参加此次公益项目，不仅提高了个人能力，也丰富了内心世界。在快节奏生活的今天，我们不应该忘记曾经那些伟人事迹。

牛雅萱：这个团队有共同的目标和追求，虽然以前素未谋面，但是通过共同的话题将我们联系在了一起，使得我们一见如故，相见恨晚，每个人都把自己的任务和感受相互交流，互相分享和借鉴，无比开心。

（三）媒体组

凤羽：团队成员从最初的生硬客气的相处模式变得越来越自然，合作也变得更加默契。感恩大家成为我入学相识的第一批同学，庆幸公益项目让我成长。这是我 MBA 的第一课，也将时刻提醒我要心怀爱心与责任感坚定地继续走下去！

孟郑姝：选择加入该项目组，并在项目实施过程中主要负责媒体组微博运营工作，随着项目推进和逐步落地，了解了法显对我国丝绸之路作出的贡献，也被法显精神所感染，并希望后续可以有机会持续把法显文化继续传承下去！

贾燕：项目虽然结束了，但是丝路传奇队友一起努力做公益的点滴会鼓励我，法显坚定非凡的信念也会激励我未来披荆斩棘，不断向前！

魏妙：在整个过程中，被大家的可爱和协作精神所感染，真真是一个干事儿又棒、气氛又赞的团队！非常庆幸遇见大家！

为你职引

一、项目背景及原因分析

（一）项目背景

2020 年一场突如其来的疫情，不仅给商业环境和生活节奏带来了极大的挑战，同时也让“就业”充满了不确定性。疫情之下，企业岗位招聘需求呈现断崖式萎缩甚至是冻结。同时，874 万的应届毕业生人数再创历史新高，使得当前应届毕业生这个群体就业压力空前剧增。不少人在社交平台自嘲“2020 年成史上最难毕业季，毕业即失业”。它的寒冷程度却让很多求职者措手不及，今年到底有多难，我们从如下的数据中也能窥知一二。

据某人力资源企业报道，“虽然国内的疫情得到了控制，但是全球疫情蔓延，对整个世界的经济恢复造成了打击，使得企业捉襟见肘，裁员、降薪、放无薪假等一系列自保手段屡见不鲜。某旅游互联网公司裁员 40%，某生活平台互联网公司停薪留职、降薪 20%。某知名传媒企业复工首日裁员 500 人。某寿险公司鼓励老干部停薪留职、自行创业。某二手车平台企业停工待岗，员工降薪 20%~30%，高管降薪 40% 以上。某共享单车企业裁员比例 50%。某知名酒店中国区裁员 80%。某上市家电企业高管带头降薪，员工实行末位淘汰等。疫情重创下，一季度倒闭 220 家。国家铁路旅客发送量同比下降 54.8%。”

从上述的数据我们不难看出，2020 年，求职难，保薪难，已经是一个全球性的现象，在这个现象大趋下，大批量的职场人被归还到市场中，迫切需要一个方向和路标，恰好适合我们迎难而上、分析原因，就地立项。

（二）背景原因分析

之所以出现就业压力飙高的问题，其大致原因可分为如下三类：

1. 经济下行压力导致

受到 2019 年经济寒冬影响，经济下行压力还在，全国的就业形势还处于下滑阶段，互联网和实体企业频繁倒闭，京东、腾讯、百度、华为等企业频繁裁员，企业就业率下滑。而作为招聘主力军的中小企业大部分处于勉强撑着度过寒冬的阶段，其中部分企业即将出现资金链断裂、集体欠薪或减薪的情况，因此为了生存，绝大多数中小企业在 2020 年做招聘规划时，就决定缩减开放岗位甚至是暂停新员工的招聘工作。

2. 疫情影响导致岗位缩减及沟通不畅

“稳就业、稳金融、稳外贸、稳外资、稳投资、稳预期”是近三年来我国政府经济工作的重点，而“稳就业”排在首位，是经济发展的重中之重。但是 2020 年对于很多企业来说算得上是寒冬了，许多小微企业还没等到春天就夭折了，中小微企业的倒闭导致了就业市场岗位的大幅缩减，根据某招聘平台出示的一份调查表显示，在疫情发生后，很大一部分企业都将其招聘需求缩减至 10 人以内，而往年招聘 500 人以上的企业，2020 年也大幅减少，这也就导致求职者所能投递的岗位大幅减少。

另外，沟通不畅也是导致很多求职者入职无门的一个重要原因。往年国有企业、事业单位、中小企业都会联合高校或当地人才就业部门组织现场的招聘会以及宣讲会增进对于人才的了解。但 2020 年出于对疫情的防控，集中的线下招聘遥遥无期，虽然多数复工企业

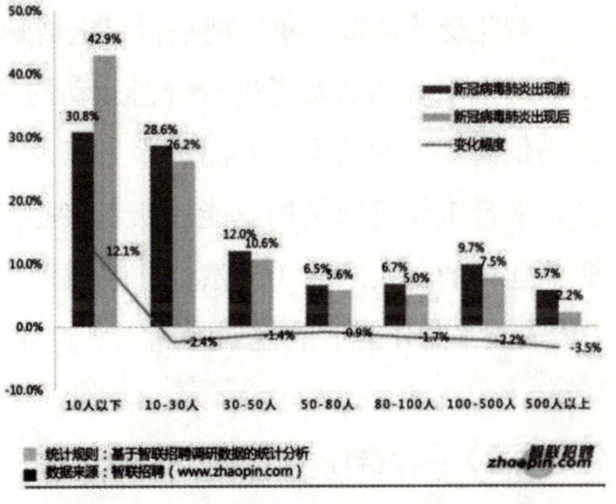

图 92　企业招聘规模变化对比柱状图

已经将招聘搬到线上，但是对毕业生和企业来说都需要一个适应时间。

3. 就业竞争压力激增

据统计，2020 年全国普通高校毕业生有 874 万人，比上一年增加 40 万人。另外，受到疫情影响，部分企业倒闭、裁员后又增加了一大批求职者，这两批求职人群同时争抢本就不多的工作岗位。另外，又因为 2020 年假期普遍延长，让求职找工作的时间可能和 21 级同学外出找实习工作的时间重叠，这就导致企业招聘恢复正常后，早已摩拳擦掌的求职者将会大量涌出。以上种种，都使得就业形势不容乐观，而且短时间内很难得到缓解。

二、项目设计

（一）策划理念

万物互联时代，随着校园和待业等几类准就业人群规模的兴起，职业咨询行业在发展过程中展示出巨大潜力。现推出的“公益职业咨询”项目，在响应国家“双创”号召，充分利用政府政策及自身传统服务优势，以“共享经济”理论为基础，“互联网 + 大数据”为科技手段。

以职业规划师通过众包的组织形式，激活社会海量闲散力量，以为其赋能为目的，充分调动社会化力量与智慧，用集中化系统平台管理，全国师资分散接入支撑的开创性思维解决了目前有创业、就业等职业指引需求的人群精确匹配的痛点，为公益行业创新开辟了一条崭新道路。

避免泛泛而谈，我们把平台界定清楚，求职咨询平台也是一个双边市场，是促进生产者和消费者进行价值互动的一个结构，这个市场中，最核心的互动是供需双方的信息、商品、服务以及金钱的交换。平台自身不介入生产供给，平台工作目标是构建能活跃起核心互动的有求职咨询的需求者和能提供职业建议的师资双方（当然，前期我们供给可能需兼职复用项目内部的各类 HR 人员本身作为职业规划师）。

（二）目标群体

我们的项目定位是将项目打造成职业咨询行业创新模式的先行者，技术的领先者，指引行业创新发展之路。为了更好地集中团队优势力量，且把帮助送给在最难求职季最需要帮助的群体，我们分析了不同层级的职场人 / 准职场人的现状和团队实际情况，明确了本次公益项目的目标受众。

1. 应届生群体

“2020 大学生就业力报告”表明，本年度应届毕业生的就业市场景气程度要弱于我国整体就业市场。没有工作经验，也没有明确职业规划的大学生群体，是最难就业季最需要帮助的群体。

经过分析，大学生群体的就业矛盾相对比较一致，主要有：供需双方了解不直观；用人单位缩招且慎重；自我定位模糊，简历、面试技巧缺失；实习经历不足；盲目跟风、扎堆等。在各用人单位缩减成本谨慎招人的当下，对于没有工作经验的应届生的容错率大大降低，增加了求职难度，如果不及时调整策略、多方面收集信息，很容易错失求职窗口期，由应届待业变成往届。

通过“为你职引”项目，可以通过“批量 + 定制”的方式一站式提高应届生在求职中的个人竞争力，也可以在单位时间内最大化咨询效率。特别是心理建设及预期管理、简历撰写及面试技巧、个人职业规划等方面，通过一对一咨询及指导后，应届生可大幅度提高实际水平，避免一线城市扎堆、热门岗位跟风等盲从现象，错峰求职、有的放矢地修改简历、降低预期、放宽求职面等，可极大地提高个人求职成功率。

2. 初级职场人群体

工作经验 1~5 年的初级职场人也是此次最难求职季的重点影响人群，他们面临的主要问题是：自我认知不足，定位不清晰；想转型却没有合适的契机；职场规划模糊等，虽然有一定的工作经验，但是多为可替代性强的初级岗位，失业容易求职难，如果面临转行转岗等需求，求职阻力更大。特别是春节前裸辞准备节后重新找工作的人群，遇到突发疫情，如果没有形成不可替代的核心竞争力，在求职中会举步维艰。

通过“为你职引”项目，可以通过一对一定制服务的方式提升求职者在求职中的个人竞争力，特别是在个人定位与职业规划、转行学习技巧等方面，通过一对一咨询及指导后，求职者对职场规划会有更深更清晰的认知，通过一段时间的学习及调整，不管是同行业还是跨行业的求职，都可以提高个人成功率。

经过上述分析，此次“为你职引”的主要服务对象定位为：应届生为主、初级职场人为辅，其他人群次之。这部分人面临的就业形势最严峻、最复杂、最困难，相对获取信息的渠道也最少，是最需要帮助的群体。作为公益活动，最需要帮助的群体就是我们最应该关注的。此外，这部分人问题相对集中，可以最大效率地发挥导师和指导的作用，最大化扩大项目效果。

（三）运营模式

因为受当下疫情影响，线下的条件不许可，因此本次为职场人助力的公益活动改为线上进行，活动周期为三个月左右，后期根据线上进度反馈以及线下条件的开放再开展线下的活动。

线上的项目进展即做公益咨询，我们通过线上的宣传推广去寻找这样一批有求职需求的人群，或者吸引有此需求的求职人群来找到我们。我们在详细了解需求并介绍业务服务后，跟这些需要帮助的求职者进行一个深度沟通，定位他们的社会角色和岗位匹配，根据他们的定位给予求职建议或者指导，发掘最大优势，寻找突破口。咨询服务结束跟进反馈，如果求职者采纳建议则问询反馈效果，及时总结调整。这四个步骤都是围绕线上去做的公益职业咨询，适合当下大多数受众群体，也省去当下的人力物力财力的成本和不便，在服务他人的同时，也增益自己的职场观，甚至学习做职业生涯规划。

（四）宣传模式

利用各类线上渠道宣传，地推活动宣传以及其他公益平台进行互推。

（1）线上传播：借用“公益”的特点，利用公众号软文，在朋友圈、微信群中开展宣传。可以是搭便车，利用中传举办的各种公益活动，互相拉粉。或者拍摄一个非主流的短片，魔性的传播裂变，实现无成本高产出的宣传效果。

（2）线下个人社会关系：利用各组员公司的新晋员工或身边亲朋好友、校友等社会关系寻找服务与自身职业背景类似的潜在客户群。

（3）会销：通过联合学校企业等单位，针对目标客户群聚集的校园、写字楼、招聘会等场所，联合举办各类名家讲堂论坛等资源宣传，采用协办或现场的展架植入等方式，对项目进行宣传和入口引流。

（五）项目目的和意义

1. 项目目的

我们搭建这个项目的目的是帮助因为疫情而受到影响的职场人和应届生们，尽我们所能提供到专业并且靠谱的咨询指导。

我们有多种行业、职位、经验的导师综合“会诊”，为焦虑迷茫的求职群体带来一些方向、一些建议。跳出思维闭环，对应届生和跨行业求职者提供行业、职业发展的“明道、暗道和栈道”，即是未知行业答疑解惑。我们也有资深从业者从广度和深度两个层面帮助求职者梳理清晰的职业发展路径，这属于横向拓展和纵向深入。最终是咨询者们收到建议后，积极去寻找新的突破口，努力奔向职场去实现自己的社会价值。

图 93 项目目的示意图

2. 项目意义

我们所设计的项目运营模式类似于搭建了一个平台，以其承载的技术为基础，面向全社会有职业咨询需求的人群，依托项目本身固有资源和平台衍生各行各类积累起来的优秀师资，执行相关公益咨询任务（答疑解惑、寻找就业机会等），最后做出咨询者人物画像和企业职位画像，做出相关反馈建议报告。

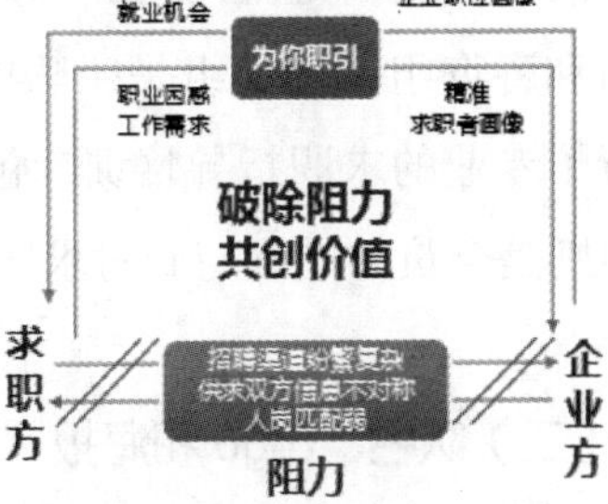

图 94 项目意义示意图

平台构建的意义是为求职方和企业方打破固有的阻力，在供需匹配基础上，共创社会经济价值。

（六）项目目标及预期效果

（1）规模目标：首期通过线上线下渠道完成100名有代表性的、有明显职业咨询需求和求职需求的应届或在职有效受众的招募。

（2）服务目标：通过有效受众的需求分析，结合自身能力和经验，为受众提供符合实际的职业咨询，并结合自有资源帮助受众寻找匹配的职业机会。

（3）课题目标：按时完成项目样本数据的分析和总结，并对典型案例进行深入分析。形成课题报告，总结经验方法，制定操作模版，为商业化提供基础。

（4）预期效果：切实深入解决职场人职业困惑，让迷茫的求职群体跳出思维闭环，积极寻找新的突破口，奔向职场去实现自己的社会价值。

三、项目实施

（一）组织架构及成员分工

项目组长核心把控整个项目的运行，策划组、宣传组和整合组环绕项目分别定位自己的小组任务：策划组主要做整体策划、节点把控；宣传组进行媒体平台运营、搜寻受众，宣传组又分为运营组和资源组，运营组负责不定期推进项目宣传引流，资源组则运用自己的资源渠道扩展外部市场为项目增益；整合组做整体数据汇总、报告编制。

值得一提的是组内全员都是项目最大支持方：导师组。导师组又分为培训组和咨询组，培训组是团队内从事人力资源领域的HR，他们为团队成员进行了专业的求职指导培训，包括简历修改、面试辅导以及职业规划等。咨询组则是全员共同参与到对求职者的咨询帮助服务中来。

（二）队名、Logo和海报

在项目正式开始实施之后，团队成员首先探讨的是项目的队名、Logo和海报的设计，这不光代表着项目的标识，也承载着希望。

1. 队名

项目由负责人杨子发起，在活动前期招募队员的时候命名为“为你职引”，而后经讨论与项目主旨一致，便继续沿用，队名依旧为“为你职引”，口号是：为你职引，职等你来。

2.Logo 设计

项目的 Logo 由陈璐同学在某设计网站上用队名做的设计，后经过几个样本的筛选，选定为右图，橙色为主色调，鲜明活泼，字周围有几笔可爱的装饰线条，非常积极昂扬，适合求职者的朝气和努力的劲头，并且贴合应届生的审美取向。

图 95　项目 Logo

3. 海报设计

公益活动的海报有多名组员参与设计了多种版式，供后期宣传引流一直可以更换选用，如图 96 所示，既好看又标识性很强，并且加了传媒大学的 Logo 以及我们想要引流的群二维码。

图 96　项目海报设计展示

最中间色彩鲜明的那张是项目主海报，是由露思同学外请专业美工来设计的，不光有小熊的可爱图标，还加了很多宣导语来吸引关注度，非常的耳目一新。

（三）线上宣传引流

为了项目的顺利进展以及招募到有职业咨询需求和求职需求的受众群体，我们展开了线上引流宣传的模式，主要分为问卷调研、咨询群的搭建引流、公众号的设立、微博的输出以及知乎的互动发文等。

1. 问卷调研

为了更好地推进项目进展，并综合了解市场需求，我们首先用微信小程序做了问卷调研，链接式发送到宣传平台上，既可以达到引流的效果，也收获了一定的市场数据。

问卷如图 97 所示，分为针对应届毕业生的和在职人士的调查，提问角度有所不同，可以从后期总结的数据里看到大家对于职场的想法和预期。不仅如此，我们还做了企业招聘方的调研，了解一些招聘官和面试官在日常选用人才时的标准和门槛。

2. 求职咨询群

我们为了更好地与求职咨询者互动，建立了一个企业微信群，大家即刻扫码进群，就能随时跟上群里的节奏，可以提问和讨论，我们的导师群体也在群内，随时看到会回复问题并做互动，群内也有小助手运营会收集大家的资料。

3. 公众号

为了更好地线上宣传，不定期发布文章，便于大家的朋友圈转载并且更好地推广引流，我们设立了一个公众号，在后台添加了菜单，菜单包含三个问卷调研、咨询报名变、简历投递渠道、项目和导师介绍，还有职业测评。

图 97　“为你职引”公众号发布情况

图 98　“为你职引”微博发布情况

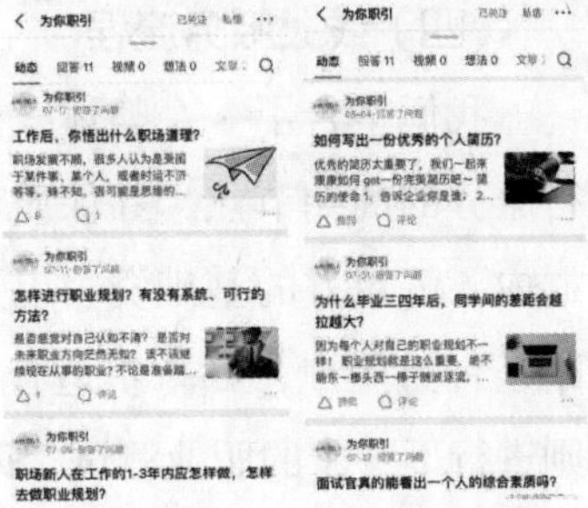

图 99　“为你职引”微博发布情况

公众号是我们在引流进度上不可缺失的一大重要渠道，我们平均一周发 3 篇文，1~2 篇原创，原创是我们团队内成员自己写的文章，非常有借鉴意义。还有从其他平台上的文章进行转载，都是跟职场相关的对求职有帮助的文章。

4. 微博

我们还开设了微博的公号，通过发博，参与一些当下热点，最近“乘风破浪的姐姐”综艺节目比较火，那么我们带一些流量和职场女性的观点是非常有效果的。

5. 知乎

知乎是一个职场人的聚集地，这个平台上有很多讨论和互动，团队段艺琳同学开设并运营了知乎的账号，活跃了一些受众。

6. 导师资料整合

为了更好地统筹大家的资源并加以运用，我们统计了团队内每位同学的背景资料并进行了排版发文，供后期做咨询的同学们可以根据导师背景筛选匹配。

图 100　“为你职引”导师背景介绍截图

（四）线上服务流程

我们整合了一个整体线上的服务流程，让每个人都清晰地了解分工，进行服务的周期节点，并保质保量。我们通过线上引流求职用户进咨询群，在群内了解对方的基础资料以及需要帮助的诉求，再跟他们进行初步沟通，判断是否为用户，如果不适合就不做下一步的沟通，如果是匹配的需求用户，则进行下一步的职业测试，即用 MBTI 或者九型人格等了解他们的职业性格、职业偏好、职业价值观等。

职业测试后开始进行内部资源分配（分配导师环节），导师会亲自对接，预约沟通时间和沟通方式，沟通方式用电话、微信、视频等不同方式，目的是为完成 1V1 咨询服务，进行职业交流和就业指导。在这一环节，导师的服务板块就细分了模拟面试、职场答疑、简历修改、职业规划和就业机会等环节。

在导师结束服务后，运营助手会跟进反馈，了解是否咨询者的问题得以解决，如果已解决，填写完整的反馈报告；如果未解决，我们也会分析原因然后重新循环上去分配导师。在这个过程中，导师也会汇总求职者的人才画像，如果有合适的就业机会就引荐，没有合适的就持续寻找资源。

整体的服务流程非常清晰明了，大家都可循序渐进的操作。

（五）线下活动的开展

在 6 月~8 月我们进行完一个系统的线上咨询后，9 月开展了一次线下活动，活动是由“为你职引”公益小组与“点亮微心愿”公益小组共同合作完成。

我们得知，来自大厂回族自治县职业技术教育中心的辅导员老师向“点亮微心愿”公益小组许愿，他的愿望是希望给自己的学生们举办一场关于求职与职业规划方面的讲座。

而这个心愿，恰恰与“为你职引”公益小组所涉及的领域不谋而合，所以两个公益小组就这样愉快地开始了合作。我们为大厂回族自治县职业技术教育中心的孩子们准备了一场详细生动的宣讲活动，旨在使这些即将步入社会和职场的孩子们，提前做好充分的心理准备，提前了解他们即将步入的社会中各个用人单位的招聘逻辑思路和具体流程，针对用人单位招聘的逻辑和程序进行详细讲解和分析，指导孩子们如何制作简历、如何应对面试、如何规划自己的职业生涯……使大厂回族自治县职业技术教育中心的孩子们能够以“知己知彼，百战百胜”的姿态，去成功地赢取最适合自己的第一份工作机会。

1. 活动时间

2020 年 9 月 12 日 10:00 至 16:00

小组成员于 10:00 集合进行活动前的准备工作与彩排。

活动于 13:00 正式开始，16:00 结束。

2. 活动地点

大厂回族自治县职业技术教育中心，位于河北省廊坊市大厂回族自治县夏垫镇大福路北侧。

注：所有参与活动的同学均自行驱车前往活动地点。

3. 活动开展

2020 年 9 月 12 日上午 10:00，“为你职引”公益小组的 7 名同学走进大厂回族自治县职业技术教育中心。组长杨子为大家介绍了“为你职引”公益小组成立的背景、主要工作方向以及所涉及的模块。成员尚琨从应届毕业生的角度出发，分为三部分向大家介绍了用人单位如何筛读简历、应届毕业生该如何编写简历以及编写简历的误区。

唐畅同学向大厂回族自治县职业技术教育中心的孩子们讲述了社会上绝大多数用人单位可能会采取的三种面试类型：分别是电话面试、一对一面试以及无领导小组讨论面试类型。

活动受到了与会的大厂回族自治县职业技术教育中心的孩子们、老师们

图 101　“为你职引”活动现场尚琨分析简历

图 102　“为你职引”活动校方领导发言

以及校领导们的一致好评。我们因此感到非常自豪和荣幸。

图 103 “为你职引”活动参与人员合影

（六）跟进反馈

在线上线下的活动整体进展完毕后，我们开始项目复盘和跟进反馈，为了了解咨询者们的后续发展以及总结商业化操作模板，我们运营助手也进行了跟进反馈，做完整的项目报告。

四、项目成果

（一）线上引流数据展示

我们在问卷调研引流 + 微信群用户维护下，在微信公众号、知乎号、微博号的持续宣传造势下，在中传 MBA、中国传媒大学 MBA 联合会以及中国社科院鼎力支持下，线上的项目进展取得了不错的效果。

引流实施成果

表 6 “为你职引”活动线上引流数据

线上宣传	时间跨度发布文章	7 月初 ~9 月末共三个月
公众号引流	发布文章	37 篇
	用户关注	189 个微信 IP 用户
	转载量	51 次
	最高观看量	1077 次
微博引流	粉丝	440 人
	微博	38 篇
	转载量	45 次
知乎引流	发文	7 篇
	互动	58 次
咨询群引流	社群用户	55 个微信 IP 用户
	平均周活跃用户	12 个微信 IP 用户
活动引流	线下活动参加人数	180 人
	活动单日公众号关注	77 个微信 IP 用户
	活动单日菜单点击	33 次

表6是我们的线上引流数据展示，在7~9月这个区间段内，我们的公众号、微博、知乎、咨询群都分别起到了不同的宣传作用，标黑的数据能看出明显的宣传效应，跟其他两个相比较，公众号的运营还是比较不错的，发文也最多，互动和观看量也相对较高，微博的粉丝量最多，可见我们的宣传策略起到了一定效果。知乎是互动平台，可以看到有经常提问题的，也为我们咨询群吸引来了不少的受众。具体如下：

1. 微信公众号分析

2020年7月3日注册了"为你职引"微信公众号，2020年7~9月，累计发布文章36篇，平均每周发布文章3篇，公众号粉丝189人，菜单点击数51次，点赞数22个，平均图文阅读数110+，其中7月6日发布的文章《疫情带来的最难求职季，你是否躺枪？快来邦尼为你职引！》此篇文章的图文阅读数为1077，因此篇文章的发布日期为公众号注册之初，很关心此话题，并且进行了二次转发。《史上最全性格测试》及《"冲动辞职，后悔不已"：离职需要冷静期吗？》这两篇文章图文点击量分别是排名第二和第三，说明广大读者对实战型的内容比较关注。

2. 咨询群分析

通过问卷调研的方式收集用户需求（包括期望咨询方式、咨询问题方向等）及用户的基础信息（包括用户工作经验、用户学历与行业等），将用户流量在咨询群内储存，定期作群内咨询，保持流量活跃度。

咨询群平均周活跃用户12人，为微信倒流55个粉丝。

3. 微博分析

运营期间共涨粉440名，当前稳定在440名左右，共发原创微博38条，转载微博45条，说明咨询群体通过微博的反馈度不高，也不够信任平台的宣传度。

4. 线下活动分析

与微心愿公益小组合作走进大厂职教中心开展简历－面试－职业规划连锁宣讲，面向学生100余人；为微信倒流77个粉丝，活动当日微信菜单点击33次。

（二）线上引流数据分析

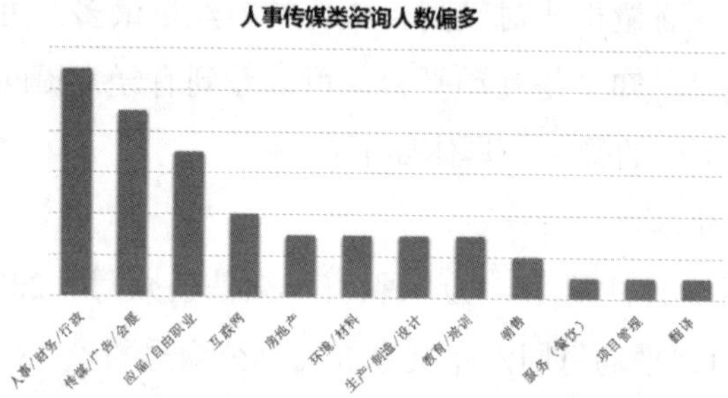

图 104 “为你职引”活动线上引流数据分析柱状图

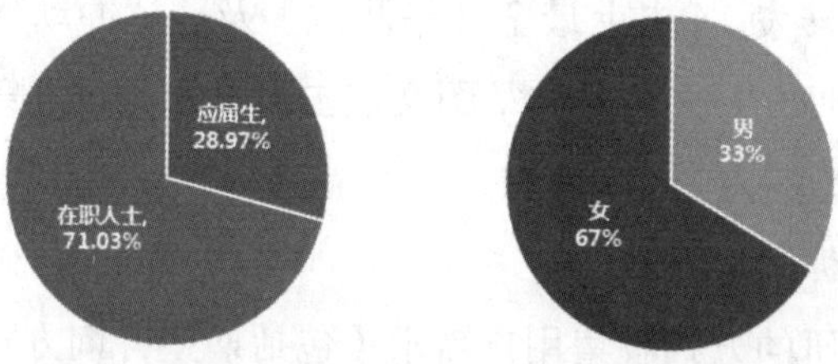

图 105 “为你职引”活动线上引流数据分析饼状图

由这些图可以看出来，本项目咨询人横跨十余种行业，女性的第三方渠道咨询情况明显高于男性，而在职人士的咨询情况明显高于应届生，可见其中两大类人群产生的咨询较多：应届 / 自由职业。受 2020 年疫情情况影响较大，很多应届生对于即将或进行中的校招产生焦虑和迷茫；人事行政与传媒类行业单行业平均咨询人数过十，受疫情的冲击很大程度对线下的工作开展产生影响。

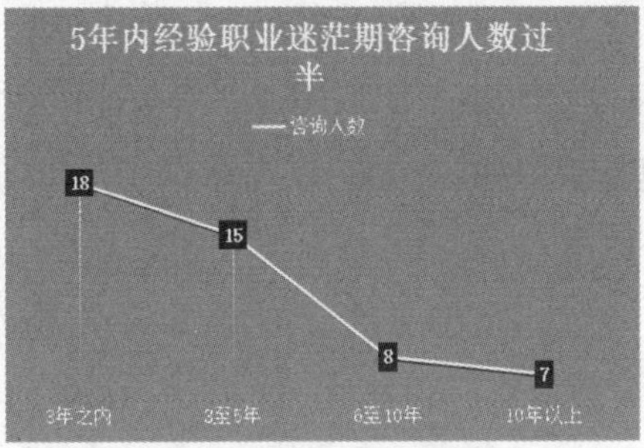

图 106　“为你职引”活动线上引流数据分析折线图

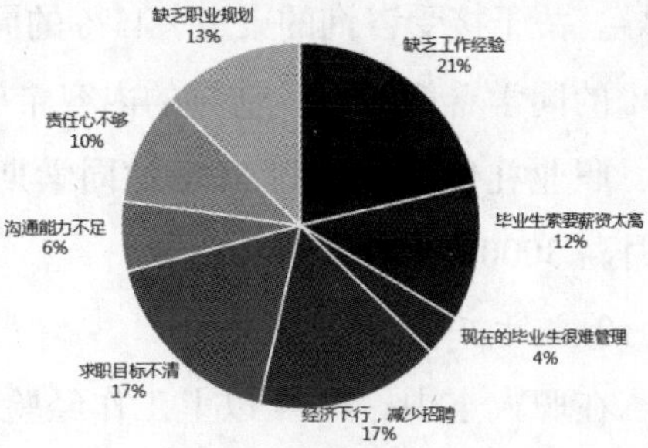

图 107　“为你职引”活动线上调研用户主要问题

工作经验	0-2年	3-5年	6-10年	10年以上
主要咨询问题	职业方向的选择	是否转岗转行	职业规划	平台或下一目标规划

图 108　“为你职引”活动咨询者工作经验与主要咨询问题对应

上述的图表分析可以看出咨询的方向：根据工作经验的不同，职场/应届的咨询方向存在差异性。5~6 年工作经验属于职场生涯中重要的分水岭，5 年之内工作经验咨询方向主要在职业方向的选择和转岗转行的问题上，6 年以上工作经验咨询方向主要在职业规划及平台上的问题上。5 年内职业迷茫期咨询人数过半，较大比例的咨询者的求职障碍是缺乏工作经验、缺乏职业规划、求职目标不清以及经济下滑、减少招聘等。

（三）调查报告数据分析

1. 关于应届生报告

超过 45% 的同学认为所学专业和自己想象的有偏差，或者不喜欢目前的专业；超过 55% 的同学认为专业前景不容乐观或者不清楚前景；超过 60% 的同学认为形势严峻、就业难，同学们择业主要考虑的问题是薪资待遇福利、发展前景、兴趣爱好；75% 的同学对将来期望从事行业认知不足。比较值得赞同的是，超过 60% 的同学都有自己的职业规划或者职业规划都来自于自己，但大部分同学对未来职场现状并不了解。超过 70% 的同学了解过职业规划，并且调整过。超过 70% 的同学有需求接受职业测评，其中 32% 的同学非常希望接受职业测评。接近 40% 的同学非常愿意职业测评后接受职业辅导。关于接受咨询的渠道，45% 的同学希望面对面，35% 的同学希望网络，13% 的同学希望电话。辅导的内容希望是专业知识、职场沟通、求职面试技巧、职业礼仪等。超过 50% 的同学期望月薪 5000~8000 元，30% 的同学希望月薪 3000~5000 元。

2. 关于在职人报告

在职人士中，10 年以上工作经验的人数最多，占比 31.58%，5~10 年的人数其次，占比 28.95%。其中互联网、航空、媒体行业的占前三位，以经理 / 管理 / 运营岗位的人数居多。只有 32.89% 从事的工作和所学专业性一致，67.11% 从事的是跨专业工作。近 30% 的调研者认为行业前景好或者未来一段时间行业发展好，40.79% 的调研者认为是一般行业，13% 的调研者认为行业前景堪忧。56% 的调研者正处于瓶颈期，或者发展受阻但未到瓶颈期。调研者认为目前职位压力主要在于市场行情不稳定、过于追求物质和人际关系复杂性。超过 60% 的调研者不是很清楚自身在职业发展中面临的优势与劣势，并且也没有清晰的职业规划。超过 55% 的求职者考虑跳槽或转行，超过 13% 的求职者正在找工作。超过 55% 的调研者对目标岗位认知不足或没有认知。超过 50% 的调研者对目标岗位不能胜任或不匹配或不了解。大家觉得可以通过学习深造、积累工作经验，或者进行专业指导，判断职业追求是否符合自身发展，然后再进行努力，来实现自我的职业追求。

综上所述，不管是应届生还是在职人士，当疫情遇贸易战，大部分人认为目前行业就业前景不容乐观；大部分人对目前或未来从事行业或者岗位了解不够透彻；大多数人不清楚自己的优势和劣势；大家都愿意接受专业的测评或者专业职业建议，助力大家提升综合职业竞争力。

3. 关于面试官的调研

针对面试官的调查问卷，（对象是应届生）N=102 人。

应届毕业生的简历，面试官比较看重的是所学专业与岗位的匹配度、毕业院校、所掌握的技能、大学时期的工作与实习履历。选择应届大学生的主要原因是面试时的表现、做掌握的技能以及大学期间的工作与学习履历。面试官认为的合理薪资范围是本科应届 4000~10000 元，硕士应届 8000~15000 元，博士应届 10000~20000 元，具体视能力和表现而定。面试官认为大学生就业难点主要在于缺乏工作经验、求职目标不清楚、经济下滑、招聘人数减少，近 90% 的面试官比较或非常关注应届毕业生解决问题的能力，近 53% 的面试官比较或非常关注大学期间所取得的证书。几乎 100% 的面试官都比较关注候选人人际交往，95% 以上的面试官看中团队合作，38% 的面试官有内推岗位，其中市场运营和策划、销售岗位偏多，都超过 10%。

综上所述，面试官选择应届大学生的主要原因是面试时的表现、掌握的技能以及大学期间的工作与学习履历，更看重的是人际交往能力和团队协作，所以大学生除了学习专业知识外，更需要锻炼的是各种能力，如果有机会能接受简历修改、面试辅导等，将会助力自己更快更好地找到心仪的工作。

另外，面试官给各位大学生提供的 10% 的内推岗位，还是很有价值的，我们希望在最难就业季，为应届大学生就业贡献一份力量。

（四）导师 1V1 成果展示

为了扩大和提高就业指导的效率，让更多的职场人能够参与本次公益项目，同时也为有效响应 2020 年的疫情防疫政策，项目组将公益活动的主要工作都放在了线上，开展了“线上一小时”活动，每位导师每天利用一小时的时间，为当日前来咨询的职场人进行深度的剖析和座谈，在模拟面试及深度咨询的环节中找到咨询者的亮点，发现他们的不足，通过指导帮他们学会扬长避短并为其找工作提供助力。

我们的导师团队非常尽心尽责，用微信、电话、视频等形式跟咨询者进行了有效的线上沟通，电话沟通在 40 分钟到 1 个小时，微信沟通多以文字消息来往、问答解疑，非常有效地跟用户建立了信任关系，从简历、求职方向、职业性格、当前市场大环境等很多方向进行了有效的建议，咨询者在这个过程中体验感很好。

我们线上一共收集有效问卷 125 份，有效咨询用户 90+，其中简历、面试、职业规划的内容都有涉及，导师做 1V1 职业规划的有 48 名咨询者。下面分享几个成功案例。

五、案例展示

（一）转行进入新领域

咨询者背景：4 年工作经验，之前做运营岗位。

咨询者的问题：处于要不要辞职加入保险行业的思考阶段；担心转行前期的困难，不知道客户在哪里；

咨询者转行理由：长远看，对这个行业还是很看好，如果发展好的话，收入和工作状态都是期待的，目前所在的教育行业，会牺牲周末时间，五年后年薪也有限制。

导师对接理由：从职业经理人变身为寿险顾问，走过相同的心路，明白求职者内心的纠结和担忧。

导师解答：

问题一：保险公司要怎么选择？

看看公司文化和公司运营的状况，保险产品能否让客户利益最大化，客户能否得到很好的服务和后期理赔。还有周围同事人员的综合素质。

问题二：不知道客户在哪？周围朋友年龄小，没有意识和经济能力配置，年龄大的人可能都有保障了。

不要对客户有自己的主观意识划分，每个人的需求是不一样的，年轻人可能经济能力不足，但有可能考虑到这是一种强制储蓄，或者是为父母配置，尽一份孝心。年龄大的人可能有保障了，但是保障是否全面、保额是否足够，这都是在接触客户以后才能了解到的，自己不要先有立场。

问题三：怎样才能在这条路上走下去？

思考自己做保险的原因？保险能带给人们什么？抱着怎样的心态去做保险这份事业？是否认同保险能帮助到别人的观点，是否愿意以待己之心、尽我所能，了解客户的需求，并如同身受般给客户提供最周全的服务？如果答案是肯定的，那么这条路就能走下去！

问题四：性格不活泼，比较慢热，是否合适做销售？

没有谁天生适合做什么，既然已经有了坚定的工作信念，还做好了吃苦耐劳的准备，愿意付出艰苦的努力积累销售知识、经验、客户基础，愿意以平和的心态与有各种心理需求和特点的人打交道，灵活地应对和处理别人提出的反对意见，最后就能走向成功。

导师总结：

求职者其实还是一个比较理性的人，知道自己想要什么，要付出什么，最近一轮的追踪，会产生一些行业销售上的问题，而我们也会共同探讨，寻找一个更好的解决方法。当然作为一个销售过来人，也是很钦佩她这种执着的精神，通过跟求职者的沟通，能让她很好地了解这个行业，并且能在这个行业里大放异彩，这应该就是我们为你“职”引公益小组的终极目标！

后期跟进咨询者反馈：

求职者进入了保险行业并且通过培训，求职者表示很喜欢这个行业自律自主的工作状态，可以有时间规划工作和学习。还提到喜欢开心的工作氛围和人际氛围，拥有超多优秀的同事们，想要在这个行业不断发展精进下去。

（二）选择从一线城市回老家发展

咨询者背景：工作 7 年后从上海回到温州生活，恰逢疫情找工作遇到问题。

回到家乡就业的主要原因：职业发展缺乏规划，毕业后留在一线城市，工作一段时间发现不适合或家人督促回家；家庭无法融入城市（如子女上学得不到解决），不得已放弃一线城市工作；一线城市生活离自己的理想渐行渐远。

就业面临的几个问题：没有一技之长，英雄无用武之地，工作节奏无法适应。

导师所给的职业思路：

满意工作 = 能力 – 欲望。令人满意工作的本质很简单，就是“有的选”，有能力既有选项。“光看贼吃肉，没见贼挨打”，而不知道自己要什么，则只能下意识地选择钱多、光鲜，或者就是“感觉发展不错”的。

这样看来，“有的选”可以有三个层次：

（1）选择公司的自由

当你的能力能跑赢行业从业者平均水平，就有了选择全行业公司的自由。那么如何跑赢行业平均水平？职场1万小时定律还是靠谱的方法论。在毕业伊始，要有明确的职业规划。但大多时候，因为我们年轻的时候，处在糊涂懵懂的状态，没有想清楚自己的人生目标。如果没有明确的职业规划，则可以选择沉下心，在自己的领域深耕，避免"朝三暮四"。这也就是知易行难，估计大道理都懂，可是每个人都会心生疑惑：自己究竟应该怎么做？《异类》的作者格拉德威尔在书中提到：如果你想修炼到1万个小时，就需要不断地进行重复练习，练习越多就越可能达到这个领域的顶峰。一个人在学习的过程中，如果要完美地掌握某项复杂的技能，就需要一遍又一遍艰苦的训练，而练习的时间必须达到一个最小的临界值，这个临界值就是1万小时。

（2）选择工作内容的自由

有能力又有资源，就有了选择自己想做的、有意义的事。很多人都想做一份自己能胜任、也喜欢的工作。《拆掉思维里的墙》作者古典提出过职业竞争5力模型：效能、技术、资源、认知、天赋。但是如果一定只有一个必备优势，就是学习，而且是持续学习。学习能提高技能、交换知识信息带来资源、学习能改变认知，也发挥自己的天赋。同时他也在《跃迁》一书里提到一个概念：观察到所有成功者的成长路径，都不是线性，而是非线性爆发的。这种爆发背后，是突然顿悟了完全不同的心智模式——奋斗数年却状态稳定，还缺少空间，本身就反映了自己对于职场、对于竞争力的理解有问题。所以，要做的事情不是找机会做尝试，而是调整自己心智。见人、读书、谈事都是很好的改变心智的方式。

（3）实现梦想

今天在各个行业领域的领军人物、创造者们，他们达到的就是这种选择自由。比如蔚来汽车的李斌、马斯克等。

随着互联网技术的发展，物理空间对择业的影响逐步降低。个人以为职业规划中，最重要的有两个：一个是变化的环境，一个是内心的方向。外部环境一直在变，昨天房地产赚钱、今天互联网赚钱，变化的是趋势和价格，不变的是做事的价值和自己的内心方向。知人者智、自知者明。

（三）在校生职业发展规划

咨询者背景：大二在读本科，还未开始工作但是在找实习企业。

咨询者问题：知道自己要的是什么，之所以进行咨询，主要原因是缺乏相关经验，需要一位有经验的前辈帮助她规划正确的发展路径，给出相关的建议指导。

咨询者描述：虽然通过高考进入了理想的院校和专业，但是因为师资力量的原因，她所向往的市场营销、广告传媒方向并未开设相关课程，因此她通过一年的努力，有机会争取到通过交换生的方式去国外进行相关课程及专业内容的深造，她希望能够通过这一年的实践和实习，找寻到自己的专长，并为后续出国就读选择专业方向提供参考。

针对她的问题，导师给出的建议：

（1）有关市场方面工作的几大块分类，包括市场研究及数据分析岗、品牌及广告策划推广岗、媒体公告岗、活动策划执行岗、商务拓展岗、运营岗等，把每个岗位所需要的职业技能和性格特质告诉咨询者，让她可以根据自身的情况进行选择；

（2）社会实践固然重要，但千万不能本末倒置，变成以实践为中心，理论学习为辅助，更不能为了进行实践，大量逃学逃课。学生的主要精力还应该放在学习上，如果连最基本的毕业都做不到的话，那么即便个人能力再强，企业大概率也是不会招收的。因此学好专业知识，扎实掌握专业技能是最基本的守则；

（3）即便参加社会实践，也应该做好选择，类似麦当劳或肯德基的服务人员，如果不是家庭条件实在困难，这类社会实践或兼职活动就不要过多参与，如果真的想要提升自身的能力，就要挑选一些有价值、能够对自身成长带来提升的活动参加。例如学习市场、品牌或者广告方向的同学，可以报名参加一些演唱会、大型活动的志愿者，通过线下市场活动，以一名参与者的身份去观察和学习一场大型活动中，主办人员需要协调的资源有哪些，筹备的过程以及需要注意的流程是什么，需要做哪些保障，应该如何合理安排及规划时间等。通过参与这类活动，可以有效提高本专业学生的组织、策划、服务能力，也提高学生的眼界及能力。只有多参与这类活动，才有机会让自身获得提升。

（4）因为咨询者准备上大二，所以绝大多数的公司基于成本和人员稳定性方面的考虑，是不会招收学生去公司进行实习的。但是可以考虑做这些企业的校园推广大使，如果此类企业在学校设立了相关的招聘岗位，那么大胆地去尝试报名，通过实习实践，找到自身的兴趣点，并以此为依据，选择出国留学后所要学的专业课程。

以上三个案例只是其中一部分的资料总结，更多详尽的案例在附件用户咨询中，每个导师都有针对性地辅导求职者，既给到了中肯的建议又剖析了优劣势，给咨询者提出了建设性的建议，同时对后期商业化有很好的借鉴意义。

六、项目总结

（一）目标完成情况回顾

回顾本次求职指导公益项目，项目组在三个月的时间内总共组织了两个阶段的就业帮扶服务，分别为第一阶段的线上就业指导，帮助线上报名的各类求职者排忧解难，明晰在接下来的求职过程当中应该如何去做。第二阶段“为你职引”项目组联合“微心愿”项目组共同赶赴大厂，走进大厂县职业技术教育中心，为该学校的师生带去一场既包含求职理论知识又具备丰富实践内容的就业规划。

（二）项目的结果

“为你职引”公益项目，从2020年6月底开始，到2020年9月底，历时三个月，经过项目发起人杨子及23位全体成员的共同努力，超额完成了项目目标，具体数据如下：

通过调研问卷、公账号、咨询群、活动引流等方式，共收集有效问卷120份问卷，有效咨询用户90余人，其中完成1V1职业规划咨询（主要形式为微信、电话、视频等）的人数为48人，简历和面试指导46人，获得了所有咨询者的肯定。

因受疫情影响，“为你指引”项目设计的主要咨询方式为在线辅导。值得一提的是,2020 年 9 月 12 日下午，我们携手“白杨树下微心愿”公益项目组，共同走进大厂职业教育中心，为线下的 180 位同学，完成了一次线下大型的职业规划“点亮心愿指引未来”公益宣讲活动。受到了广大老师和同学的一致好评，其中有 10 余位同学还填了“为你职引”调研问卷，留下了联系方式。

（三）我们的不足之处和改进点

虽然本项目有效地帮助了部分同学解决了困扰他们的求职问题，获得了一定的成果，但是在整个项目的执行过程中，还是存在一些问题，我们将吸取教训，并在未来的工作和项目时，提前进行相关的规划，避免类似的问题再次发生。

1. 存在的问题

（1）项目缺乏 KOL 及流量导入

我们深知流量的多少是决定与衡量一个互联网类初创项目能否成功的关键。因此，在项目立项之日起，我们团队就想尽一切办法去做流量的导入。包括建立微博、微信、知乎等流量入口的项目矩阵；找寻母校或者合作院校就业指导办的老师，联系提供免费咨询服务；联系字节跳动、兼职猫等应届学生关注较高的流量平台，进行异业联合推广活动；发动身边的朋友圈资源进行项目的推广以及委托他人帮忙转发推广。虽然在项目执行的两个月中，我们想尽了各类办法，但是最终的结果离预期还是有点出入，我们认为原因有二：

原因一：项目预热时间不足

对于初创型的项目，通常都需要项目执行团队花费时间逐渐累积自己的流量，而常用的手法就是通过内容吸引用户，在这个内容为王的时代，好的内容可以带来非常惊人的流量。但优质内容的发酵也需要时间的积累以及沉淀，而这个时间往往是 3 个月乃至半年。而我们的项目在这一个月的执行过程中，尽管大家已经想尽一切办法进行推广，但仍缺乏时间的积累和沉淀，导致总的参与和转化人数并没有完全达到我们的预设目标，这的确是在整个项目执行过程中让人比较遗憾的一点。

原因二：同期竞品竞争激烈，而且项目缺乏 KOL 资源

在本次项目执行的过程中，教育部、字节跳动等政府部门和互联网头部企业也在举办类似的公益活动，为大学生的就业活动出谋划策。由于他们的入局，导致很大部分的应届生及准毕业生资源被他们所分流。

另外，在项目的执行过程中，我们发现，缺乏网络大 V 也是无法有效吸引目标群体的又一弱项。在整个项目的执行过程中，我们联系到了部分北京高校就业指导中心的老师以及一些兼职网络平台媒体部门推广的负责同事，刚开始沟通，大家还都比较感兴趣，但是在询问到咨询师力量时，因为本项目缺乏意见领袖或者网络大 V 的背书，因此，绝大部分的老师都选择后续再谈或者允许我们在他们的学生论坛中发布相关帖子。但现阶段绝大多数学生不会关注院校的 BBS，因此，这个做法的收效甚微。

（2）疫情影响

2020 年受到新冠疫情的影响，各类线下招聘和培训活动均受到影响，这就导致我们无法有效通过传统地推方式进行项目的精准推广。另外，我们项目的开展时间为 6 月中下旬。这个时间段，绝大多数毕业生忙于在线上办理答辩以及毕业手续，或者已经通过实习找到了工作。因此，他们在这个阶段对于指导的需求并没有那么迫切。根据从字节跳动方面了解的信息，参与他们大学生就业指导活动的也多是大三的学生，大四或者研三的毕业生参与人数较少。

2. 改进措施

虽然“为你职引”项目暂告一段落，但是整个项目组却并不会解散，我们的指导咨询群以及公众号依然会继续为应届毕业生们或者有求职困扰的同学、职场人进行服务，毕竟帮助就业，我们是认真的。因此，为了接下来能够更加有效、有价值地为同学们助力，针对项目之前的问题，具体改进措施如下：

（1）用心做好就业内容，输出相应干货

要做好一个公众号，最重要的因素是内容。内容是就好比一条条奔涌不息的河流，只有出色的内容，才能带来用户、留住用户。所以在今后继续运

营这个项目时，会不断将自己原创的内容以投稿的方式投放到至少几十个与我们平台定位相关的公众号当中，例如，投至实习僧、兼职猫、简历坊、各高校学生会运营的平台等，通过他们的影响力和粉丝基础进行引流，达到吸引粉丝的目的。

原创内容的输出离不开日常的学习以及积累，项目团队也会充分利用这两年的研究生学习生涯，学习相关的专业知识，提高自身的职业素养及综合素质，从而提供更多以及更加有价值的职场类文章，从各方面出发，为用户提供全方位的规划和指引服务。

（2）培养具有一定权威性或者专业性的大 V

知乎聚集了大量乐于分享的用户，沉淀着众多有价值的信息，非常适合软性植入。项目团队成员在未来会根据个人的时间以及精力，统一运营一个或多个与求职有关的知乎账号，通过轮流在知乎上回答求职问题、简历指导问题、职业规划问题等内容，保持账号的热度，同时合理运用热度不断塑造个人的品牌以及知名度，让这一批账号在用户心目中成为职业规划师的代名词，确保在未来进行引流或项目合作时，我们手中拥有和其他知名企业的公号进行联合推广活动的资源。此外，也具备自己组建相关活动并进行规模化宣传的优势。

（3）充分利用社群的力量

大家之所以愿意进入同一个社群，其主要原因是他们有着相同的问题，和差不多的诉求，因此这类人之间的同理心是非常强的，在后期我们项目团队将会用好社群的力量。首先是定期在群内分享求职常见干货，邀请已经参加过项目的同学分享收获和感悟。因为大家都有类似的求职难题，因此其他用户的实际体验可以更有效地帮助那些还在观望或者评估项目的人进行决策，并愿意尝试找我们进行评估。通过此类正向的循环方式，既增加了社群的活跃程度，同时也可以通过粉丝的口碑效应，积累新的用户群体，让更多的人愿意了解和尝试我们的项目。这样可以为项目未来从公益性项目向创业型项目转变提供基础。

（四）我们的收获

1. 同学关系更融洽

因为疫情的原因，导致2020级的新生没有机会通过线下见面的方式彼此认知和熟悉，但是我们项目组的全体成员却通过一次次的线上讨论会拉近了彼此的关系。在项目成立初期，项目组全体成员群策群力，充分利用自己现有的资源和技能，为项目的建设添砖加瓦。我们在项目开展的过程中发掘出了很多宝藏男孩、宝藏女孩。在项目陷入瓶颈、难以推进时，项目组的成员们又彼此鼓励，互相配合，积极探寻解决办法，充分发挥自己的智慧，用积极乐观的心态和科学有效的方法去应对一个又一个的挑战。团队的23名成员通过本次活动，打破固有思维以及群体禁锢，让彼此关系更加融洽的同时，又拓展了我们的眼界，让我们彼此之间可以互相成就，也能够互相学习。

2. 增强社会责任感

“爱与责任”像是一把火，点亮了我们前进的道路；它就像是一片沃土，孕育着令人温暖的力量；它就像是一条丝带，连接了我们以及广大的求职者。本次公益实践活动既提高了大家对于公益项目的认知，也同步增强了社会责任感和使命感，让我们深刻地理解到作为一名优秀的管理者，不但应该具备丰富的知识储备、深刻的行业洞见、高度的国际视野及可落地的战略思维，同时应该具备同情心、同理心以及高度的社会责任感。我们在未来将继续传承这份爱与责任，让自己通过这两年的学习，成长为一名胸怀天下善举济世的传媒管理人才，回报社会、感恩社会，并通过不断的实践，影响身边更多的人投身到公益事业中来。

3. 认清自己的价值

活动后切实发现我们真的有能力帮助同学去解决他们在找工作或者换工作过程中所遇到的实际问题。听着他们一声声的感谢，看到他们满意的评价，项目组的每名成员都莫名感动。因为我们发现，只要努力，就没有任何边界能够阻止我们进行生长。因为团队成员在这两个月尽职尽责的服务以及专业、细致的解答。已经有一所高校的老师向我们提出请求，希望我们能为他们的学生进行一次就业的指导，帮助学生有效完成就业。这份沉甸甸的信任和肯定在未来将会成为激励我们不断挑战、不断前行的动力，让这个小组的成员受益终身。

4. 对管理和商业同样有所认知

虽然这是一场公益活动，但是其本质核心与做一家企业、做一次项目是完全相同的。所用到的技巧都是商业管理技巧。首先，它一样需要经过计划、组织、指挥、协调及控制等流程进行工作。在项目初期大家群策群议，确定项目的目标，之后根据个人专长进行项目分工及任务的认领和执行。最终由小组负责人及时对项目的流程进行管控，对偏差进行调整，从而确保项目可以有效且有序的执行。其次，它和创业项目一样，需要经历明确目标市场、确认目标客户、挖掘用户需求、认知竞品卖点、找到满足用户需求且不同于竞品的核心优势、打造拳头产品、确定推广策略等一系列市场行为。最后，它同样对项目组的管理能力、团队协作能力、创新能力、落地实施能力进行综合的考量。

本场公益活动其实是进入工商管理学习前的一次摸底考试，让大家能够通过本次考试发现自身的不足，找到自己喜欢或者想要深入了解的点，从实战出发，为后续课程的学习及专业方向的选择奠定基础，也让我们的目标和方向更加明确。

（五）项目成员有话要说

许志刚：每当听说找我们咨询的同学拿到了满意的 offer 或者收到他们感谢信息时，我都发自内心地为他们感到高兴。很荣幸能够加入中国传媒大学 MBA 这个大家庭，让我在开学前就明白什么是“爱与责任”。

武凤：参加这项公益活动，让我对自己的职业生涯有了重新定位和思考。相信未来两年，经过在中国传媒大学的学习，会收获更多的成长和勇气。

任佳文：通过相互沟通，让我们对新一代的大学生有了一个很好的了解，了解未来的花朵的想法，也让我们这一批前浪，再次感受到大海的汹涌澎湃。

唐畅：2020 是充满挑战的一年，也是充满机遇的一年。漫漫公益之路，我们做的仍远远不够，唯愿用我们的绵薄之力点燃更多的希望。我们仍在路上，欢迎与我们一同前行！

尚琨：感谢学校在开学初期就带我们上了一节“生动而又有温度”的公益课，让我从之前普通的公益参与者变成了主导者。通过此次活动，让我爱上公益，希望之后有更多的机会献力公益！

万锋松：“人间自有真情在，未曾相见已相知”。未曾相识的我们一起学习、一起交流、集思广益策划项目，我们知感恩、懂关怀，奉行博爱精神去践行公益，帮助那些需要有份工作归宿或者需要职业规划路线的职场人，未来，期望我们把这份爱心永远传承下去。

刘英腾：感谢我们组小伙伴们的倾情付出和努力，我们收获的不仅仅是公益本身，还有友情，感谢支持公益事业的每一位小伙伴。

张微：在帮助职场新人减少就业盲目性的同时，也能趁此对自身多一些审视，认知更多的自我和可能，能这样互相成就，实属双美之幸事！

郑迪：“读万卷书不如行万里路，行万里路不如阅人无数，阅人无数不如高人指路”，希望大家少一些迷茫，多一份快乐的工作！

李佳杰：希望“为你职引”项目小组能越办越好，任何对职场有困惑的小伙伴欢迎来找我们探讨、答疑解惑。

袁玎：未来希望能多走进高校、走进职业中心，与求职者共赢共成长。

杨涛：很荣幸参与中国传媒大学 MBA 公益活动，希望每一个困惑的就业者都能得到帮助！

杨子：小组将继续努力，守住这份公益，尽所能帮助每一位寻找到我们的职场求助人，为他们找到希望和自信，可以继续驰骋职场！

低碳绿色生活

过量二氧化碳排放导致的气候变化目前已经极大地威胁到地球上人类的生存。人类共同生活在地球这样一个大家庭里，所有行为活动都是息息相关的。疫情肆虐、灾害频发都是大自然对人类的警示。只有通过改变公众对二氧化碳排放的态度，才能减轻这一影响对世界造成的威胁。期待通过推广绿色低碳的生活方式，让更多的人认识到环境保护以及节约资源的重要性，一起守护我们共同的家园！

同时，也希望通过这个阶段的活动，让有志于环保的同学们了解环保公益活动推进中可能遇到的问题、切实体会现实与理想差距，在前进的路上不断反省、不断改善和进步，为每一个下一次积累经验。传承力量，拥抱未来！

一、项目背景

（一）碳排放对环境造成的危害

碳排放一般指温室气体排放。温室气体的排放，是造成温室效应，使全球气温上升的主要原因。我们常说的温室效应，通常是指由环境污染引起的温室效应是指地球表面变热的现象。

地球在吸收太阳辐射的同时，本身也向外层空间辐射热量，其热辐射以3~30μm的长波红外线为主。当这样的长波辐射进入大气层时，易被某些分子量较大、极性较强的气体分子所吸收。由于红外线的能量较低，不足以导致分子键能的断裂，因此气体分子吸收红外线辐射后没有化学反应发生，而只是阻挡热量自地球向外逃逸，相当于地球和外层空间的一个绝热层，即“温室”的作用。大气中某些微量组分对地球长波辐射吸收作用使近地面热量得以保持，从而导致全球气温升高的现象被称为温室效应。

温室效应有可能产生的积极影响是使部分干旱区雨量增多，改善高纬度农业区热量状况，但温室效应主要产生的是负面影响，就是使热带和温带的旱、涝灾害发生频繁，以及冰山融化，海平面上升，沿海三角洲被淹没。因此，减少和控制温室气体物质的排放量是人类刻不容缓的义务。

温室有两个特点：温度较室外高，不散热。生活中我们可以见到的玻璃育花房和蔬菜大棚就是典型的温室。使用玻璃或透明塑料薄膜来做温室，是让太阳光能够直接照射进温室，加热室内空气，而玻璃或透明塑料薄膜又可以不让室内的热空气向外散发，使室内的温度保持高于外界的状态，以提供有利于植物快速生长的条件。

它会带来以下列几种严重恶果：地球上的病虫害增加；海平面上升；气候反常，海洋风暴增多；土地干旱，沙漠化面积增大。

科学家预测：如果地球表面温度的升高按现在的速度继续发展，到2050年全球温度将上升2~4摄氏度，南北极地冰山将大幅度融化，导致海平面大大上升，一些岛屿国家和沿海城市将淹于水中，其中包括几个著名的国际大城市：纽约、上海、东京和悉尼。

（二）国家针对碳排放的方针政策

1. 全球背景

应对气候变化是人类共同的事业。中国作为《联合国气候变化框架公约》非附件一缔约方，一直坚持积极履行应尽的国际义务和责任，中国从基本国情和发展阶段的特征出发，大力推进生态文明建设，实施积极应对气候变化国家战略，把应对气候变化有机融入国家经济社会发展中长期规划，通过法律、行政、技术、市场等多种手段，加快推进绿色低碳发展，主动控制温室气体排放。中国政府一如既往地信守应对全球气候变化的承诺，坚持共同但有区别的责任原则、公平原则和各自能力原则，全面落实国家适当减缓行动及强化应对气候变化行动的国家自主贡献，积极参与应对全球气候变化谈判，推动和引导建立公平合理、合作共赢的全球气候治理体系，深化气候变化多双边对话交流与务实合作，支持其他发展中国家加强应对气候变化能力建设，推动构建人类命运共同体。

2. 中国自身背景

中国人口众多，幅员辽阔，气候条件复杂，生态环境脆弱，是最易受气候变化不利影响的国家之一。中国政府坚持贯彻创新、协调、绿色、开放、共享的发展理念，统筹推进经济建设、政治建设、文化建设、社会建设和生态文明建设，全力推进全面建成小康社会进程。作为负责任的发展中国家，中国政府高度重视全球气候变化问题，建立起了国家、地方及有关部门（行业）层面应对气候变化的组织机构，并建立了比较稳定的技术支撑机构和核心专家队伍。

3. 国家应对气候变化的组织机构

（1）国家层面

国家应对气候变化及节能减排工作领导小组继续负责中国应对气候变化的综合协调工作。2014 年，中国政府成立了由国家发展和改革委员会、国家统计局和科技部等部门和行业协会组成的应对气候变化统计工作领导小组，进一步强化了应对气候变化相关统计工作的组织领导。2015 年，国家应对气候变化及节能减排工作领导小组召开会议，讨论通过了中国的国家自主贡献目标文件。国务院视机构设置及人员变动情况和工作需要，对国家应对气候变化及节能减排工作领导小组组成单位和人员进行调整如下：

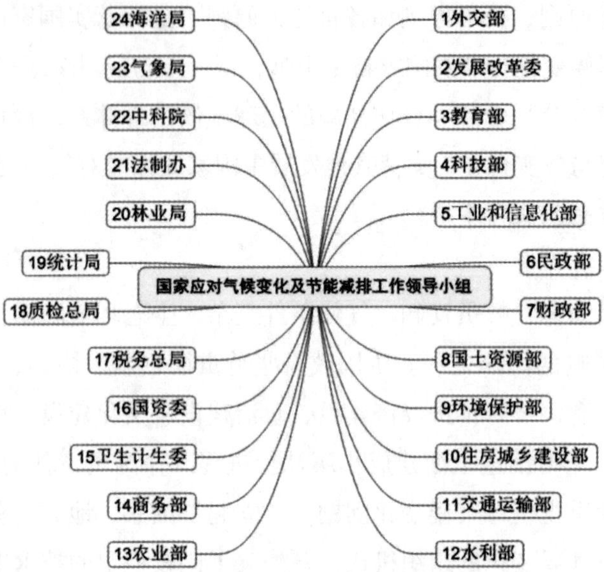

图 109　国家应对气候变化领导小组成员单位

资料来源于国务院办公厅关于调整国家应对气候变化及节能减排工作领导小组组成人员的通知（国办发［2013］72号）

（2）地区、部门（行业）层面

2008年在国家发展改革委增设了应对气候变化司，2012年成立了国家应对气候变化战略研究和国际合作中心（以下简称国家气候战略中心）。

国家应对气候变化及节能减排工作领导小组成员单位作为所属行业的政府主管部门，都明确了应对气候变化工作的部门分管领导，以及本部门应对气候变化工作的主要承担单位，加强了对所属行业协会应对气候变化工作的指导。

各省、自治区、直辖市人民政府按照中央政府的要求，相继成立了由省级人民政府主要领导任组长、有关部门参加的省级应对气候变化和节能减排工作领导小组，作为各地方应对气候变化和节能减排工作的跨部门综合性议事协调机构。

随着国家发展和改革委员会增设应对气候变化司，省级地方政府也陆续设立了省级应对气候变化工作主管部门的常设机构。截至2016年年底，11

个省级气候变化主管部门设立了应对气候变化处。同时，地方层面的气候变化科研机构建设也得到加强，对地方政府应对气候变化决策的科技支撑能力也在不断地提升。

二、项目设计

（一）项目规划

1. 项目分工

本项目初期参与人数为 19 人，分为 4 个小组：统计组、动员组、文案策划组、自由组。

2. 项目内容规划

基于当时的实际条件与环境，经过小组成员们的充分协商，项目内容主要分为三部分：

（1）日常内容

在整个项目的进行过程中，借助文字、图片、视频等形式向大家介绍我们和我们的“初心”、输出环境保护、低碳减排等方面的基础性科普、趣味性知识以及一些案例分享等内容。

通过不同维度和层面帮大家了解环境保护、低碳减排和绿色生活之间的关系，感受低碳减排的绿色生活其实是由一件又一件的小事构成的，而乐于尝试和体验。

（2）活动内容

前期的问卷调研和统计分析，旨在通过调研结果的分析，了解受众对相关话题的认知和预期参与程度，并据此选取合适的生活类项目和制定相应的活动呈现、传达和参与方式。

通过主题活动为参与者打造一个简单的绿色生活概念和阶段性的体验平台，并在以日常内容为载体进行传播的同时，制作视频和海报帮助组员进行多样化的传播和动员。

对采集的数据进行统计分析，通过对不同项目不同阶段的数据变化。了解大家的认知、感兴趣与接受程度；通过参与者分享反馈与后期访谈了解和确认数据背后行为的原因和故事。

为未来的工作打基础，积累经验。

（3）内容渠道

根据活动性质，我们需要有一个相对固定的平台作为主要载体，同时需要考虑未来活动复杂化和多元化的趋势，这个载体要求具有普适性和可拓展性。

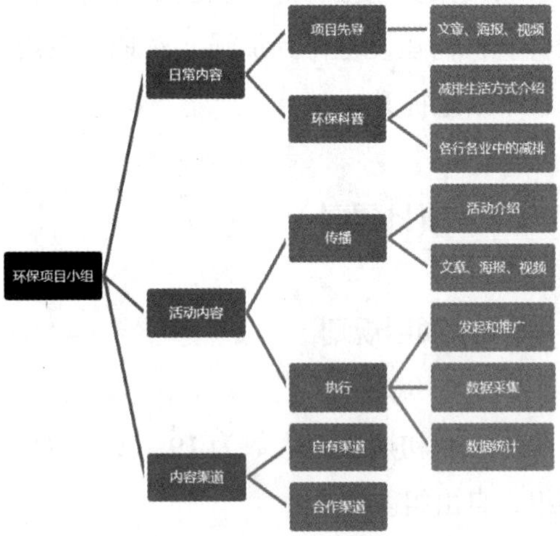

图 110　项目内容梳理

3. 项目活动流程规划

为了保证活动的可开展和可执行性，我们对流程进行了梳理，希望届时可以在前期调研的基础上，结合实际情况，进一步明确活动的内容、方式、受众等要素。同时提出项目后期的需求，以便在活动进行时作为行动指南。

（1）挑战内容

需要确认活动的可实现性、数量的易于完成和截图等凭证提交的便捷性，力求降低参与门槛，提高参与意愿。

（2）换算方式

换算方式需要有科学依据，必要的时候可以寻求专业支持。同时换算成碳排放后还要有直观的形象呈现给参与者和受众，便于大家直观感受并受到激励和鼓舞。

（3）概念与受众

在当前实际情况下，我们要以何种形式呈现会令人感兴趣并受到更多关注？受众为个人的话发动更灵活，圈层更多样，而与企业或机构合作则人数可能更多。

（4）传播内容

除了日常的内容外，需要对活动进行推广和结果汇总。对于可能的形式和内容呈现方式进行提前规划，保证有效性和及时性。

（5）项目开展

在活动推广期间，需要动员组的同学发挥动员能力，而期间的数据整理与统计分析、文案等需要提前落实和分配。同时，对于活动中大家提交的素材与物料要及时搜集整理并挑选跟进。

（6）成果梳理

在期间工作的基础上，对数据进行进一步的分析和展示。对前期调研、日常内容输出和活动等成果进行整理和统计，并附上相应的文字、图表、图片和视频等进行说明。

（7）阶段结案

结合实际数据和结果，对整个活动的内容、形式、流程和人员要素等进行回顾和复盘，总结问题所在和有待改进之处，并对下一步工作进行计划，为未来的项目发展打好基础。

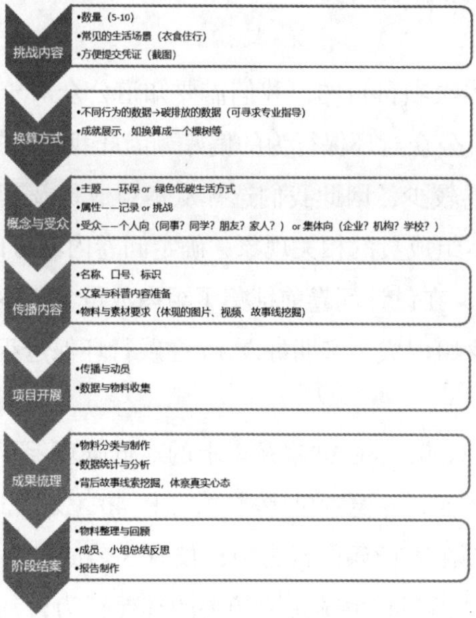

图 111　绿色低碳生活挑战活动流程规划

说明：有些前期规划的内容根据调研问卷的结果和当时的情况（例如线下活动和一些对接有一定的困难）进行了调整。

4. 项目推进排期

为了保证工作的顺利进行，也帮助所有成员明确我们的目标和各自的分工，对项目的推进过程进行了排期和说明。

（1）项目周期

根据大家的工作和学习情况，项目周期暂定为两个月左右，从7月开始，到8月结束。

7月6日~19日，主要是前期调研工作以及调研结果统计和分析。

7月25日~8月14日，为主题活动周期。

（2）项目分工

文案策划组主要负责流程衔接和内容输出；统计组主要负责数据处理和把控；动员组主要负责传播、推广、动员和跟进与反馈。

（二）项目实施前的问卷调研

1. 问卷设计

为更好地实现本次项目目的，我们需要知道公众对于低碳环保的态度看法及认知程度，了解公众对环保行为的偏好，因此我们选择问卷调查的方法。

因相关成品问卷较少，因此我们选择从本组成员及其身边人扩散发放问卷调查。通过分析本组成员的相关现象，确定问卷内容方向，设计本次问卷。小组成员共计19人，在设计问卷前征集了组内成员参与本次活动的初心、对低碳环保的看法（含组内成员亲朋好友）、在践行环保过程中遇到的最大问题及解决方法。

征集结果显示：①年纪在50岁及以上的对低碳环保了解较少，26~30岁普遍热衷了解低碳环保，并愿意付诸实践，31~40岁对低碳环保有一定了解，但行动相对较少；②在践行环保行为中，仅有3名成员将降低碳排放作为主要目的，仅3位成员提到有关碳排放相关的环保行为，其他多为减少资源浪费、保护野生动物等方面；③大部分成员对低碳环保生活持肯定态度，但不知道具体应该如何去做。由此我们认为：①对低碳环保的热衷程度可能与年龄相关，且很多人可能并不了解我们的环境处于恶化状态。②许多人可能不太了解碳排放对环境的影响。③多数人支持低碳环保行为，但不知道如何实践。

根据上述分析结果，我们提出猜想：许多人没有践行低碳环保行为不是环保意识不足，而是环保行为的宣传不足，导致许多人不了解怎样做才算环保。由此，我们设计出调查问卷，意在确定上述现象及猜想的准确性，为项目接下来的活动设计提供支持。

2. 问卷统计

本次问卷共计 8 个问题，采用线上发放形式（问卷星），为期 2 周，问题分别从受访者的年龄、对环保的了解程度、对低碳生活的态度等方面进行调查。问卷合计回收 1053 份，其中有效问卷 1052 份，具体统计结果如下：

a. 样本容量：1053，其中有效样本 1052；

b. 采样范围：全国各地以及部分国外用户，其中最多的地区为北京 441；

c. 年龄范围：26~40 岁比例最高，为总样本的 76.83%，具体情况如图 112：

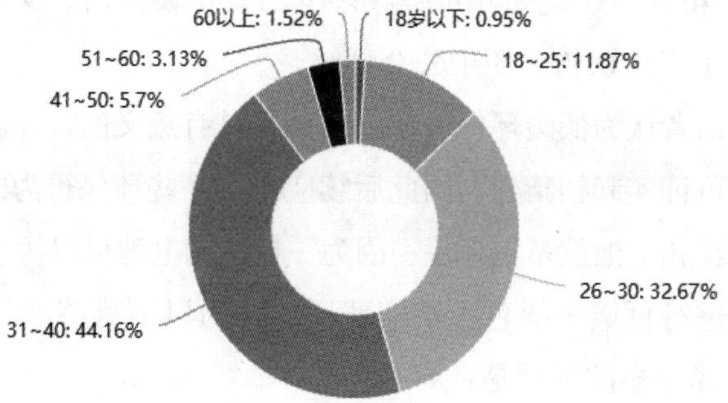

图 112　年龄范围

d.96.96% 的受访者表示知晓我们处于资源日益减少，环境日益恶化的情况；

e.45.3% 的受访者表示对于碳排放与环境的关系不知道或知道一点；

f.94.87% 的受访者认为低碳・绿色生活对环境很有意义；

g.97.25% 的受访者认为低碳・绿色生活对自身生活有意义；

h.96.02% 的受访者表示正在实践或愿意尝试低碳・绿色生活；

i. 关于如果进行低碳·绿色生活实践，您认为以下哪些项目最应该纳入其中，前三项分别为：

减少一次性用品使用，如餐具和购物袋等（80.63%）；

衣服、书籍等闲置物品的回收利用（78.06%）；

以走路、骑行、公共交通工具代替汽车出行（75.21%）；

j. 如果会响应养成式生活方式的低碳·绿色生活的活动，可能的原因中只有 17.38% 的人选择了物质回报。

3. 问卷分析

a. 关于环境保护与节能减排的紧迫性绝大多数受访者已达成共识，且接受“人人有责”的环保理念，环保基础意识层面的认知教育并不是最重要的。

b. 近一半的受访者并不十分了解碳排放与环境的关系，即受访者认同“低碳·绿色生活”这一概念，但仅有一个泛泛的概念，因此下一阶段工作需要增加“低碳”其具备的环保意义的宣教工作。可以给出便于理解的换算方式，如一棵树生长 40 年，平均每年可吸收多少二氧化碳，相应少开多少里程的车就相当于种植了多少棵树，便于公众理解。

c. 九成受访者认为低碳环保对自身及环境是有意义的，并表示愿意尝试低碳绿色生活，可证实起初猜想。因此后续应着重一些环保行为的宣传普及，例如不随意丢弃纽扣电池就是在环保，因为一粒纽扣电池可以污染 60 万升水等。

d. “如果进行低碳·绿色生活实践，您认为以下哪些项目最应该纳入其中？”其中选择最多的三项是：

减少一次性用品使用，如餐具和购物袋等（80.63%）

衣服、书籍等闲置物品的回收利用（78.06%）

以走路 / 骑行 / 公共交通工具代替汽车出行（75.21%）

由此，可以围绕以上三点进行后续活动设计，可参考人气最高的这三个低碳·绿色生活实践项目进行设计，且这三项设计的碳排放均不难计算。

e. 大多数人并不把物质回报作为践行低碳生活方式的可能原因，说明人们的环境保护意识都很高，后期设计活动时无须把物质回报看得过分重要，其更多代表的是象征意义。

f. 可以设计反相抵消碳排放的活动，如植树或在阳台种植绿植。

（三）项目开展前后的宣传活动

1. 组织名称

小组成立后，经过讨论抉择，最终将组织名称确定为“中传绿色梦想合伙人”，主要基于：

a. 我们是因中国传媒大学才从天南海北聚到一起的；

b. 我们共同的愿望是保护环境，倡导节能减排的绿色生活；

c. 我们每一个人都是这个梦想的参与者和实践者，是其中的一分子。

2. 组织标志

意为守护地球，传承力量，拥抱未来。

3. 确定活动传播平台

微信公众号及新浪微博。其中，微信公众号共发布原创文章 15 篇，包括 6 篇环保内容科普性文章：

a.《第 8 年了，你对“全国低碳日”了解多少？》

借助 7 月 2 号“全国低碳日”话题，推广低碳发展理念和政策。同时，转发中华人民共和国生态环境部的系列宣传海报，进一步普及“绿色低碳，全面小康”的愿景，推广践行低碳消费，做好垃圾分类，倡导绿色出行，坚持节能降碳等理念。

b.《与你无关？错！这是与每个人息息相关的生命之源！》

通过摄影作品和统计数据展示水资源的当前状态，认清当前城市节水面

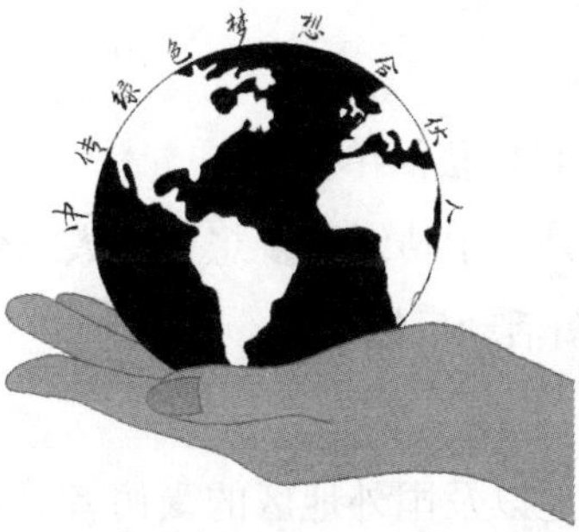

图 113　组织 Logo

图 114　活动传播平台

临的挑战，突出节约用水的重要性，提升水资源保护意识。

c.《有人拍了拍你，并请你查收"环保难题解决指南"》

低碳环保很重要，但知道怎么做更重要。文章梳理了大家在日常环保中遇到的各种难题，并一一做出解答。帮助大家更克服在实践环保的过程中遇到的困难，让环保变得更轻松、愉悦。

d.《夸夸那些优秀的环保产品设计和企业》

通过展示一些优秀的环保产品设计，展现一些知名的国际企业在创造利润的同时，也承担了对环境的公益责任。为我们 MBA 学子竖立了良好的榜样，将环保这一社会责任落实到企业发展规划中。

e.《你知道大地之痛吗？》

通过黄土高原的现状，展示水土流失给环境带来的恶劣影响，并深度剖析了造成水土流失的原因，并指出人为原因是加速水土流失的主要原因之一。最后，呼吁大家爱护环境，保护地球。

f.《一件衣服的往复人生》

通过展示 1 件衣服从原材料 – 成衣 – 废旧 – 回收 – 再度成衣的全过程。呼吁人们将旧衣进行再利用，包括二手转卖、捐赠、回收等多种途径，提升生活品质，降低碳排放。

中传绿色梦想合伙人微信公众号还推出了 4 篇绿色宣言，畅想了中传 MBA 学子心中的低碳生活，并且集中、整理了大家关于低碳生活的各种想法、建议，并且将这些建议一一落实到环保行动计划中：

a.《绿色宣言【1】：中传人心中的低碳生活》

b.《绿色宣言【2】：我们为什么要倡导低碳生活》

c.《绿色宣言【3】：环保保护，从我做起》

d.《绿色宣言【4】：环保这件事，很重要也可以很简单》

除了宣传环保科普知识和发表绿色宣言之外，中传绿色梦想合伙人微信公众号还针对此次环保活动阶段性地输出了 5 篇活动反馈报告：

a.《绿色生活问卷反馈统计（第一阶段）》

通过问卷调查的形式，采访了来自全国各地以及国外地区的受访者。累计收到有效问卷 1052 份，整理了大家对于低碳绿色的环保生活的认知和理解。

b.《环保挑战开启！一点一滴，请跟我一起！》

用1天记录一种行为，用7天体验一种生活，用14天改变一种态度，用21天养成一个习惯。在这种理念的推动下，发起了21天环保挑战，小组成员身体力行并且号召身边的人一起开始这场挑战。

c.《挑战第一周，139人，几百棵树》

21天环保挑战第一周结果统计，通过绿色出行、自带餐具、双面打印、旧衣回收等低碳行为，第一周所有参与挑战的人累计总减排放量相当于180~360棵树吸收的二氧化碳。

d.《挑战第二周，开始和坚持哪个更难？》

21天环保挑战第二周结果统计，部分同学已经养成了每天坚持打卡的习惯，也强化了每日环保的意识。环保，比我们想象的更简单，只要你肯坚持，第二周累计减排量相当于290~581棵树一年吸收的二氧化碳。

e.《21天，在你的生活里留下了什么？》

21天环保挑战第三周结果统计表明，不少同学将这场自发的环保行为坚持了下来。本周累计减排量相当于205~410棵树一年吸收的二氧化碳，活动结束，更多的是留给大家思考——环保的意义在哪里？环保的难点在哪里？我们的举手投足之间有多少个瞬间是可以从不环保转变为环保的，意念与行为之间的距离到底有多长？

在新浪微博平台上，“中传绿色梦想合伙人”以转发和评论环保相关的话题为主，涉及全国低碳日、全球气候变暖、旧书捐赠、守护海洋、垃圾回收、森林保护、北极冰盖消失、拒绝粮食浪费等多个话题。

三、项目实施

（一）活动主题

在最开始关于环保主题想法的设定，是希望通过21天的活动，帮助大家一起养成从小处开始，从自己开始的环保习惯。后期，通过和多方专业人士请教、探讨，形成了一个主题活动——21天低碳·绿色生活挑战。

（二）活动方式

我们活动的方式采用了“打卡挑战”的形式，里面涉及了日常生活中存在的可自主操作便能实现的低碳行为。

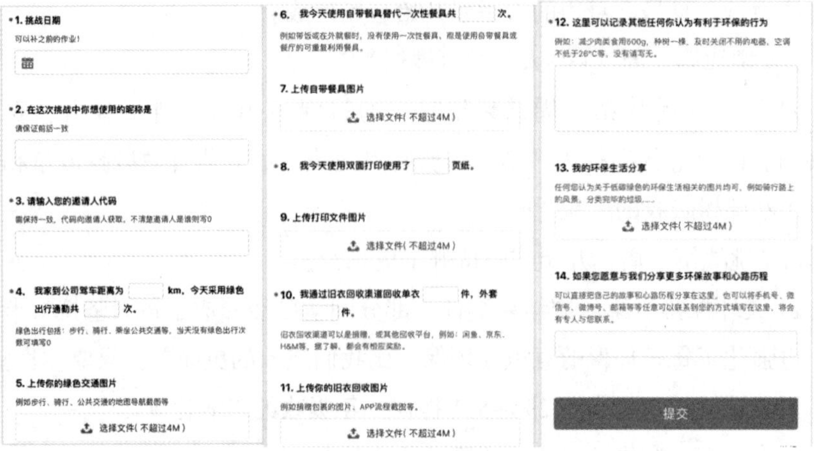

图 115　每日打卡链接内容

（三）活动内容

在活动开始之前，我们通过公众号、微博发布与低碳生活相关的文章、海报、视频等宣传素材进行前期预热，引导大众关注这个话题，让大家对环保有一个基本的认识，对日常生活的环保行为有一定的了解与分辨。

第二阶段便是进行调研问卷的设计。为了更加贴近日常生活，让大家更容易从小处、从身边践行环保行为，我们主要围绕衣食住行等几个方面进行数据采集和数据统计。其中包括：绿色出行次数的统计、一次性餐具使用次数的统计、打印纸张的页数统计以及其他环保行为的分享。

绿色出行——主要以走路 / 骑行 / 公共交通工具代替汽车出行，以此建议大家多采用公共交通等更加绿色的出行方式；一次性餐具——提醒大家减少一次性用品使用，多使用自带餐具或自带购物袋，减轻不可降解的塑料对地球的污染；双面打印——鼓励大家尽量电子化办公，或双面打印，充分地利用每一张纸张；旧衣回收——倡议大家减少非必要的囤衣囤货行为，避免浪费；其他行为——鼓励大家进行其他环保行为的分享，养成习惯。除此之外，我们还设置了可自由填选的部分，可填入其他的环保行为内容，如：将家中电灯灯泡统一置换为节能灯泡；关闭不使用的电器，节能省电；高耗能企业安装节能设备；配合社区、国家做好垃圾分类，方便回收利用；响应空盘行动，节约粮食；适度消费肉类；不过分追求穿着时尚，减少购买新衣次数；随手关闭水龙头；一水多用；使用节约型水具，节约用水；尽量使用太阳能等。

（四）活动时长

心理学家指出，一项看似简单的行动，如果坚持重复 21 天以上，就会成为习惯；如果坚持重复 100 天以上，就会成为稳定习惯。一个做法，重复 21 天，就会成为习惯性的做法。所以我们选择“21 天好习惯养成法”来进行这次的活动。

具体日期为：8 月 1 日~21 日，为期 21 日。

（五）换算标准

通过与相关专家及单位请教，制定了关于不同低碳行为活动对应不同的碳排放计数单位，以便活动后期进行统计。划算标准如下：

a. 一棵树一年可净吸收 5~10 公斤碳排放

b. 绿色出行 1km= 减少 324g 碳排放

c. 减少使用一次一次性餐具 = 减少 20g 碳排放

d. 双面打印一张纸 = 减少 2.6g 碳排放

e. 回一件单衣 = 减少 250g 碳排放

f. 回收一件外套 = 减少 500g 碳排放

四、项目成果

（一）第一周（8 月 1 日~7 日）参与情况数据统计和分析

本次统计时间为 2020 年 8 月 1 日~7 日，有效打卡 139 人。经过统计组换算，本周四项挑战（绿色出行、自带餐具、双面打印、旧衣回收）共计减少碳排放 1860.4694 公斤。

表 7　第一周挑战数据

项目	参与人次	总量	二氧化碳减排（Kg）
绿色出行	112	5278.9km	1710.3636
自带餐具	96	467 次	9.34
双面打印	72	3083 页	8.0158
旧衣回收	54	407 件	132.75

一棵树一年可吸收 5~10 公斤碳排放量，本周总减排量相当于 180~360 棵树一年吸收的二氧化碳。有大约一半的挑战者打卡天数集中在 1~2 天，只有很少部分挑战者坚持每天打卡。

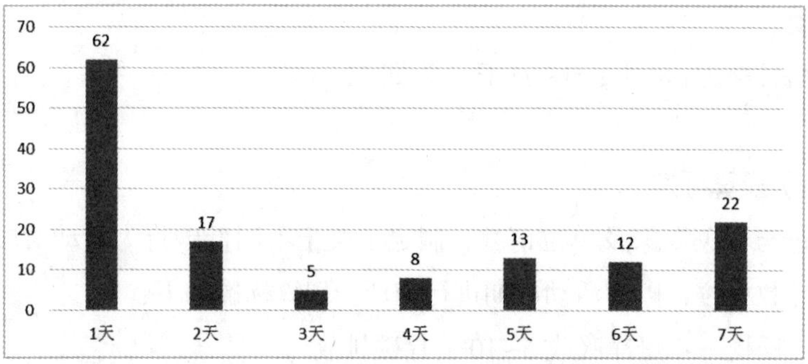

图 116　第一周不同打卡天数的人数

统计结果显示绿色出行参与人数最多，也是减排效果最明显的绿色行动。人均一周减排量超过 15 公斤，一棵树至少要一年半的时间才能吸收完。而旧衣回收项目参与人数最少，主要原因可能为因回收渠道并不多，实现有一定困难。除了以上四项以外，挑战者们还分享了自己的绿色低碳行为：及时关闭不用的电器；夏季空调不要低于 26 摄氏度；减少不必要的购物；积极响应垃圾分类；使用环保购物袋；外出自带水杯等。

（二）第二周（8 月 8 日~15 日）参与情况数据统计和分析

本次统计时间为 2020 年 8 月 8 日～14 日，有效打卡 73 人。经过统计组换算，本周四项挑战（绿色出行、自带餐具、双面打印、旧衣回收）共计减少碳排放 2907.9914 公斤。

表 8　第二周挑战数据

项目	参与人次	总量	二氧化碳减排（Kg）
绿色出行	51	8808.4km	2853.9216
自带餐具	123	852 次	17.04
双面打印	90	4723 页	12.2798
旧衣回收	15	75 件	24.75

一棵树一年可吸收 5~10 公斤碳排放量，本周总减排量相当于 290~581 棵树一年吸收的二氧化碳。分别有约四分之一的挑战者打卡天数在 1 天和 7 天。与上周的数据相比，有一部分同学已经养成了每日环保、坚持打卡的习惯。

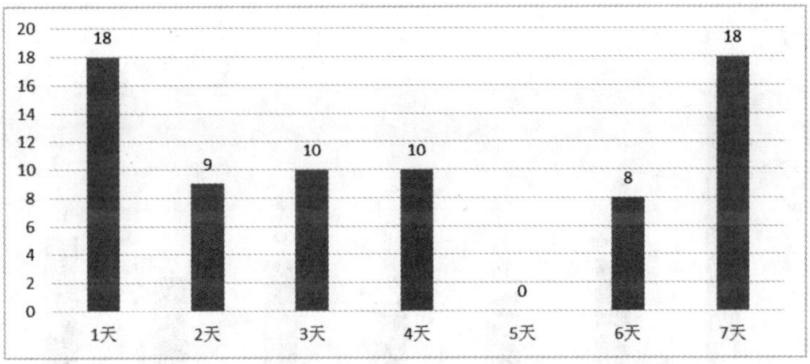

图 117　第二周不同打卡天数的人数

与上周相比，绿色出行不再是参与人数最多，最受欢迎的项目，但却是减排效果最明显的绿色行动，人均一周减排量约为 55 公斤。本周使用使用自带餐具总次数为 852 次，共计节碳 17.04 公斤，相当于一棵树三年的吸收量。与上周相比，人数增加 27 人，次数增加 385 次。说明与绿色出行相比，自带餐具更加具有普适性。根据上周的情况，为大家罗列了一些旧衣旧物回收平台，希望能帮助大家更好地践行低碳环保生活：闲鱼 – 旧物换礼、支付宝 – 白鲸鱼、微信 – 飞蚂蚁等。

(三)第三周(8月15日~21日)参与情况数据统计和分析

本次统计时间为2020年8月15日~21日，有效打卡108人。经过统计组换算，本周四项挑战（绿色出行、自带餐具、双面打印、旧衣回收）共计减少碳排放2053.894公斤。

表9 第三周挑战数据

项目	参与人次	总量	二氧化碳减排（Kg）
绿色出行	85	5971.1km	1934.6364
自带餐具	165	1393次	27.86
双面打印	121	7076页	18.3976
旧衣回收	18	214件	73

一棵树一年可吸收5~10公斤碳排放量，本周总减排量相当于205~410棵树一年吸收的二氧化碳。打卡1~7天的人数依次为32人、14人、10人、9人、14人、12人、17人。

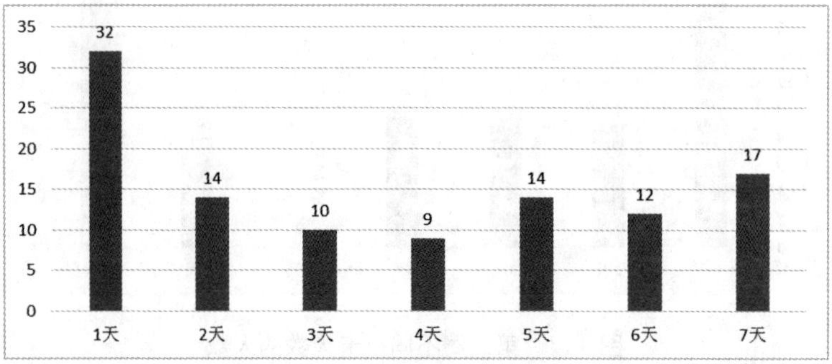

图118 第三周不同打卡天数的人数

第三周绿色出行打卡为85人次，较第二周打卡情况而言，增加了30多人次。与前两周相比，第三周使用自带餐具的总人数与自带餐具的总次数都在增加。虽然双面打印的人数没有增加，但是双面打印的次数逐渐增加。说明人们在环保意识的引导下，可以坚持环保行为，养成良好习惯，并在生活工作中加以实践。经过上周的科普，本周旧衣回收量有所提升，通过旧衣物回收渠道回收了单衣 136 件，外套 78 件，共 214 件。

（四）项目整体数据统计分析

21 天绿色 • 低碳生活挑战活动，时间为 2020 年 8 月 1 日~21 日，有效打卡 203 人，有效打卡 1053 次。整个活动 21 天四项挑战（绿色出行、自带餐具、双面打印、旧衣回收）共计减少碳排放 6822.3548 公斤。

表 10　21 天挑战数据

项目	参与人次	总量	二氧化碳减排（Kg）
绿色出行	248	20058.4km	6498.9216
自带餐具	400	2717 次	54.24
双面打印	283	14882 页	38.6932
旧衣回收	87	696 件	230.5

一棵树一年可吸收 5~10 公斤碳排放量，本次活动总减排量相当于 682~1364 棵树一年吸收的二氧化碳。接近半数的参与者只进行了 1 天的打卡，完整打卡的有 14 人，尚不及项目组全员人数。

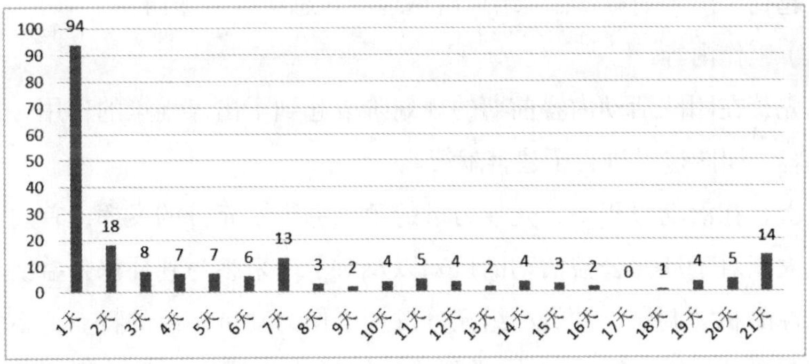

图 119　活动不同打卡天数的人数

自带餐具和双面打印两项的参与人次是在逐步增加的，说明这两项是相对比较固定的需求。而出行需求除了日常通勤外，相对不是很给规律，尤其是旧衣回收，在一段时间内，可能只能是“一次性”行为。

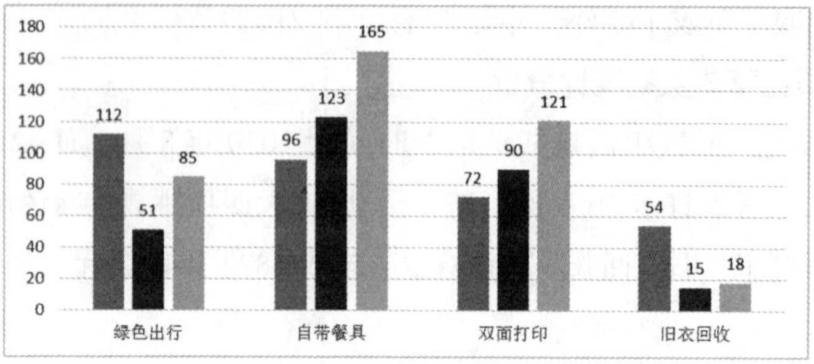

图 120　不同项目三周参与人次比较

五、项目总结

（一）小组总结

1. 动员小组

动员小组在本次以环保为主题的公益活动中，主要的工作内容涉及到分发调查问卷、扩展 21 天低碳生活挑战的分支活动至更广的范围，同时在活动前期也起到了出谋划策；活动结束后整理活动总结等工作内容。

（1）工作内容

首先，在团队活动内容前期的规划阶段起到了出谋划策的作用，为团队活动内容、团队建设进行了建言献策。

其次，在活动过程中，先导力量的角色进行了充分的发挥，首发调研问卷征集大家对于环保公益活动的认知以及对于未来参与到环保公益活动中来的积极性的相关调研，动员小组充分发挥了作为动员小组的特点，不仅将调查问卷发放至 2020 级 MBA 同学群中，同时也将调查问卷传播至 2018 级、2019 级等师哥师姐的微信群中，收集到了超过千份的调研问卷反馈。

最后，在 21 天低碳生活挑战中，动员小组再次发挥其主动作用，不仅将挑战活动扩展到身边的同事、朋友中去，同时也积极动员身边的朋友能够坚持 21 天打卡，完成低碳生活挑战。

（2）动员小组在整个项目中扮演的角色和意义

在本次“中传梦想合伙人”的环保公益小组中，动员小组在本次活动中担任了先导力量的角色，顾名思义，动员小组在活动中为将活动内容扩展到更多的人群中去，渗透到更广的范围中起到了至关重要的作用，同时动员小组的工作内容决定了其承接文案策划小组、传递统计小组的工作性质，在活动过程中也与团队的成员进行了充分的沟通，为完成更好的活动效果作出了贡献。

组员名单及其任务完成情况：

在本次环保公益活动中，动员小组的每一位成员都在尽自己所能完成活动任务。

在调研问卷分发的阶段，在负责人王宁同学的带领以及鼓励下，每位同学都在尽可能地将问卷扩展，并且在大家的共同努力下，完成了超过千份的调查问卷反馈。

在 21 天低碳生活挑战打卡活动中，在自己的能力范围内，每一位组员都尽可能地坚持每天打卡，同时也将活动内容扩展至身边的同学、朋友、同事以及家人中去，大大地提高了活动影响力。

2. 统计小组

（1）工作内容

与广西生态环境厅对接，探讨确定适合开展的环保项目；根据统计需求制定数据统计策略；与广西生态环境厅对接，制定数据换算公式；为提升环保科普意义，制定数据等价换算公式，如将每周节碳量换算成植树棵树；每周统计项目数据；挖掘项目数据，进行数据分析。

（2）统计小组在整个项目中扮演的角色和意义

统计小组为项目执行提供了数据保障，实现了项目数据量化。

在前期筹备阶段，数据小组与广西生态环境厅进行了对接。经过与专家的深入讨论，得到了环保知识层面的专业指导，确定了绿色出行、减少使用一次性餐具、双面打印等对普通民众具有可操作性，且对节约碳排放具有较大意义的子项目，同时确定了各项目的碳排放换算公式，确保了项目的学术严谨性，对项目开展的策略制定起到了重要辅助作用。

在项目执行阶段，数据小组对每周搜集到的数据进行分类整理，汇总出节碳总量、参与者排名等数据，通过分析、挖掘数据，将项目数据进行量化，如将节碳量通过等价关系换算成植树量，既避免了碳排放量对一般民众晦涩、高深的门槛属性，也提升了民众对节碳环保效果的认知程度，为每周的公众号推送做好基础工作。

组员名单及其任务完成情况

张宸铭：对接广西生态环境厅，制定数据统计策略，统筹数据工作；

部凡：统计每个ID对应的旧机回收的数据，包括单衣和外套，并进行分析；

李桢：统计出每个ID对应的绿色出行总里程数，并对数据进行分析，通过表格呈现；

李菲菲：根据每个ID对应的邀请人代码统计组员邀请及参与情况，并对每个邀请代码的邀请量进行统计和分析；

腾亚云：统计每个ID对应的使用双面打印的总量，并进行分析。

3. 文案策划小组

（1）工作内容

活动整体流程和环节的规划和把控，制订计划并推动实施；公众号传播内容及问卷的排期和策划；名称、形象、组织介绍与说明及各类内容（文章、视频、问卷、海报等）的制作与输出。

（2）文案策划小组在整个项目中扮演的角色和意义

文案策划小组的作用贯穿整个环境保护项目组，扮演着统筹和连接的角色，与其他小组一样，是本项目中不可或缺的一部分：

项目筹备期，在原始创意的基础上结合大家的想法，拟定整个项目组的推进流程。集思广益确定我们的组织名称、标识、介绍文案。与统计小组和动员小组的同学就相关事项进行沟通和协调。

项目推进期，对活动的进行的具体步骤进行细化安排，并在此基础上征求内容输出主题，制定内容输出排期并“包产到户”。保证能在推广活动、传播成果的同时，带来更丰富的环保知识。

项目完结期，参与项目报告的制作。

组员名单及其任务完成情况

杨咏琳：推文1篇+前期思路讨论及文案提供，活动参与和推广；

郑明雪：活动前期中期后期视频剪辑制作，H&M旧衣回收项目跟进拍摄，活动参与和推广；

王梓：搜集和整理资料，参与3篇公众号内容输出，宣传打卡活动27人，4人参与打卡活动；

潘鑫：和大家一起收集节能减排资料，并对文案进行编辑，团队成员介绍和后期活动的编辑和排版，活动参与和推广；

巫婷：传播平台的账号申请和管理，标识设计、推文配图、创作推文1篇，同时相应项目组号召，积极参与和推广活动；

贾少筠：负责小组活动的统筹与推进，以及与其他各组的联动。

（二）整体总结

1. 本次活动组员人数为19人，21天内共动员203人完成了活动打卡，单个组员平均动员人数为10人，人均减碳量33.608公斤，累计减碳量6822.3548公斤。总减排量相当于682~1364棵树一年吸收的二氧化碳。

2. 假设活动小组持续进行动员工作，可计算出人均单月减碳约48公斤，即203人次的单月减碳量可达到9746.22114公斤，年减碳量可达到116954.654公斤。总减排量相当于11695~23391棵树一年吸收的二氧化碳。

3. 再乐观一点，假设经我们动员的参与者，在半年后开始逐渐影响身边的人，在一位参与者动员身边十位参与者的基础，计算可得年减碳量约能达到1286208公斤。总减排量相当于128621~6431040棵树一年吸收的二氧化碳。

（三）活动带给成员们的影响

在加入这个活动的初期，19个人的加入初衷基本涉及了6个方面：过度消费囤货/垃圾不分类/过度使用塑料制品/空气以及环境污染/浪费能源/海洋污染。标注绿色的是大家提及最多的三个类目，也代表这三个方面是大家的普遍认知范围。

在我们活动的21天行为养成阶段，大家通过改变意识，阅读科普资料，互相影响将环保所涉及的面从6个增加到11个日常生活中可实施的方方面面。这也代表着大家从最初的只知道环境保护这个词到现在的会计算碳排放，并且参与到节能减排的行动中来。

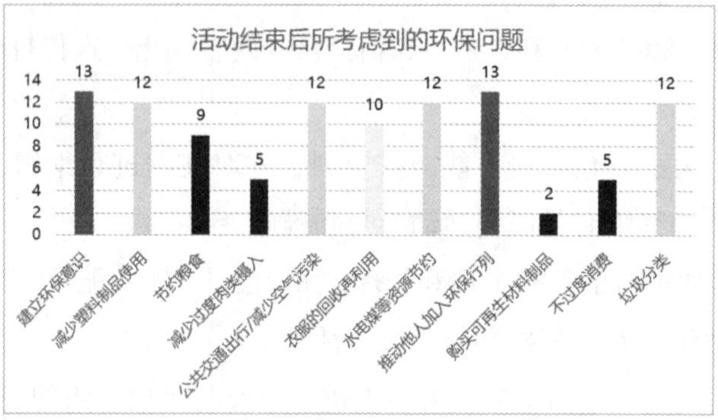

图 121　后期各类项目人数统计

21 天活动结束并不代表着环境保护小组目标就结束了，因为环境保护只是可持续发展中极小的一部分，其实可持续发展目标的 17 个方面不仅仅是行动上的改变，也有主观意识上的改变：无贫穷 / 零饥饿 / 良好的健康与福祉 / 优质教育 / 性别平等 / 清洁饮水和卫生设施 / 经济适用的清洁能源 / 体面工作和经济增长 / 产业，创新和基础设施 / 减少不平等 / 可持续城市和社区 / 负责任的消费和生产 / 气候行动 / 水下生物 / 陆地生物 / 和平，正义与强大机构 / 促进目标实现的伙伴关系。

总的来说，项目小组参与了这 17 个可持续发展目标中的 5 个，相信也是认知最多的 5 个，但是我们希望未来不仅仅如此。因为可持续发展目标呼吁所有人行动起来，在促进经济繁荣的同时保护地球。

六、项目问题与解决方案

（一）各小组工作中存在的问题

1. 动员组

活动前期的调研问卷阶段，每个组内成员都具有较高的参与积极性，并顺利地完成了千份的调研问卷反馈。但在 21 天低碳生活挑战打卡活动中，受限于工作、时间等其他因素的影响，且需要坚持打卡的时间较长，此活动的完成效果明显差于前期的调查问卷。

未来建议此类活动开展过程中，适当降低活动参与难度，或者可以采用其他的形式来代替硬性打卡的方式，以便提高组内成员的参与活动的灵活性，更好地达成活动效果。

2. 统计小组

本小组基本完成了预期任务，存在问题主要体现在数据统计表格未提前统一，导致数据统计工作量增加。

3. 文案策划小组

组长与其他小组的沟通与协调不是到位，导致有些标准没有达成统一认识，在后续内容制作上陷于被动；内部工作分配在明确性、预知性、平均性和参与感上有所欠缺。

（二）项目组整体存在的问题

a. 整体活动效果大部分停留在线上参与活动中，真实的活动体验性不强；

b.21 天低碳生活打卡活动因活动性质局限，参与活动的灵活性较差；

c. 节碳环保是个长期且庞大的命题，对人类社会的长期可持续发展具有重大意义，但相对于减少污水排放、不随地乱扔垃圾等立竿见影的污染行为，碳排放这一潜移默化中破坏环境的污染行为大众还不甚了解；

d. 环保是一件长期的事情，项目时间可能略有约束；

e.21 天打卡过长，项目也比较多，对刚接触的人来说参与体验可能比较差；

f. 各小组联动不够，希望各小组负责人多联系，在群里通告项目进度情况。

（三）项目优化方案

a. 建议可以增加线下的参与性、体验性较强的活动，提高活动的体验性，同时也能扩大活动的影响力。

b. 建议类似需要每天坚持打卡的活动，可以设置其他备选方案，以便提高其参与活动的灵活性，同时建议可在活动页面中设置明确清晰且吸引人的奖励内容，刺激参与积极性。

c. 注重节碳方面的科普宣传教育尤为重要，应该从大众最切身的利益出发，普及节碳与“个体”之间的相关性，提高大众对环保和个人利益相关性的认知。

d. 希望以后可以设置一些短期的或者简洁一些的针对性项目，参与性会更好一些，毕竟在这个阶段，参与远大于效果。比如：空瓶挑战、光盘挑战之类的。

e. 各小组之间与小组内部都需要加强沟通、互动和信息共享。

七、项目未来计划

（一）与环保回收平台合作

与环保回收平台——飞蚂蚁合作，对废旧纺织品进行回收。

我国是纺织服装大国，每年纺织纤维的消耗量达到5800万吨，占世界纺织纤维消耗总量的58%。据统计，我国每年产生的废旧纺织品总量达到2600万吨以上，只有15%得到了回收利用。据测算，如果我国废旧纺织品综合利用率达到60%，每年可节约化学纤维940万吨，天然纤维470万吨，相当于节约原油81520万吨，节约耕地1360万亩。

选择飞蚂蚁合作是因为飞蚂蚁的回收渠道有很多，更具有灵活性和可操作性，且不定时举办一些挑战活动，如高校联盟环保——以校之名，“旧衣换树苗”行动。线上渠道有：PC官网预约；微信公众号、小程序预约；支付宝生活号、小程序预约；百度小程序预约；腾讯小程序预约；闲鱼、转转、享物说App预约；服装品牌线上渠道预约；电信114电话预约等。线下渠道有：高校活动回收；社区活动回收；服装品牌门店回收；环保衣栈线下回收；可溯源传统回收箱回收；智能回收箱回收等。

飞蚂蚁旧衣处理方式有四个途径：

a. 环保再生

将可用于再生的棉毛、棉纶、涤纶类旧衣物交给再生工厂，通过物理和化学方法进行开松、分梳等操作，加工成农业保温材料、建筑和工业隔音材料、填充材料等。

b. 公益捐赠

将符合捐赠标准的衣服（较新、质量较好、较干净，一般为小孩子冬装）进行清洗、消毒后，捐赠到有需要的贫困山区或者公益组织及个人。

c. 旧衣出口

将较新、质量较好的夏装经过清洗、消毒，交给相关的外贸公司出口到非洲、东南亚等一些贫困国家或者战乱国家。所得费用用于快递物流及旧衣环保回收的可持续运转。

d. 工艺再造

将部分回收衣物生成再生纤维、聚酯原料、再生棉帆布等重新用于纺织品生产，设计支撑环保袋、收纳盒、手套、靠垫等。

（二）落地社区，从身边做起

参与社区“无废空间站”创想计划的探讨，逐步实现从社区到城市的“无废空间站”的建立。

为了更好地学习环保理念，提升环保意识在生活中方方面面的推广与践行，我们有幸受邀参加了由中华环保基金会、国际环保机构绿色和平共同组织的一个“无废空间站”工作坊。“拯救垃圾就在社区 ”是这次工作坊的主题。

提到“无废”这个概念，有的组内成员略微陌生，我们便做了充足的事前资料学习。其实，在人类资源消耗已经远远超出地球承载能力的今天，“无废”已经成为一种现实的需求。在垃圾处理的“3R 原则”中无废源头避免（Reduce）、重复使用（Reuse）、循环再生（Recycle）最可以在日常生活中践行的就是“重复使用”减少废弃物了。

图 122　活动现场

中国的“无废城市”建设从 2019 年正式展开。

作为城市治理的基础单元，社区也会成为推动无废城市的重要力量。因此，这也是两个知名环保机构将此次活动重点落地在社区的重要因素。他们希望在探索“无废社区”的过程中，社区居民间可以加强沟通，以合作共创的方式共同行动，带动解决城市垃圾的难题。居民对于美好的社区环境有着共同的追求，如果能够搭建协作平台，深层次地挖掘和理解这些诉求，组织邻里间的经验分享与闲置交换活动，并制定减废方法与社区公约，这将会在社区内部营造可持续的生活氛围，也具有带动其他社区形成这种氛围的潜力。

此次“无废空间站”的活动，参加的人就有社区的居民代表，以及一些空间艺术设计师、建筑师等相关人士。大家齐聚一堂，探讨多种在社区实现“无废生活”的设想。

通过此次工作坊的学习，我们更加认识到，“环保”不只是假大空的嘴上说说，而是切实可行且在方法掌握正确的情况下，它会变成一种寓教于乐、让生活更加充满创意与趣味的碎片式行为。最简单的角度来讲，组内成员来自五湖四海，在今后的生活中，我们可以利用周末时间，扎根于自己的社区，将所学所感运用到社区的垃圾分类管理上。可以与居委会沟通，在垃圾分类宣传的基础上，将有效重复使用废弃物的“无废”理念推广。尽量遵循以下几点：首先，满足居民的实际痛点；其次吸引居民持续造访参与活动，并搭建平台使得居民在废弃物管理的三个层级形成良好习惯；最后使得居民能将无废议题内化到自己的生活中，成为社交或者连接代际关系的一部分。

组内成员可以与居委会在社区内寻找或开辟一个温馨和亲切的社区空间（可重复利用社区原本的活动空间），目的是让大家都愿意过去坐下来聊聊天。这个空间可以由回收或改造的物品组成，可能有些许年代感，但每个物品背后的故事都能给人以情感的联结。除此之外，辅以置办居民日常生活替换下来的不必需物品。我们相信，这样的空间会使二手物品置换交流变得更加有人情味儿，增加社区居民参与的黏性与主动性。

而活动范围在北京的成员，则可以多关注多参与环保机构组织举办的相关活动。只有打开眼界，才会发现原来“环保”这件事，有那么多人在付出精力、时间与热忱在推动，哪怕一点点的进步。他们的方法也是与时俱进、充满趣味性与互动性的。我们志愿在线下活动中，贡献自己的些微力量，不管是集思广益的脑暴工作坊，还是走入社区的调研探访，抑或是炫酷的快闪艺术，都是我们环保公益小组成员践行的方方面面。

此次“无废空间站”工作坊的参与，让我们与国际知名的环保组织建立了良好的沟通基础，相信在今后的公益实践中，我们可以有更好的合作，切实将“环保”融入日常生活的一部分，肩负起每个人身上这一点微小却重要的责任。

（三）对工业中的二氧化碳封存环保技术的知识普及

二氧化碳（CO_2）是导致全球气候变暖的主要原因，然而由于人类活动的影响，地球大气中二氧化碳的含量正在逐步增加。专家们建议，必须尽快采取一系列措施来减少进入大气的二氧化碳量。其中的一些方案是在工业生产过程中捕集数百万吨的二氧化碳，并把二氧化碳封存，而不是释放到大气中。较大规模的二氧化碳封存方式主要有地质封存、地表封存和海洋封存三大类。二氧化碳的封存技术尤其是地质封存正得到越来越多的关注与研究，美国、欧盟、日本、澳大利亚等都制定了相应的研究规划，开展二氧化碳封存技术的理论、试验、示范以及应用研究。

地质封存（CCS）的基本原理就是模仿自然界储存化石燃料的机制，把二氧化碳封存在地层中，二氧化碳可经由输送管线或车船运输至适当地点后，注入特定地质条件及特定深度的地层中。所提出适合作二氧化碳地质封存的地质条件，包含旧油气田、难开采煤层、深层地下水层等地质环境。比较理想的地质封存环境是无商业开采价值的深部煤层（同时促进煤层天然气回收）与油田（同时促进石油回收）、枯竭天然气田、深部咸水含水地层。在每种类型中，二氧化碳的地质封存都将二氧化碳压缩液注入地下岩石构造中。封存深度一般要在 800 米以下，该深度的温压条件可使二氧化碳处于高密度的液态或超临界状态。二氧化碳埋藏其间的时间跨度为数千年甚至上万年，为防止二氧化碳在压力作用下返回地表或向其他地方迁移，地质构造必须满足盖层、储集层和圈闭构造等特性，方可实现安全有效埋藏。

目前国际上有许多在进行的 CCS 项目，最早的 Sleipner 项目开始于 1996 年，是世界上首个将二氧化碳封存在地下咸水深层的商业实例，由挪威国家石油公司运营。该项目每年可封存 100 万吨二氧化碳。

2012 年 8 月 6 日，中国首个二氧化碳封存至地下咸水层的全流程示范工程建成投产一年多来，已累计封存二氧化碳 4 万多吨，取得了碳捕获与封存（CCS）技术领域的突破性进展。这个由中国最大的煤炭企业神华集团实施的 10 万吨 / 年 CCS 示范项目，是中国百万吨级煤直接液化示范项目的环保配套工程，被列为国家科技支撑计划重点科研项目。北京大学清洁能源研究院院长张东晓认为，“CCS”有望成为全世界减少碳排放份额最大的单项技术。因为封存工业排放的大量二氧化碳，潜力最大的地质结构就是咸水层，仅鄂尔多斯盆地下面的咸水层就能封存几百亿吨的二氧化碳，而这种盆地在中国比较多见。这个示范项目实现长周期运行，将为中国建设煤基低碳能源系统做出积极的探索，有助于其在清洁利用煤炭资源和温室气体减排方面作出更多贡献。

尽管碳捕获和储存示范项目的投资仍然相当可观，但却越来越不稳固，而且现有的资金支持水平所服务的项目将比最初预期的要少。全球碳捕获与储存研究所警告说，政府需要做的不仅仅是通过碳定价立法来刺激碳捕获与储存方面的投资，同时应该减少赋予低碳技术政策上的优势——比如可再生能源，它们拥有更多补贴和激励政策。

第三部分

守护美丽童颜

微光在线课堂

一、项目背景

（一）院校背景

中国传媒大学经济与管理学院 MBA 始终强调爱心与责任的培养，致力于培养祖国四有青年，依托社会公益活动为载体加强大学生的爱心、责任心意识，培养一代有理想、有道德、有文化、有纪律的人才，推进祖国现代化建设。

（二）公益背景

1. 偏远山区教育情况调查

（1）贫困山区留守儿童数量

根据 2019 年民政部摸底排查后的最新官方统计，我国农村地区留守儿童的数量为 902 玩。按照区域统计，东部省份现有农村留守儿童人数为 87 万，占全国总数的 9.65%；中部省份的农村留守儿童人数较多，为 463 万，占 51.33%；西部省份为 352 万，占总数的 39.02%。从省份分布的情况分析，各省份的农村留守儿童占比大于平均值的是河南，比例为 57.82%，山西比例为 44.25%，湖南为 44.11%、重庆为 43.17%、湖北为 40.16%。其中，河南省的农村留守儿童占比最高，可见农村留守儿童主要集中在中西部劳务输出大省。

目前，我国的留守儿童教育大致可分为以下几种结构类型：单亲型，主要是指父母双方当中的一方在家照顾孩子的家庭；祖辈型。父母双方外出打工，把孩子留在家中让孩子的爷爷奶奶或外公外婆照顾，和他们一起生活的家庭我们称作隔代教育型；寄托型，父母双方外出打工，把孩子寄养在亲戚或朋友家中的，我们称之为寄养教育型。根据调查表明，隔代教育型的儿童数量高达 805 万人，占 89.3%；寄养教育型的留守儿童数量为 30 万人，占 3.3%；单亲型的留守儿童数量为 31 万人次，占 3.4%；另外还有无人监护的留守儿童数量为 36 万人，占 4%。根据调查，近 32 万名寄养教育型和隔代教育型的留守儿童，其监护情况比较差。从年龄结构分析，0~5 岁、6~13 岁、14~16 岁的农村留守儿童分别为 250 万人、559 万人和 92 万人，各占 27.8%、62% 和 10.2%。庞大的农村留守儿童群体的存在，值得社会各界的关注，数量如此庞大的农村留守儿童也对国家治理能力提出更高的要求。

2020 年 2 月，国务院发布了《关于加强农村留守儿童关爱保护工作的意见》，首次提出要“从源头上逐步减少儿童留守现象”，“到 2020 年，儿童留守现象明显减少”。这份高规格的文件，还明确规定了解决留守儿童问题的部门职责：由民政部牵头建立农村留守儿童关爱保护工作部际联席会议制度。

（2）贫困山区留守儿童教育现状

首先是家庭教育的缺失。父母是孩子的第一任老师，可是在农村家庭教育中普遍存在着父母与孩子的交流偏少，没有有效的引导，与孩子之间产生沟通障碍。有上述的留守儿童家庭教育背景情况可知，大多数孩子留守农村，没有跟随父母在一起。他们在成功的时候得不到父母的赏识，在失败的时候得不到父母及时的鼓励，遇到困难、受到挫折的时候得不到心灵上的抚慰，导致留守儿童的“情感饥渴”，产生不良心理，形成内向、悲观、孤僻、任性、冷漠的性格。

其次，学校基础设施条件差。农村中小学教育是我国教育最薄弱的一个环节，大部分中小学的教育资源非常有限，基础条件很差，学校建筑面积小，设施简陋，校舍破旧，甚至冬天没有取暖设备。教室配置更是少之又少，只有破旧的桌椅板凳，随时可能给学生带来安全隐患，教室地面大部分是水泥，更没有城市中小学常见的多媒体投影仪、空调、风扇、饮水机等。操场也非常简陋，多是水泥地操场，没有跑道、沙坑等基础运动器材。

最后，教师流动性大，教育缺乏连续性。教师是受着社会的委托，在教育机构对学生的身心成长施加一定正向干预的专业人员。一个好的教师，不仅是对学生进行知识的传授、学习的引导，而且能够对学生在行为上有所帮助，包括增强学生们的自信心，养成积极待人的态度，形成良好的自我认知观念等。由于我国城乡差异悬殊，不仅表现在学校基础设施方面，也表现在教师的综合素质方面。在贫困山区，教师的流动性非常大，流失严重。

2. 教育资源差异背景

（1）义务教育资源配置的区域差异

受统计数据的限制，本项目借鉴2015年《中国教育统计年鉴》的数据进行分析。义务教育资源配置的区域差异是指中国东、中、西部区域以及该区域内各个省市之间义务教育资源配置的差异情况。按照我国东、中、西部区域划分标准，有12个省、直辖市、自治区位于东部地区，有9个省位于中部地区，西部地区则包括贵州、重庆、新疆等10个省自治区、直辖市。

据统计，2015年，全国义务教育总人数为140041331人，其中初中人数为431195000人，小学人数为96921831人，全国义务教育学校中校均人数为576.47人，全国各省、市、自治区中平均人数为4517462.29人。

从全国教育人数来看，在2015年，全国义务教育教师总人数为9160754人，其中小学专任教师5685118人，初中专任教师3475636人；我国小学阶段义务教育生师比平均值为17.1:1，初中为12.4:1；我国生师比标准：小学不低于19:1；初中不低于13.5:1，小学阶段生师比平均水平已达国家标准。全国单独来统计，小学师生比未达标准的省份是：湖南省（19.62）、广西（19.82）、江西省（19.56），其中广西最高。初中阶段师生比较高的前三省是广西、贵州和云南，比例分比为：16.49，16.00，15.29，贵州和云南都属于西部地区。

（2）现代教学设备差异

目前，我国的科技发展迅速，已经步入了全面的信息化时代，信息化时代离不开互联网及计算机等设备的支持，而一个学校的教育计算机数量和多媒体教室的数量在一定程度上与这所学校的硬实力和信息化程度成正比。

2015年，全国中学阶段共有教学用计算机5455667台，学校平均数为

104.11 台，全国小学阶段共 8196205 台，学校平均数为 43.02 台。全国 31 个省市中，中学阶段用于教学计算机均属超过全国平均水平的有 13 个，其中东部地区有 9 个，占超过校均 104.11 台总省市的 69.23%，占东部 12 省市的 75%，中部地区没有，西部地区有 4 个，占总数的 30.77%，同时在西部地区的 10 个省市中占 40%。上海校均计算机台数最多，校均计算机台数最少的是江西，上海是江西的 4.1 倍。小学阶段用于教学计算机校均数超过校均 43.02 台共有 15 个省市，其中东部地区有 10 个，占 15 个省市的 66.67%，中部地区有 2 个省市，占 15 个省市的 13.33%，显然，西部地区有 3 个，占 15 个省市的 20%。

综上所述，微光在线课堂项目致力于关注中国 902 万名留守儿童的教育问题，通过搭建在线教育平台，将更优质的教育资源通过在线的方式带到山区课堂，帮助打赢教育扶贫攻坚战，帮助更多的农村留守儿童获得更丰富的教育资源，助力孩子们插上梦想的翅膀，走出山区，报效祖国。

二、项目计划

（一）项目简介

1. 项目组织

（1）微光组织

微光在线课堂是由中国传媒大学 2020 级 MBA 学生组成的公益组织，受中国传媒大学经济与管理学院的具体指导，通过整合优质教育资源、搭建教育资源共享平台，帮助山区留守儿童、贫困山区失学儿童等社会特殊学生群体获得优质教育资源，以消除教育资源差异为目标，引进优质外教、艺术等多元化教育资源，搭建全方位的公益在线支教课堂。

（2）组织结构

项目初步确定在线课堂的公益服务宗旨、团队的组织结构划分。大家报名前上交一份自我介绍以及想要加入的部门，根据大家的自我介绍及各部门的报名情况，进行人员的实际划分并选出各部门的负责人。为了能够保证项目能够顺利执行，在首次划分结构之后，各组人员收集关于各自职责的建议，进行一次调整，最终确定最初的微光在线课堂的整体组织结构划分。

在组织结构确定之后，管理层共 6 人，分别是学管部 2 人，宣传部 1 人，外联部 1 人，后勤部 1 人。受疫情影响，为了保证各个部门能够顺利展开工作，项目负责人安排各个组进行小范围的线下见面，保证之后的活动联络顺利进行。

在确定组长之后，按照各自的自我介绍，划分各组人员。按照每个组 4~5 人的情况进行初次的划分，之后根据大家对工作职责的认知进行微调，最终确定各组人员。

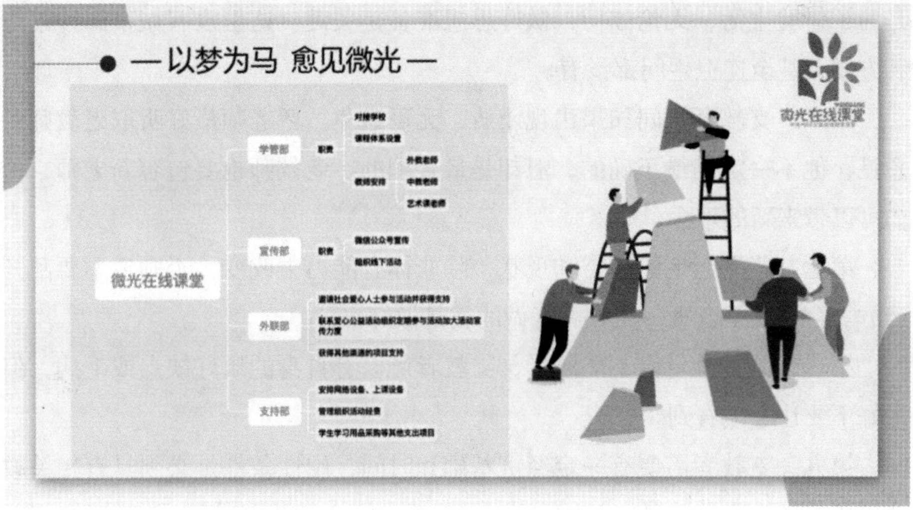

图 123　组织架构

（3）支教规则

第一，重视前任老师的支教总结，尤其是对学生管理的总结。老师往往抱着一腔热血前来，对差生往往很较真，凡事必究。用当地人的话说，“孩子是那块料我当裤子也送他读书，不是那块料逼也没用”。所以有些差生该放得放，这不是不负责任，也没辱没支教的名声，老师尽力了，学生尽力了，OK，那就是成就。

第二，小学生重要的是培养起良好的学习习惯，学生可以笨，可以基础差，但好的学习习惯必须要培养。这是影响一生的大事。

第三，不要用物质刺激学生。支教者往往带着一颗悲天悯人的心，大肆分发物品，以图博得学生欢心和自己的满足。适当的奖励可以，但千万不要乱来，否则学生的价值观扭曲，一旦老师离开或是物质终止，反弹太大，适得其反。

第四，珍惜学校的财物。不要以为太乱太破太脏就想大换血，打造成舒适的休假场所。殊不知很多东西都是有用的，玩户外的都知道这个道理，能留的东西，千万不要扔掉。

第五，有的支教者是因为感情受挫，有的是为了逃避烦恼的工作，有的是为了体验生活，无论如何，做好思想准备是关键。这里没有城市那种繁华和方便，甚至连卫生间都没有。

第六，支教者之间如果出现矛盾，无可避免。新老师最好听取老教师的意见，他不一定是最正确的，但却是最合理的。老教师也要包容新老师，他们可以带来新的理念。

第七，尊重当地的风俗和现状，除非你有能力去改变，否则请不要乱开药方。存在就是合理，支教者能做的就是做好本分。

第八，关爱学生但不能溺爱，支教者可以有自身的癖好缺点或毛病，但最好不要让学生看到。

第九，支教者需要有一定经济基础和时间，硬性条件是必须具有相关教育经历。

（4）意向合作方

中国传媒大学经济与管理学院“传递媒好未来”支教团队、教育培训机构、有知名度的企业和个人、顺义高丽营小学。

2. 组织文化建设

在项目品牌的确立上，我们希望能将支教的含义与“远程”“在线”“指引”相结，重点体现出运用成熟的互联网技术，通过互联网远程视频，将志愿者和受助儿童从万水千山缩减到一屏之隔这样的效果。基于这些想法，我们分别设计了项目名称、项目 Logo 和项目的 SLOGAN。下面分别介绍一下。

团队最重要的是要有共同的目标，最好的体现就是团队的文化建设，确定各部门的负责人之后，开始向大家征集项目名称、Logo 以及口号。通过大家提供的建议，筛选出 7 个备选项目，通过团队全部人员的参与投票，确定项目的名称、Logo 以及口号。

同时，确定项目的汇报机制以及讨论方式，确定每周的例会时间等工作环节，确保项目能够高效、顺利进行。

经过小组讨论与投票，我们最终确定使用“微光”二字作为项目简称，全名确定使用“微光在线课堂”。微光二字表现了我们希望尽自己微薄的力量，为公益教育事业做出努力的愿望，希望能够点亮贫困地区留守儿童的黑夜，帮助他们指示方向。

（1）团队 Logo

图 124　团队 Logo

Logo 在制作时，考虑到我们的目标群体主要是小学生和他们的家长群体，所以在整体的风格上，更加偏向可爱、青春。在元素的使用上，我们希望能够和知识、合作、年轻这些关键词相关。所以最后选择了象征知识的书本、象征合作的简化双人形象、象征园丁的树叶，同时 Logo 整体组成了积极向上、朝气蓬勃的朝阳形象；在颜色的使用上，我们选择了嫩绿和橙色作为主色调，嫩绿代表年轻，橙色代表成熟，同时象征合作的两个小人分别位于两个主色块之上，表达了我们希望将年轻的贫困地区的孩子们和成熟支教老师们联系在一起的愿望，顶部叶片的变色过程代表了我们希望年轻的孩子们能够通过我们的平台学到知识，通过支教老师这些园丁们的努力一步一步地走向成熟。

（2）团队口号

我们 SLOGAN 是“以梦为马，不负韶华，让我们一起愈见”。“以梦为马莫负韶华”这句话出自海子的著名诗篇《以梦为马》。意思是：把自己的梦想作为前进的方向和动力。不辜负美好的时光、美好的年华。“以梦为马”，指把自己的梦想作为前进的方向和动力。马，在这里是指动力，也有希望的意思。以马这种强健美好的动物作为希望的载体，承载内心的理念和梦想，为未来的人生提供内在支持。“不负韶华”中，韶华，指美好的时光（常指春光）、美好的年华（指青年时期），不负韶华，指不辜负美好的时光、美好的年华。最后一句，“让我们一起愈见”中，我们将代表相遇的“遇见”二字中的“遇”字改为了治愈的“愈”，相遇指的是支教老师与孩子们的相遇，同时也分别指支教教师和孩子们与我们的相遇；而改用治愈的“愈”，则代表了我们希望我们这些人的相遇不仅仅只是简单的遇见，而是能够给贫困地区的孩子们带来收获的，希望是能够治愈他们因为无法正常学习、无法看到山外更加美好的世界而受伤的心。

3. 项目内容

（1）项目导向

支教是一种美德：城市教师在教育理念、教学方法、个人素质等方面有优势，应该为发展和谐教育、促进教育公平尽一分力，从而实现自身的人生价值。

支教是一种能力：个人业务能力达到一定水平，既能传经送宝，起到示范引导作用，还能适应城乡的不同环境，保证工作和生活的正常运转。

支教是一种进步：经过支教锻炼的教师，在晋级、增资、任用、提拔等方面有无可争议的优势，为个人的发展提供契机、奠定基础。

支教是一种竞争：要像评选优秀教师那样来招聘支教教师，定好标准，规范程序，选好人员。

让支教成为一种主动行为，成为一种时尚，成为推动教育均衡发展的强大动力。

（2）项目方向

努力实现教育资源向偏远山区均衡，普及和发展农村偏远地区在线教育，完善农村教育法规，关注偏远山区留守儿童心理健康问题，助力打赢教育扶贫攻坚战。

（3）外教在线课堂

2020 年，由于疫情的影响，线下教育机构不得不搁置原有城池拥抱在线教育市场。近几年，由于在线教育市场规模增长明显，传统教育机构、上市公司、投资机构等纷纷布局，各个细分领域都涌入大量的机构，在线教育企业如雨后春笋般迅速发展起来。在线教育课程，兴趣培养、词汇拓展、习惯养成、语感培养、考试备战、成绩提高等不同的课程内容，能够最大化地满足学生和家长的教育需求。

微光在线课堂希望将优质的外教老师通过在线课堂给孩子们带来生动的外语课程，能够接触纯正的英语发音，能够同城市中的学生一样获得优质的英语教育资源。

目前，英语作为世界通用语言，是每个人成长阶段中必然的学习环节，因为教育资源极度匮乏，很多偏远山区的孩子无法获得优质的英语教育。甚至整个小学阶段都不能顺利开展英语教育。因此，微光在线课堂希望将外教课堂在公益活动中全面开展。

课程预计设置 4 节，在 2020 年 9 月份展开。

（4）“我是小小播音员”

播音与主持艺术在我国是一个新兴专业，随着文化产业的飞速发展，播音主持人职业将成为未来就业领域的热点和亮点。目前，全国有播音主持专业院校达 600 所以上，播音主持专业是中国传媒大学的特色专业，培养了大量优秀的播音人才。学播音主持专业不仅能够得到德智体全面发展，而且需要具有敬业精神、开拓精神、团队合作精神以及良好的综合素质；需要掌握本专业所必需的人文社会科学、艺术语言创作基本理论和知识；系统地掌握本专业的基本理论，主要包括普通话语音、播音发声、播音创作等基本理论和基础知识；具有较强的计算机和外语应用能力；掌握电视节目主持、主持人即兴口语表达等基本技巧和方法；具有本专业的语言应用技能和电视设备操作能力；具有主持与播音的创新能力和可持续发展能力。

微光在线课堂将播音主持专业课程带到山区儿童课堂之上，让他们了解播音与主持，同时向他们传扬中国传媒大学的文化精神。

课程设置的目的如下：

提高语言素养：提高演讲与口才水平，有助于提高个人的语言素养。如果想要拥有良好的演讲与口才水平，就必须多读、多写、多听、多说，通过专业培训。

提高思维能力：高效的思维能力，能令一个人的大脑得到全方位的运转，迸发出无限潜能，这也影响了一个人的口才能力。总而言之，好的思维能力有助一个人的演讲与口才提高，而随着演讲与口才水平的提高，个人的思维能力也会相应提高。

提升个人修养：演讲与口才可以体现一个人的修养、学识与素质，通过不断的学习与培训，就能做到言之有理、言之有据、言之有序、言之有文、言之有趣，个人修养也会得到极大提升。

增长知识：好的演讲与口才能力不是凭空而来的，而是需要长期、系统、不懈地学习和积累知识，长此以往，个人知识和见识也会得到增长。

提高口语交际能力：演讲与口才的重要性体现在个人的口语交际能力的提高，与人交际是一门学问，首先你会说话，好说话，是绝对有利于与人交往的。

增强记忆力：一个演讲能力高、口才好的人，记忆力必须是很好的，因为这样才能记下长篇的演讲稿与各种理论、典故，方便引用。所以学好演讲与口才，有助于记忆力的增强。

有助于自信心培养：好的演讲与口才能力是锻炼出来的，当你能与人侃侃而谈、出口成章，也就是说明你是大方、昂然无畏而自信满满的。

（5）艺术舞蹈课程

微光在线课堂安排四节少儿舞蹈课程，通过科学系统的训练方法，增强孩子身体的协调能力，给孩子美和艺术的熏陶，开发他们的艺术潜能。同时，培养和增强儿童的注意力、模仿力、表演能力、形象思维能力等，提升儿童的学习效果，实现儿童学习成绩的提高，培养孩子的综合能力，为孩子的全面发展打下基础。

目前，很多山区儿童无法接触到多种类的课程，尤其是外教课、舞蹈课以及播音主持课程。所以微光在线课堂通过整合线下课程资源给孩子开设更加多样性的支教课程。

三、项目实施

（一）第一阶段：分工

1. 任务阶段

（1）职能划分

项目开始实施后，每周例会确定各组的行动目标，各部门负责人按照工作内容开始安排组内人员执行，例会总结执行过程中遇到的各项困难，共同商议解决的办法。

（2）课程设计

课程设计方面，原本的出发点是希望将外教英语资源导入爱心小学的课堂，所以通过对国内爱心小学的课程内容调研，结合从事教育行业的组员的授课经验，进行课程的设计，前后通过三次主要会议对授课内容、课程体系、课程时长进行讨论，大家各抒己见，最终确定课程雏形。课程主要考虑到以下几点：

给谁用？最初了解到项目的初衷，是做一个公益活动，针对的是偏远地区的孩子，这些地方的孩子普遍缺少完善的师资和内容资源，那么在一开始考虑到这个客观因素，我们要确保这个课程是适合这些孩子的，对于初学的孩子来说，兴趣的激发和培养是非常关键的。不论是城市的孩子还是山区的孩子，课程都是要为孩子服务的，且对于特殊地区的孩子，更应该充分考虑到他们的感受和实际情况，所以课程的设置和安排要结合他们的认知特点来设计，保证他们能够在有限的时间里有所收获，从而感受到学习带来的乐趣，激发学习热情，为他们日后的学习提供原动力。

怎么用？因为疫情的特殊性，课程首先考虑到以在线直播或录播的形式进行，在学生班级里配自己的老师，辅助课堂纪律和给孩子提供基础帮助，实现双师教学的模式。

鉴于上课方式是在线授课，为了让孩子能够更好地和老师互动，我们在设计的时候，提供了丰富的教学资源和教辅相关的材料，比如课堂活动需要的活动图片，还有课堂音视频等，让孩子能够在进入课堂前提前熟悉了解，激发他们的好奇心，引用“翻转课堂”的教学模式调动学生们的自主能动性进行主动学习，这样可以大大提高课堂的学习效率，也能够让这些学生感受到不一样的课堂。

（3）课程理念

说到公益课堂对孩子们的帮助，我们首先考虑到的是课程的特殊性，我们服务的孩子较城市孩子更缺乏教学资源的，他们同样渴望获得知识，也同样希望体验学习的乐趣。在课程的设计上，富有经验的课程设计老师引用了世界权威知名的儿童教材，如英语课参考的是外研社与剑桥大学联合出版的 *Kid's Box*，这套教材是剑桥大学考试为委员会 ESOL 考试部推荐，专为非英语国家儿童设计的，所以是比较适合初学者学习使用。在教学内容上还参照了《英语课程标准》的建议，使内容更为适合中国的孩子，孩子学起来也会容易上手，并且对考试也有一定指导意义。

在教学活动设计上，遵循了布鲁姆教育目标分类法，把教学环节拆分为合理的结构，针对初学的孩子，达到从记忆——理解——应用的初阶能力要求。

2. 执行节点

（1）例会

7 月 15 日至 7 月 30 日，全体成员根据微光在线课堂的课程设置、公益目标，来多方面获取社会资源，确定每周日晚 20 点进行电话会议，各自汇报资源整合情况。

（2）进度安排

8 月 1 日至 8 月 15 日，根据三种课程形式，联系能够授课的老师，并对老师的上课形式、教学资质以及教学经验等进行全面的考察，保证授课质量。

8 月 15 日至 9 月 1 日，联系可以展开公益支教活动的学校，与学校对接教学需求。

9 月，正式展开课程。

（二）第二阶段：整合教学资源

（1）英语老师

受疫情的影响，外教老师的资源较为稀缺，经过与团队成员的沟通，聘请到一位拥有 20 年少儿英语授课经验的中教老师，老师的教学内容第一节课以人体的各个部位展开，适用于一年级阶段的学生。

（2）播音主持老师

李鑫，专业播音主持老师，毕业于江西省南昌市南昌大学，播音与主持艺术专业，大连市语言艺术学会少工委成员，荣获普通话一级乙等证书，电台 104.3 特约嘉宾，曾在南昌大学党旗在我心荣获一等奖，荣获蒲公英第 18 届、19 届青少年优秀选拔赛朗诵组最佳优秀指导教师奖，大连第三、四届文化艺术节最佳优秀指导教师奖。

（3）少儿舞蹈老师

宋世聪，毕业院校北京舞蹈学院，大连市舞蹈家协会会员，辽宁省舞蹈家协会会员，中国舞蹈家协会注册教师。

所获荣誉：2014 年大连技术表演赛二等奖、2015 年获得辽宁省第九届民间舞大赛一等奖、2015 年辽宁省第三届文化艺术节文华奖。

在 2012 年参加大型舞剧《珍珠湖》中担任主要演员、2012 年参加大型晚会《浪漫大连》中担任主要演员、2013 至 2017 年参加辽宁电视台春节联欢晚会录制、2016 年参加大连国际会议达沃斯演出，其中节目《飞天》担任领舞、2016 年 G20 峰会期间参加哈萨勒斯坦总统纳扎尔巴耶夫慰问演出、2016 年参加大型舞剧《我为大连骄傲》担任主演，在多年的演员生涯中积累了丰富的舞台经验，同时通过十余年的系统学习掌握了一套科学的教学方法，专业的功底可以标准的给学员做示范，指导过的学生大多具备专业的基本功和丰富的表演力。

教授科目：芭蕾舞、中国舞。

（三）第三阶段：选区支教学校

（1）收集学校

在学校的选择上，通过小组开会讨论，结合大家的实际情况，因为受疫情影响，8 月份是暑期阶段，很多学校没有上课，这给学校的调研带来了一定的困难，为了能够顺利在 9 月份开学之后开展课程，需要在 8 月完成学校的调研和选择工作。因为大部分的同学在北京，在跟大家沟通之后，决定以北京为核心，收集北京周边以及河北省当地的贫困公益小学，通过网络等方式收集到三所公益小学，经大家共同决定，从三所学校中确定一所北京顺义地区的爱心公益小学进行首次开课。

高丽营学校成立于2006年4月，位于北京市顺义区高丽营镇高泗路四村段，是一所九年一贯制学校。该校的“幸福成长”课程体系，将课程分为社会与人文、科学与实践、生命与运动、审美与艺术四大学习领域，每一领域又包含基础拓展和兴趣三类课程，其中35门基础课程和拓展课程为国家和地方的必修课程，52门兴趣课程是学校自主研发的选修课程。每一类课程的研修过程，学生就像进入了一间间幸福小屋，可以有更多情感的体验、知识的获得和能力的提升。

（2）学校调研总结

最终选择高丽营学校，在于该校的办学理念，也正是我们这个公益项目所倡导的方向：立足于课堂，带给孩子们更广阔的世界，让他们幸福快乐地成长！因为是项目首次开课，加上因为疫情志愿者无法进行前期学校考察，所以选择这所学校，在了解学校的整体建设情况之后，了解到学校虽然各方面建设条件相对较好，但设置课程比较单一，所以希望能够将更多多元化的课程，比如外教课程、艺术课程、舞蹈课程等带到学校，经过跟学校的沟通，受到学校领导、老师的一致支持，于是微光在线课程的第一堂课在这里展开。

（四）第四阶段：课程展开

1. 在线环境搭建

（1）软硬件设施

首先，提前了解并测试支教学校的硬软设施，如投影仪、电脑、话筒、音响等。

其次，固定使用某一软件视频平台，平台具备传输稳定性不失真、不延迟，内容可储存等特点。存储的视频内容可用于后期宣传、老师留存等。

最后，在每一节课程前完成软硬件的调试，并确保状态稳定。在上课过程中，有专人对应急情况进行处理。一旦出现网络问题或设备问题，能够立刻进行更换调试。

（2）在线软件

我们小组的四名成员详细调查研究了各个软件平台的使用率和网络信号情况，为保证孩子们能够高效地吸收线上课程的精髓，最终比较选出了“课堂派”软件作为在线支教平台，随着项目其他部门的选学校、定师资、规划课程体系后，微光在线课堂此次项目为学生们准备了口才课、舞蹈课以及英语课程等。

相互配合中，高效地完成了在支教学校的设备调试。虽然过程有艰辛，但想一想可以让摄像头这端的孩子们接受我们提供的优质教育资源，眼下所有的辛苦都将化为欣慰的笑容。回程途中，大家都兴奋地讨论着正式在线支教的后续细节活动内容。

（3）设备安装调试

在开课前，由微光课堂部分成员到学校进行网络环境的考察和设备的安装，无名成员在上午的9点到达学校，由学校进行统一安排，在老师确定好首节课程的教室之后，开始进行设备的调试，确认上课当天所使用的软件。

图 125　团队成员

2. 开学第一课

（1）课程表

9月1日，全国小学生秋季学期正式开学，根据学校的正式课程表：

表 10　课程表

		星期一	星期二	星期三	星期四	星期五
第一节	8:25–9:05					
第二节	9:15–9:55					
第三节	10:10–10:50					
第四节	11:00–11:40		口才课			舞蹈课
第五节	14:00–14:40					
第六节	14:50–15:30		英语课			
第七节	15:40–16:25					

（2）正式上课

根据学校的正式的课程安排，确定首节课程为在线播音主持课程，课程由李鑫老师通过远程线上课程展开，有三名成员提前到现场进行设备调试和课程支持，以保证课程的正常展开。

3. 首次课程总结

第一堂课是口才课，为了保证线上的老师和学生们更好地进行"面对面"沟通交流，需要视频互动等支持，根据学生们的学习情况，老师可以有针对性地为他们做出修正和指导，也在一定程度上大大提高了学生们的参与感，让他们更好地锻炼自己的口才，提高自身的能力。由于设备的限制问题，最终没有选择我们调试的资源进行教学，不过组员们雄厚的后备力量，完美地使用替代产品解决了问题。整堂课程下来，看见孩子们收获满满的表情，我们也很欣慰，有的孩子还和我们说，非常期待下次上课。当看到孩子们求知若渴的眼神时，我们更加坚定了自己的选择，也更加明白此次项目的意义所在。

在线支教，为远隔千里的师生架起桥梁，为疫情影响下的孩子们插上翅膀，靠近梦想。教育就是一棵树摇动一棵树，一朵云推动一朵云，一个灵魂唤醒另一个灵魂。也许现在还面临着些许问题，但万事开头难，相信经过第一次的支教活动，我们积累的经验，会将此次活动继续并完善地走下去，帮助到更多的学生完成知识的学习与积累。同样，我们也很期待与同学们的下次上课，更期待我们的课程会优化得更加完善。

四、项目成果

（一）项目宣传

1. 微信公众平台

（1）宣传人员

在最初的团队部门划分的时候，由宣传部负责整个项目的宣传运营工作，目的是对活动的不同节点进行记录和宣传，同时将优质的教育资源上传至网络平台，实现优质网络资源的共享。

2. 平台搭建

针对公众号的运营，我们最需要思考的问题就是——公众号需要达到的目标是什么？主要的阅读受众如何定位？为此，我们在团队内展开了广泛的讨论。有一部分的意见在于宣传这个公益项目的功能和成果，以找到更多需要被帮助的孩子和学校；一部分意见认为需要通过这样的宣传方式，来吸引更多的社会资源来支撑项目的运营，即主要受众在于有可能参与到这项公益行动之中的潜在志愿者。基于宣传服务于项目的思路，我们思考了现有团队的资源分配和优劣势，在项目创立之初，我们已经很迅速地与顺义区高丽营学校建立了联系。但是推进项目的阻滞在于师资力量的缺乏，针对这个情况，只有召集更多的志愿者加入项目，或者开放项目合作渠道，吸引招商，从而通过有偿服务的形式来招揽更多的师资。在明确了这个问题之后，我们明确了公众号的主要受众和传播方式及路径，并按照这个思路分步骤地完成了公众号的搭建和运营。

（1）公众号名称

公众号的第一个名称是“中传微光支教”，但在经过实际测试以后，发现这个名称存在以下几个问题：首先，“中传”这个前缀，虽然能够非常明确团体归属，但也因为这样的名称，在潜意识里限定了志愿者来源，非中传的其他社会热心人士会觉得这个组织会有准入门槛，可能必须得是与中国传媒大学相关的人员，从而望而却步，也不太能够让其他人建立对这个项目的归属感。其次，“支教”一词的范围过于模糊，不能够让受众第一时间建立对项目的直观印象，究竟是实地的支教行为，还是在线授课？基于此，我们对公众号名称调整为“微光在线课堂”。更换名称以后，凸显了项目特色，也有助于吸纳更多的社会热心人士，来帮助我们完成这个项目。

（2）Slogan 设定

集思广益后，有以下几个选择项，分别为：A. 在这里分享与记录，关于支教，关于爱与温度；B. 守住少年眼中的光，让他们可以遇见远方；C. 一个有温度、有力量与爱的支教团体前来报道；D. 我们不活一个点，我们活起伏；E. 用知识、青春与爱去感受纯粹，我们需要您；F. 一个绝对美好的不同凡响的意义，曾经卸载我们日记本上的梦想——支教。

我们首先排除了过于抽象且没有明确表达的 D 和 F。其次，我们排除了 A 选项，因为公众号的 Slogen 目的并非在于告诉受众这个公众号要讲什么，而是要让受众建立对这个项目的认知，对我们是什么样的人，要做什么样事情的认知。我们曾经纠结过是否要走 B 选项的路线，因为能够明确地阐述我们的项目诉求，但经过投票后，大家认为这个不够亲切，并没有将公众号与受众拉到一个语境中，因此更倾向于“一个有温度，有力量与爱的支教团体前来报道”和“用知识、青春与爱去感受纯粹，我们需要您”两个选择。在反复对比了这两个选项后，C 兼顾了项目的主旨和亲切，也让人能够有加入的想法。

（3）公众号运营策略

首次推文的设计：公众号作为项目宣传的主阵地，第一篇推文承担了阐述项目的缘起、理念和社会意义的重要功能。

为了体现项目的主要服务人群是需要帮助的儿童，因此我们采用了较为活泼的卡通画风格，在色调上选择了明亮且充满希望的蓝 + 绿组合。而因为现代人超快的阅读节奏，在文字的选择上，尽量精简，重点突出，将人均粗略阅读时间控制在 1 分钟以内。内容分布上为两个部分：首先，这个项目的意义，用疫情对社会教育产生的影响抛出问题引发思考，这个问题相信也是大多数人尤其是家长们在疫情之中必然会思考的问题，引发共情。其次，通过醒目标题的设置，让受众迅速了解几个关键信息点，即“我们是谁？”“我们要做什么”和“我们的坚持”，让受众在认同项目理念的基础上，迅速建立对我们团队的认同感。最后结尾，抛出我们希望更多人加入的请求，这也是建立这个公众号的目的——吸引潜在的师资和商务资源，来更好地运营项目。

更新思路与频率：后续的更新思路基本还是基于项目的推进，原本的规划是基于项目进度，来实时传达项目的操作情况和社会意义。但在第一篇推文之后，反响并不如预期，经过总结后，我们觉得让受众能够建立认同感，还是需要让他们看到活生生的人，而不是口号和介绍，因此，我们让这个项目的所有成员都走到前面，每人录制了一段 VCR，来阐述项目理念，让受众看到一群活生生的身边的人。这一条公众号确实成为我们公众号点击量最高的一篇。

在第一次公益行动以后，我们在公众号上迅速更新了活动内容，同样还是采用了图＋文的方式，用现场照片辅助叙事文字，让受众能够更加直观地看到我们可爱的支教志愿者。这篇文章还是采用了简洁叙事的策略——介绍支教学校、支教的具体行程，以及小伙伴们对这次支教之旅的感想。

在这篇诚意满满的推文后三天，我们又迅速跟进了一篇，以保持更新频率，预告了即将开始的微光口才课的相关信息。

3. 公众号运营总结

在公众号运营之处，存在一定的迷茫，大家更重视自我感受的表达，而对我们公众号的受众和目的没有特别清晰的认识。在项目的推进过程中，明确了公众号的需求后，后续的运营就有了核心，在头像、公众号名称和SLOGEN等的设计和选择上，都保持了方向的一致性。但后续的内容创作上，还是偏于常规，识别度不如预想的好，这是我们缺少经验以及在后续要思考的问题。

（二）项目外联

1. 云支教平台

（1）宣传人员

项目的展开需要寻求社会资源的支持，此部分的工作由外联部负责，结合外联部的工作职责内容情况，在课程没有完全展开的前提下，外联部的工作执行划分为两部分，一部分是社会资源的注入，另一部分是寻找公益平台的帮助，因为项目对应的是小学生，项目执行期间处于暑假阶段，经过跟大家的讨论决定，联系到“云支教”平台的评选，外联部的工作围绕评选展开。

（2）“云支教”助学计划

“云支教”助学计划（“云支教”教育扶贫项目），是以互联网＋教育扶贫的方式，精准对接贫困县学校，为乡村教师培训、大学生助学支教和企业志愿服务提供可持续的教学直播平台和服务。由中国大学生社会实践知行促进计划、有爱有未来外企志愿行动、CSR中国教育联盟、公益中国、ClassIn、北京师范大学教育基金会、中国下一代教育基金会联合发起。

“连接城市与乡村，消除教育差别，改变未来中国”，这与“微光在线课堂”项目秉承的公益初心不谋而合，“微光在线课堂”旨在通过在线支教的方式，积极响应我们伟大祖国的号召，为精准扶贫做最棒的支援军队，实现一线城市的教育资源向偏远地区倾斜，让优质的教育资源走向更加需要他们的留守儿童。

2.“云支教”的作用

（1）获得支持：“云支教”助学计划能提供微光在线课堂在教学资源、教学设备以及教学资金等方面的支持，具体如下：

云支教奖

表 11　云支教奖项

2020 年第二届“云支教”大学生乡村教育奖

奖项名称	实践支持	支持名额
“云支教”最佳行动奖	1，000 元	5
“云支教”爱心奉献奖	500 元	35
“云支教”志愿服务奖	专业直播课程平台	100

（2）志愿服务证书

大学生团队可根据组委会指引文件自行在线打卡，获得电子版志愿服务证书（含志愿服务时长证明）。

（3）平台使用培训

组委会将为大学生团队免费提供相关培训资料，统一安排（线上）培训课程及答疑服务。

（4）“课程中心”支持

大学生团队可免费使用“知行计划”课程中心优秀课程，包括生物、环保、健康、建筑等主题，为支教学校进行授课。同时，推荐团队以“国家中小学网络云平台”授课内容为参考，为支教学校授课 http://ykt.eduyun.cn/。

3.“云支教”平台使用

（1）开展“微光在线课堂”团队培训

已与“云支教”平台组委会沟通开通了“微光在线课堂”项目平台账号使用权限，下一步将组织“微光在线课堂”团队开展团队支教教师培训、大学生助学支教培训以及教学直播平台使用培训。

（2）建立“微光在线课堂”课程体系

“微光在线课堂”项目将整合“云支教”平台课程学习以及专题教育资源（平台资源包括：防疫教育、品德教育、课程学习、生命与安全教育、心理健康教育、家庭教育、经典阅读、研学教育、影视教育等资源，以及根据国家课程方案和各学科课程标准，语文、政治、历史三学科使用国家统编版教材，其他学科使用全国选用人数较多的教材版本），通过精准对接贫困地区学校学生，为这些学生提供具有中国传媒大学独有的、特色的学习课程，以开阔贫困地区学生的眼界，培养和激发他们的创造力。

（3）申请“云支教”平台奖项支持

“微光在线课堂”项目将精准对接贫困县学校，并按照“云支教”平台针对申请团队在开课、宣传、总结三个维度考核，评估项目效果，申请平台2020年云支教大学生乡村教育奖以及奖金支持。后续优秀团队有机会通过“云支教”及“知行计划”传播社团品牌，进入知行计划“全国大学生社会实践优秀案例库”，供全国大学生参考。所有参加云支教团队将获得申请“知行计划”10+核心项目优先资格。此外，知行计划是中国最重要的大学生成长发展支持平台，每年为全国大学生社团提供400+支持名额，单项支持资金最高可达5万元，支持大学生开展助学支教、创新创业、环境保护等多样的社会实践及成长发展项目。

（4）整合“云支教”资源联合传播：

关于“微光在线课堂”项目前期、中期、后期推广传播，将整合“云支教”合作平台（中国大学生社会实践知行促进计划、有爱有未来外企志愿行动、CSR中国教育联盟、公益中国、ClassIn、北京师范大学教育基金会、中国下一代教育基金会等）联合推广，形成校内资源+平台资源矩阵传播。

图126　云支教合作平台

（三）项目成果总结

用最低的成本和最简单的方式，连接城市和乡村，“微光在线课堂”将利用“云支教”直播平台在线支教，为乡村学校搭建云课堂，组织名校名师开展云课直播，线上为乡村孩子输出中国传媒大学独有的特色的优质课程。将优质教育资源输送到贫困地区学校，让贫困地区的孩子享受到全省乃至全球优质教育资源，实现教育精准扶贫，将知识传递给每一个渴望学习的孩子。“消除教育差别，改变未来中国”一直是“微光在线课堂”项目团队努力的方向，希望接下来，“微光在线课堂”项目团队能拓展更多的品牌、合作伙伴，秉持公益的初心，持续扩大活动的影响力。

我们的课程开设经过内部讨论，最终选定了英语和汉语口语作为主要的支教学科。英语作为国际通用语言，其思想启蒙对于学习非常重要，我们支教学校的学生都是第一次在课堂上接触英语，这门语言对于他们来说很陌生，同时也很难接受，那就需要老师的正确引导，让他们发自内心地接受这门语言并且想要学习。那么如何进行正确的引导呢？首先就是要对孩子们进行兴趣的培养，玩是孩子的天性，互动又是线上课堂的重要组成形式，所以抓住这一特点，把玩、互动与线上课堂相结合，在培养孩子对英语的兴趣的同时为他们打下坚实的基础，英语的学习是靠一点一滴的积累而来的，微光在线支教的英语课堂，也发挥了它极具特色的课程特点，为活动增添助力。

除了传统的学科外，我们的一大特色课堂是“口语课”。近年来，随着消费升级、教育升级趋势加剧，家长们越发重视孩子除应试之外的底层基础能力的培养。语言表达能力作为学习、生活、应试、交友的必备能力之一，相关培训得到了众多家长的重视和追捧。我们联系了多家开设此课程的学校及机构，最终找到了李鑫老师，李老师是专业播音主持老师。解决了师资问题，第一堂课的准备，也遇到了不少的问题和挑战，首先就是农村学校的孩子多，线上授课可能存在手机信号不好、电脑硬件不够等问题，手头又没有课本，即使拿到电子教材也无法打印；同时也担心老师和学生无法面对面，会不会上课的内容略显枯燥。

上课当天，李鑫老师先通过与同学一起随着节拍张合手的方式调动大家的积极性，通过互动的方式营造了良好的课堂氛围。互动游戏“快来跟我们一起动动你们的手指”，一下子使得课堂氛围热烈起来。整节课中，李鑫老师不断地鼓励学生在讲话时要树立信心，敢于表达，敢于展示自己。大家都非常认真，不断跟着老师的指导大声朗读，很多学生从刚上课时的腼腆、害羞，到课堂尾声的自信、大方。课程结束后，谢子钰小朋友说：“特别喜欢鑫鑫老师的口才课，希望能多多给我们上课。”我们的微光第一课也在孩子们兴高采烈的呼喊当中落下帷幕。

特殊时期，由于线上教学的时间终究还是有限，学生们在短短一节课的时间内想要学习新的知识并且融会贯通，显然时间是远远不够的，为了师生之间交流方便，也为了满足学生们的求知欲和学习兴趣，我们也是特地在老师的允许之下专门开设了口语交流的微信群。

吴老师是支教学校“顺义区高丽营学校”的老师，谈到此次的微光在线支教活动，她感触最多的就是教育资源的问题。教育资源的不平等一直以来都是我国教育面临的一大问题，虽然这些年随着国家政策的变化，这种不公平的现状有所改善，但是仍没有做到面面俱到，在线教育这个上课形式，恰好切中了这一要害，很好地解决了教育资源分配的问题，好的教师资源可以通过互联网分配到农村或偏远学校，让那里的孩子享受到同样的好的教育，谈及孩子们在和老师们兴奋的互动的时候，吴老师的眼眶也有些湿润。对于本次支教活动也表示非常的满意，并且表示，之后愿意与我们微光在线保持长期的合作关系，为农村学校的孩子开辟另外一片视野，开阔眼界。

经过这几个月的配合，我们微光团队顺利完成了既定的任务，也达成了作为公益项目的使命感和社会责任感，各个部门都按部就班，发动身边的各种资源共同为了同一件事努力着、奋斗着，虽然可能我们还素未谋面，但是我们的心已经紧紧地连接在一起。未来，微光在线支教也会以线上课堂为主导，尝试更多的不同的可能，我们深知，虽然在形式和技术上，线上教育很新，但是在内容、方法、手段上依然是线下教育主导着线上教育，但这也说明线上教育存在着巨大的潜力，他的优势远远没有得到充分发挥，家庭的教育优势，家长的教育优势，还远未开发。实现这两者的融合，构建新的教育生态，未来可期，大有可为。

水滴润万物，爱心汇海河

一、项目源起

（一）项目背景

小水滴成立于 2016 年 6 月 1 日，2017 年在北京市民政局注册民间非营利组织北京小水滴贫困儿童服务中心，著名演员海清女士为“小水滴”公益形象代言人。2016 年在中国华侨公益基金会成立专项基金——小水滴新生基金。2018 年与中华少年儿童慈善救助基金会成立合作项目——小水滴助童新生，于 2019 年 5 月变更为“小水滴助童新生专项基金”，致力于帮助孤残儿童重获新生。“集水滴成大海，积小爱成大善”，这就是创办小水滴新生基金的动因。虽然小水滴新生基金依托华侨公益基金会，经费上有一定来源，但小水滴希望得到社会的大力支持，可以接受相关的捐赠。基金成立一段时间来，已经得到社会各界的支持和赞助，这种大爱行动，理当受到社会的尊敬。愿每个孩子都能获得新生的机会，健康的身体，家庭的温暖和传递爱的能力。

（二）人员组织

团队组建之初便明确了项目的意义，每位同学都写下了加入的初衷和对未来的期待，以下是部分项目参与者的爱心宣言：

杨蕾：希望未来的小水滴的孩子们在得到我们的救助后，都能茁壮成长，然后被收养到好的家庭。

孙丹丹：希望通过对小水滴的宣传，让更多的人知道小水滴的大爱，更多的人能够参与其中，为小水滴救助的孩子们争取更多的福利，增加更多的希望，为小水滴可持续性发展作贡献。

刘昕玥：希望小水滴的孩子们在得到我们的救助后，今后的每一天能开心一点，幸福一点，离病痛远一点。

许辛：希望每一名儿童都可以拥有无忧无虑、健康快乐的童年，愿每一名儿童都可以成为对社会有贡献的人。

姜舒怡：希望小水滴的孩子们在得到救助后，能够拥有光明的未来。

陈晓蒙：通过小水滴的运作，对于这些需要帮助的儿童建立可持续养育的机制，形成社会参与，自循环的生态，帮助到更多需要帮助的儿童。

梁青春：希望在小水滴的帮助及影响下，所有的残障儿童都能被温柔以待。

张杨：愿这些被救助后的孩子长大后能回报小水滴；尽可能增加互动环节，让更多的人参与到救助中，增加小水滴的知名度。

王帅钧：让更多人关注到先天疾病残障儿童群体，更多人愿意献出一份爱，希望在小水滴的帮助和陪伴下，小朋友们都能快乐健康地长大。

谢梦：通过小水滴慈善活动，将我们的点滴爱心汇聚成海，并且带动这个社会当中的更多人、更多企业一起来参与，为需要救助的孤残儿童，带来确实的利益，希望每一笔善款都能得到高效的应用，也希望这个活动可以长期运营下去。

戚晓晨：生命中最伟大的光辉不在于永不坠落，而是坠落后能再度升起。让残疾儿童享有健康和康复的权利是全社会的共同责任。

白鑫宇：希望在小水滴的带动下，能有越来越多的孩子远离病痛，茁壮成长。

王文君：乐善有恒，大爱无疆。通过我们的力量汇聚爱的海洋，号召更多的爱心人士了解并参与“小水滴”公益行动，让更多的孩子能够得到救治，回归健康生活。

二、项目实施

（一）制定策略

小水滴公益组织主要的帮助对象是孤残儿童，这是一个非常特殊的群体，每一个孩子需求的物资和金钱都不一样，针对这样特殊的需求，公益组明确了线上捐助——线下帮扶——社会募捐的三步策略，并得到了良好的执行，以下从三方面谈一下小水滴公益活动组的实际运营。

（二）运营实施

首先，最快捷最透明的便是线上捐助。21 位同学从自身能力出发，每天发起“日行一善”的自愿捐款，杨蕾同学统筹监管，刘昕玥同学每日记录捐款人与金额，做到了日常化、透明化，正所谓“不积跬步，无以至千里；不积小流，无以成江海”，在全体成员的努力下，我们积累了一笔数目不小的善款，通过分批捐赠的方式捐献给了小水滴公益组织。还有就是线下帮扶活动的策划，线下无疑是最温暖最感动，同时最能给予每位参与者力量的活动方式，但由于 2020 年疫情形势的特殊性，小水滴帮扶小组为了更好地保护被救助的儿童，没有到救助站聚集，而是选择了另外一种方式——通过到访小水滴公益组织总部，加强了对此项目的认知。

其次，线下考察。2020 年 8 月 21 日小水滴帮扶组部分成员在北京顺义区方糖社区的小水滴公益组织总部进行了参观学习，和相关工作人员探讨了国内公益组织的发展前景，以及作为公益人如何更好地为受救助者提供安全有效的帮助。同学们也通过此次活动，了解到了 99 公益日该如何获得腾讯公益的配捐，并在会上提出了具体的可实施方案。

最后，小水滴帮扶组在 9 月初参加完腾讯进行封闭式培训后，为我们耐心讲解活动模式，然后我们具体执行了会议方案。通过一周的活动预热，让校园群、朋友圈、二度链接转发快速覆盖，其中包括小水滴宣传片，小水滴公益项目介绍，腾讯 99 公益日介绍和具体活动步骤图解。在 9 月 7 日，小水滴帮扶小组进行了反复测算，得出了最佳配捐比例和送花、点赞、捐助方案，在 9 月 8 日、9 日两天，公益小组通过大图精讲、语音传播、手把手教学、短视频教学等复合方式，让更多人参与进来。通过这次 99 公益节的活动组织、筹划，我们亲身体会到了一个公益活动开展的不易，同时也是第一次意识到一个公益组织运营管理的不易，在克服了种种困难之后，最终圆满地完成了本次活动。通过这次的公益活动，我们向身边的人传播了小水滴的愿景，让更多的人知道了孤残儿童帮扶这项公益事业，知道了小水滴这个公益组织，同时也在我们力所能及的范围内为他们筹得了更多的善款。

三、项目成果

（一）组织成果

部分成果展示（参观考察）

图 127 参观考察

（二）捐赠成果

图 128 捐赠成果

（三）社会成果

1. 公益效应的扩大

腾讯公司在每年的9月7日~9日早上9点开始，共计拿出上亿元为各家公益机构进行的捐款配捐，从而将捐助者的爱心捐款放大变多的一项活动，在2020年，腾讯拿出的配捐数额是2.99亿元。玩转腾讯99公益节和活动的影响力，通过小水滴公益组的宣传和实践指导，在国内高校开始萌芽。这可能成为高校师生慈善与公益行为的初始点燃。

2. 募捐流程的成熟

2020年99腾讯公益获得配捐规则对比之前发生了很大的变化，主要通过点赞送花和捐一元以上送花，每笔捐款集满299朵小红花，即有机会获得腾讯公益的高额配捐。捐花具体规则有三点：

第一，每人每天会有10次送花机会，用完为止，第二天才能再次拥有10次机会；

第二，腾讯配捐停止，捐花无效；

第三，不能给自己的图片或链接送花。小红花为什么很重要呢？举例：捐款200元，页面显示腾讯配捐8元，如果集满299朵小红花，配捐8元随机翻3~10倍，甚至更多的倍数，那么200元捐款最高可获得80元配捐，捐款额达到280元，配捐金额非常可观。针对这样的规则，小水滴帮扶小组提前成立捐花志愿者小组，小组成员50人，助力小水滴善款获得高额的腾讯配捐。

小水滴志愿者小组成立以后，在9月5日为小组成员培训捐花流程，确定9月7日~9月9日9:00~12:00，时间留给小水滴，助力小水滴捐花顺利进行。9月6日晚上再次和志愿者小组确定时间、操作流程，以确保万无一失。99腾讯公益日三天志愿者团队齐上阵，认真并且迅速为每一笔获得配捐金额捐花送花，确保每一笔都能快速、高效地获得腾讯配捐。志愿者团队不但自己捐花捐款，还及时把捐花捐款链接分享到中国传媒大学MBA群，分享到自己的朋友圈，分享给爱心企业，以帮助小水滴获得更多的捐款和腾讯配捐。

3. 捐款额度的增长

2020年也是小水滴第五次参加腾讯99活动，在过往的公益活动中，他们取得了骄人的成绩：

2016 年 99 公益日三天募集善款 142 万元，其中社会爱心人士及企业捐款 103 万元，腾讯配捐 39 万元，配捐占比 27.5%，受益孤儿 35 名；

2017 年 99 公益日三天募捐 178 万元，其中社会爱心人士及企业捐款 133 万元，腾讯配捐 45 万元，配捐占比 25.3%，受益孤儿 50 名；

2018 年 99 公益日三天募捐 120 万元，社会爱心人士和企业捐款 81 万元，腾讯配捐 39 万元，配捐占比 32.5%，帮助 13 名孤残儿童，完成住院手术 19 例，帮助门诊次数 205 次；

2019 年三天募集善款 80 万元，社会爱心人士和企业捐款 68 万元，腾讯配捐 15%，成功帮助 23 名孩子完成手术。

过去的四年，小水滴参加募捐活动共计救助 121 名孤残儿童，获得 521 万元的爱心捐款。爱心不会被辜负，数据是爱心最好的证明。2020 年小水滴公益组织在 99 腾讯公益活动中总计获得捐款 675597.89 元，腾讯配捐 101550 元，配捐占比高达 15%，志愿者团队为自己帮助孤残儿童贡献力量而感动。

99 腾讯公益活动只有短暂的三天，但是我们对小水滴公益组织的支持永不止步，我们对小水滴公益的宣传继续开展，我们对孤残儿童的爱会一直奔涌向前，“日行一善”是只要人人都献出一点爱，世界将会变成美好人间的最好诠释。

四、分析总结

（一）公益理念需要更广泛地传播

公益活动的宣传对于一些经济效益比较好的企业来说，是用来扩大影响，提高美誉非常好的方法。也是提高公众对于公益活动认知度、认可和参与感的一种非常好的方法。所以此次我们小组也是非常荣幸地一起参与到小水滴的公益活动中，能够通过我们自己不同方法的宣传和号召，让更多的人和企业一起参与到公益活动中，为需要帮助的人们共同奉献出一份力量。从刚开始的不知道该怎么做宣传，到后来参与腾讯 99 公益节取得了一个很好的结果，让我们觉得宣传这样的公益活动是一件十分有意义的事。其实公益活动是从长远着手，出人、出物或出钱赞助和支持某项社会公益事业的公共关系实务活动。是可以使人性中最本真的一面，即真善美体现出来。

（二）对中国现有的孤残儿童的福利现状分析

孤残儿童是最困难最脆弱的儿童群体，他们需要社会的关心和爱护，保障他们的权益是我国社会福利，特别是儿童福利的重要内容。在我国学者研究中儿童福利一般分为广义和狭义两种。广义的儿童福利是指由国家和社会为全体儿童提供的旨在保证其正常生活和健康发展的社会服务和社会政策的总和。狭义的儿童福利是指政府和社会为保证有特殊需要的儿童的健康成长而为其及其家庭所提供的各种社会服务和社会政策的总和。孤残儿童属于特殊的儿童群体，他们的需要无法在家庭中得到满足，因此他们是具有特殊福利需要的儿童。许多学者探讨过对于孤残儿童福利需要的类型，总结需要以下几种：

康复需要。康复需求不仅包括身体上的康复还有心理上的康复。许多孤残儿童在成长过程中由于意识到自身的缺陷且处于一个相对封闭的环境，导致他们自卑、孤僻、难以与外界正常沟通等心理问题。因此要使孤残儿童能够正常地融入社会，具有同正常儿童一样的社会交往能力，生理上和心理上的康复显得尤为重要。

发展需要。现阶段我国孤残儿童的生存需求基本得到满足，但是这些孤残儿童同时还面临教育、医疗、就业等进一步发展的问题。他们缺乏社会资源，在社会竞争中处于劣势地位。因此，孤残儿童若要改变其弱势地位，则需要进一步的教育、就业等支持，增强其竞争力，从而通过社会竞争摆脱困境。

亲子依恋关系需要。儿童群体在心理上有着高度的依赖性，他们在心理发育和人格形成需要一个完整的家，孤残儿童对于家庭的需要无法由其生身父母提供，而传统的院舍养育模式也无法很好地满足儿童对于亲情的需求，因此家庭收养和寄养就显得尤为重要。

对于孤残儿童的社会福利现状的问题，残疾是导致父母遗弃儿童最为直接的原因，弃婴大量增加的原因很复杂，但是因为生理缺陷导致婴儿遗弃是最重要的原因之一。当前对于孤残儿童的基本生活保障制度已经在全国各地基本建立并发挥作用，孤残儿童基本的生存需要能有较好的保障。当前对于我国孤残儿童福利需要满足主要通过院舍集中供养和家庭收养或寄养。儿童福利机构的院舍集中供养是最传统的孤残儿童照顾模式，但现在许多的研究和实践认为，这种模式由于存在结构性和体制性等弊端，对于儿童身心健康和成长及成年后顺利通入社会存在不利影响。上述背景下，家庭寄养和收养越来越多地受到关注，许多学者认为这是儿童福利事业社会化的一条重要途径。寄养和收养不仅被认为是安置孤残儿童的最佳选择，也是节约国家开支的最好方式。并且寄养和收养在建立亲子关系、为孤残儿童营造正常的家庭氛围、促进孤残儿童的健康成长方面具有不可替代的作用。

（三）企业对于公益事业的理解和支持

公益慈善事业是企业与社会的双赢选择。企业利润和责任是一枚硬币的两面，二者不可分离且相互促进。亚当·斯密在《国富论》中谈到，人们之所以天天能吃到面包，不是因为面包商的善心，而是因为面包商挣钱的欲望。如果这个世界上的面包商个个都是因善心而做面包，那么这世上的面包必将是越来越小，直至没有。这似乎在告诫着世人：一个企业要生存和发展，必须以追逐利润最大化为目标，否则必将枯萎。但是当人类进入到以文明为标志的现代工业社会之后，相当多的企业进入了社会公益慈善事业领域，并取得了一连串的成功。而社会公益慈善事业也正在转化为一种社会投资，促进着企业健康、顺利、快速地向前发展。文明社会的进程推翻了亚当·斯密的经典理论，预示着企业将面临一个利润与社会责任并重的时代。

（四）国内公益组织现状分析及概述小水滴公益组织的核心优势

随着经济持续发展，我国公益组织获得了越来越多的社会资源，因此公益组织的内容和形式是否能够使社会资源得到有效配置至关重要。深入了解国内的公益组织后，发现我国公益组织还是存在较多的问题，具体包括：

1. 公益组织以学生为主，深度广度有限

现阶段大学生志愿者可参与的公益活动类型有限，大致可分为社区服务、城市运行和绿色环保。这些志愿活动大致属于临时服务，有着流动性高、重复程度强的特点，精神激励有限，很难激发大学生公益热情，也无法使得大学生持续、深入地参与志愿活动。缺乏可以将大学生专业特长与公益结合的公益模式，活动的广度、深度不足。

2. 企业公益活动方式单一，目的性强

企业成为公益慈善新动力，但行动单一、粗放。我国企业组织参与的公益活动大多形式单一，企业公益活动大都不能和企业特长及优势充分结合起来，企业公益活动的深度和质量有待提高。

3. 求助者未得到有效且准确的帮扶

据民政部的数据看：近五年社会捐款和志愿者的数量逐年增加，公益事业积聚越来越多的人力和物力。但是，专业化志愿服务人员较少，服象对象满意度较低。虽然目前的公益项目花样繁多，但很难长期稳定地对困难群体进行帮助，甚至有些是“一次性”地、“走马观花”式地对困难群体进行帮助。反观小水滴公益组织，“小水滴新生基金”成立于2016年6月，致力于为孤残儿童（患病孤儿及困境家庭患儿）提供医疗救助、术前术后护理、家庭多方位支持及愈后回访等服务。通过向他们提供门诊检查、手术治疗、特殊护理及培训以及物资支持等，为孤儿带来新生，让家庭不放弃孩子，为“预防抛弃”的理念打下基础。小水滴新生基金公益组织主要邀请专业的管理团队对基金的资金、活动进行专业的管理，对每一位捐助者负责，让每一份爱心都真真切切地用在需要帮助的孩子身上。以专业的宣传方式和中国传媒大学MBA对接，利用优质的宣传平台，对该公益事业进行全方位的宣传，让更多的人了解项目，了解这些孩子正在经历的不幸，让公益事业更有深度和广度。企业选择也是更为仔细，对爱心企业，小水滴会根据企业的实际情况开展切实可行的方案，对接每个适合企业的项目，利用企业的优质资源，不仅仅局限于该企业，扩大社会影响力，让更多的相关企业了解该项目，让孩子得到更多更好的帮助。

针对被扶持的孩子，该公益项目是一对一地进行专业型帮扶，每个孩子都有自己需要帮助的问题，小水滴针对每个孩子不同的情况设计不同的帮扶方式。利用每个志愿者、每个企业的自身优势实现精准帮扶。

（五）公益活动普遍面临的困难

小水滴自成立以来，救助了无数新生患病孤儿，在救助的过程中，小水滴形成了一整套完整的救助体系。患病孤儿因自身的身体缺陷被新生父母所遗弃至各大福利院，而福利院因自身医疗资源有限，不能对重病患儿展开及时的医治，这时小水滴就会将无法及时救治的患病孤儿接至小水滴北京服务中心并送到各大医院接受救治，等待这些“折翼的天使”们完全恢复之后再安全送回福利院。

在这一系列的救助过程中，小水滴主要面临着两大困难：

1. 资金不足

据不完全统计，中国目前有 61.5 万孤儿，每年都有 10 万儿童遭遗弃，而这些被遗弃的孤儿中，新生患病孤儿占了很大一部分。在全面建成小康社会的今天，仍旧有蜷缩在社会角落里的患病的新生儿父母，他们不堪巨额治疗费，只得变卖家产治疗自己的亲生骨肉，更有甚者直接将患病新生儿遗弃在孤儿院，让自己的良心接受社会的拷问。

就我国的医疗技术水平而言，多数重病孤儿完全可以通过手术得到治疗，可以像正常孩子一样享受这世间的种种美好，但重病孤儿数目众多，社会捐款有限不能帮助到每一个无辜的生命，很多孤儿家境贫困，治疗的不及时让他们的孩子长期忍受着病痛折磨，面临死亡的威胁，这对于孤儿和各自的家庭都带来了沉重的心理负担和经济负担。

小水滴救助的孩子主要分为两个部分，一部分是被遗弃的身体残疾的新生儿，还有一部分是家庭经济困难的新生儿家庭。那些新生儿家庭一方面不忍心将自己的孩子送至福利院，一方面又无法承担巨额医疗费。小水滴就会给予这些贫困家庭一定的救助，给新生儿一个美好的未来，但同样由于患病新生儿数量众多，小水滴捐款有限，无数新生儿没有得到及时救助就离开了这个美丽的世界。这是小水滴存在的资金不足问题，同样小水滴还面临着志愿者短缺的问题。

2. 志愿者短缺

志愿者服务事业是全社会的事业，而小水滴正是这样一个需要汇聚千万爱心的机构。小水滴救助系统周密严谨，但高效率的救治背后是大量人员以及物资的支持。由于小水滴能力有限，无法扩展参与渠道来汇集更多的社会爱心人士，相关信息流动性不强更是加大了小水滴运行的难度。

每一个宝宝都是降落在凡间的天使，这是小水滴的帮助理念。每一个需要救治的孤残宝宝都自于各地福利院，而患病孤儿进京就医需要由小水滴工作人员全程陪同，不仅需要完成常规的医疗检查，还要完成住院治疗以及住院期间的 1 对 1 护理，直至愈后返回福利院。在这期间，都需要具有一定护理经验的志愿者，这就需要具有一定知识的专业人员对患病孤儿进行日常的术前术后护理及日常养护。

在解决了资金不足和人员不足的相关问题之后，相关医疗机构的对接以及患病孤儿康复后的医学追踪也是小水滴面临的困难。

3. 公共资源匮乏

新生患病孤儿的救助需要相关的对接医院，而对接医院则需要小水滴慎重选择。新生患儿往往具有先天性心脏病、唇腭裂等先天性疾病，这类疾病需要专业的医院救治，专业的对接是小水滴面临的主要问题。而在小水滴完成对新生患儿基本的救治任务之后，还将一直追踪受助者直到受助者恢复正常的生产生活，这也是小水滴要面临的困难。2020 年新冠肺炎疫情在全国范围乃至全球范围内的大规模爆发，以及疫情防控措施的不断加强，使得人员跨省的流动以及异地就医变得格外艰难。而小水滴目前主要重点帮扶对象为重病孤残儿童，所需要对接的渠道包括申报、就医、术后康复及后期的生活追踪。目前项目中主要的帮扶对象大多是贫困偏远地区的孤残儿童，医疗水平低下，医疗资源有限，首要解决的将是跨区域医疗资源的对接，这在 2020 年工作开展面临很大的挑战和局限性。目前线上就医问诊平台越来越多样，专家门诊也可以直接线上预约，小水滴目前的业务方向可从线下就诊转移至线上就医。根据各类申报的病症类型，挑选相应优质的专科医疗平台系统，对接合作，协助孤残儿童开展线上就医，扩大服务范围，既为线上平台进行宣传，又可做到社会公益服务。

4. 公益对接仍有局限性

小水滴公益项目目前主要的帮扶群体大多不在北京，鉴于 2020 年疫情防控需求，暂时无法开展线下活动，这在一定程度上降低志愿者、热心人士及企业捐赠者的积极性，对公益项目开展的有效性和持续性造成不良影响。小水滴公益项目作为一个运营管理比较成熟，并且拥有经验和资源丰富的管理团队，可与其他的特定帮扶群体进行接洽对接，如聋哑福利院、服刑人员子女学校、智障人士服务机构等，了解其组织架构建设存在问题，机构运营面临的困难以及公益捐赠渠道来源等，可有针对性地进行交流对接，共同推动公益事业的发展，并且对其组织建设、志愿者队伍管理提供支持。公益不是一个人的公益、一个队伍的公益，而是一种群体社会责任，需要大家团结起来，整合社会资源，在疫情防控下，各自发挥优势，调动资源，共同推动公益项目的发展。

5. 公益稳定培训先行

公益事业是一项专业性的活动，但是与此相矛盾的是志愿者的流动性较大，专业性不强，进行培训的难度较大，没有形成有效的组织管理模式。因此，志愿者招募、培训、运转、评估、激励等方面的良性循环管理机制至关重要，充分利用志愿者资源，提升志愿者的服务能力是亟待解决的问题。小水滴中传 MBA 志愿者服务群体中成员来自各行各业，拥有各自不同的社会资源及人脉关系，但团队成员对于公益事业开展的流程、规则以及方式方法尚不了解。小水滴的宗旨与服务与团队成员所接触或经历的其他项目也会稍有不同，首先要做的是对团队成员进行培训，向全体成员普及小水滴公益项目建立的历史背景、发展历程、主要服务内容、内部运营管理模式、明星代言效应以及目前急需的资源或者需要解决的问题等，用团队的力量来拓展渠道、解决问题。与团队成员共同策划全年的公益项目落地开展计划，由每个人根据各地疫情防控情况及资源对接情况，提出适用的落地方案，并由团队成员共同开会讨论项目可行性，改进完善项目方案，最终制定小水滴公益项目的工作计划。

五、改进方案

（一）公益后组织面临的公示与解释问题分析与解决

公益活动后，人们看着自己的付出没有按照预期去服务受助群体，就容易丧失再次参加的热情。而帮助形式是公益组织通过运营具体情况设计的，很难对所有人进行全面宣贯。人们参加公益活动的初衷都是一致的，如何越过对于运营方式的理解偏差，朝目标共同前进，在宣传时对于组织定位进行强调是一种很好的方式。

定位是使命、是方向，普通人参与公益活动一般都是由一个项目开始参与，如果在宣传时加入组织的定位，能够让人们理解自己的一次公益行为是为了更远大的目标服务，在愿景层面与公益人产生共鸣，能够更好地激发人们参与的欲望，在感情上更容易信任、认可公益方式。在宣传项目背景的同时，多宣传组织的定位，让公益组织品牌建设依附于项目，获得更多忠实的公益人士的支持，使得公益活动更有可持续性。

利用数据手段，有针对性地将活动推送到个人，在新媒体上进行宣传，与自媒体人合作，降低宣传成本：现有技术手段很容易在网上找到有共同爱好的虚拟社群甚至是具体标签的个人，如抖音、豆瓣、百度贴吧、B站等，将受助对象推送到他可能在的虚拟社群中，可以获得更大程度的反馈。

对于独自闯荡的年轻人来说，最大的阻碍可能都不是物质上的匮乏、物理上的折磨：公共资源的稀缺、高昂的房价、恶劣的空气、阻滞的交通、高强度的工作。这些东西对于胸腔热血就要燃出火的他们来说，根本算不得什么；最一击致命的，是激情退却后开始意识到自己内心对这片土地归属感、认同感的缺失。他们在参与同好人群的公益活动中，也会获得一种归属感，感受到在茫茫人海中有人在关注他们，其参与公益活动的积极性将会提高。对他们而言，在做公益帮助他人时，就是在帮助自己。在内容平台上也有很多独立作者，借助他们向外宣传，承接后面的运营工作，建立相互信任关系，也是一条可持续发展的宣传道路。

注重专业宣传的影响力，在利益冲突时寻找共赢的解决方案，化解矛盾。一些公益活动可能会与普通人的认知相悖，或与企业利益冲突，在组织运作时以专业研究为基础，并在社会科学研究引领下设计行之有效的问题改善传播策略，注重专业的影响力，寻找认知、利益的共同点，赢得这些行业支持与合作机会，不威胁到受众看待其自身的方式以及其价值，以研究目标受众的观点如何形成，顺势而为。比如与饮食有关的健康活动，可以和食品公司合作，借助其新的健康食品，对人们宣贯健康概念；与节能减排相关的活动，可以和政府机关合作，借助政策落地，对企业普及环保知识，等等。

（二）小水滴公益项目的宣传方案改进

1. 小水滴品牌形象的现状调查与分析

（1）品牌形象现状调查的目的

小水滴自2016年成立以来，经过多年的发展，采用多种宣传方式，从传统线下活动到互联网线上广告均有采用，在不用阶段取得了不同的宣传效果。为了更好地调查“小水滴”品牌形象的现状，了解小水滴长期宣传所达到的成效，分析精准的宣传受众群体，比较不同宣传渠道的受众各类指标的差异性，优化其中存在的问题点，以更有针对性地为“小水滴”制定更高效更合适的宣传策略，因此，在进行“小水滴”的品牌宣传之前，我们先通过数据分析的方式，对小水滴的品牌形象现状做了调查。

（2）品牌形象现状调查来源及选取依据

为保障调查结果的真实有效，本次调查样本的来源是通过网络面向全国的小水滴用户发放调查问卷，并进行搜集与整合，因此其结果具有一定的参考性和广泛性。

为了避免调研结果出现偏差，问卷调查的样本选取要做到切合实际、真实有效，需要对回收的问卷进行逐一甄别和筛选，对于具有明显无效行为的问卷要果断进行废弃，保留可用的问卷进行统计，以确保得出真实结果进行分析。

该部分内容的主要目的是对受访者的年龄、学历、收入等背景信息进行统计和分析，以了解“小水滴”品牌的途径作为划分依据。

关于小水滴用户的相关问题的调查结果如下：

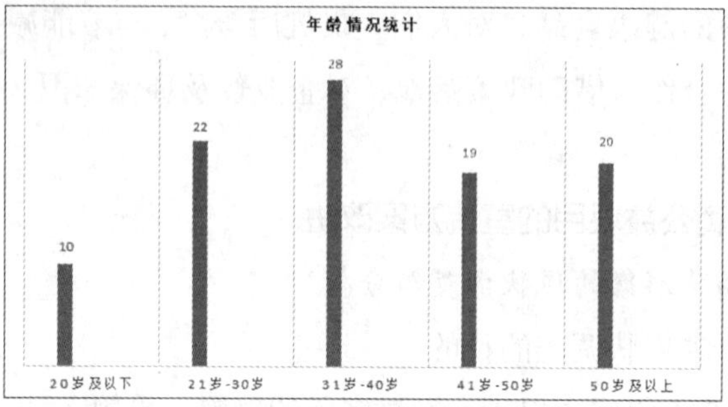

图 129　年龄情况统计

本次问卷调查对象的年龄着重分布在中年层次，这部分用户是目前一段时期内的主力群体，也是通常来说做公益活动的受众主体，一般比较容易接受做公益活动，从本次调查的结果来看，年龄分布较多集中在 21~40 岁之间，基本符合正态分布的要求，也满足调研预期的目标和分析需求。

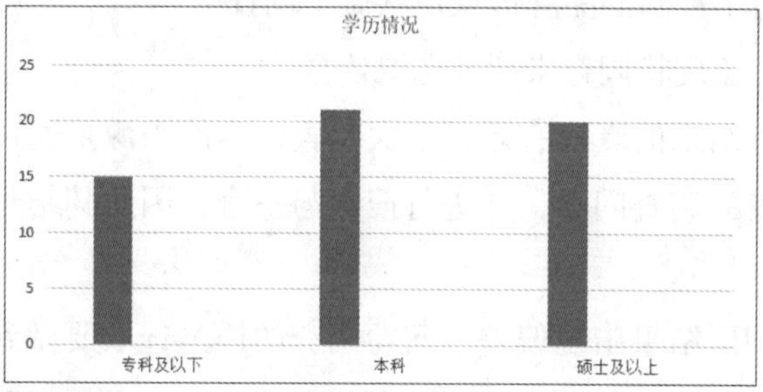

图 130　学历统计

小水滴的用户人群的学历情况没有明显的差异，可见学历方面的特征对小水滴宣传方案的引导没有太多参考意义。

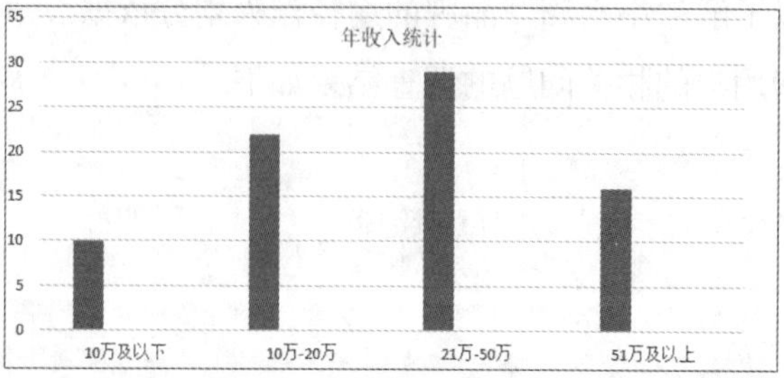

图 131　年收入统计

从本次调研的百余份问卷中对“年收入”项的统计结果来看，小水滴的主要用户主要集中在中高等收入群体，他们更愿意付出金钱和时间来参加公益项目，这为后期制定宣传方案指出了更明确的方向。

本次调查从多个角度说明和分析了小水滴受众群体的背景特征，为后期制订宣传方案提供了有效的帮助。

2. 小水滴的多渠道宣传方式

通过对小水滴品牌形象现状的分析，我们小水滴的主要用户集中在中青年、中高等收入的群体里。为了进一步提升小水滴的品牌形象，我们认真分析了这类群体的用户特征，制定了多渠道宣传方式，进而更加垂直高效地扩大小水滴用户群体。

（1）拓展垂直社群广告

分析小水滴用户群体的行为特征，这类群体多属于热衷公益有家庭子女，有一定的经济收入，有稳定的工作环境，因此，我们整理并收集了各大公益组织、家长、本地、育儿等主体的微信群、微博群、豆瓣小组等进行了垂直的广告投放。在其中一些活跃度高的群，我们采取了高频次的软文投放动作，拉近与群内人员的关系，发展更多潜在的用户，提高小水滴的品牌影响力，把他们转化为长期用户群体。

（2）建立品牌专属新媒体账号

建立小水滴多渠道的官方新媒体账号，在微信公众平台、微博、抖音、豆瓣、头条号、大鱼号、新浪看看等进行线上品牌运营，主要分为小水滴品牌介绍，小水滴最新活动动态、小水滴公益直通渠道等方面，让用户群体多方位、多渠道、更全面地了解小水滴的同时，在平台能够更便捷地做公益捐赠，为用户提供最直接的操作体验。在新媒体账号的内容运营方面，结合对用户画像的分析，我们按用户的垂直兴趣进行了内容建设，比如涉及科普育儿知识、公益活动的有趣故事等，更加入了每日儿童动态，每天都可以看到被帮助的小水滴儿童在用户的陪伴下快乐长大。

（3）邀请知名演员代言宣传

为进一步扩大品牌影响了，小水滴公益组织还聘请了知名演员海清作为形象代言人。海清一直是国民心中的荧幕好妈妈，她阳光正面的形象与小水滴的品牌理念完美贴合，不仅很快地树立了小水滴的品牌形象，更是带来了一大批公益用户群体，有越来越多的人信赖并加入小水滴公益组织，是企业宣传的非常重要的一环。

（4）联合腾讯官方 9.9 公益日活动扩大影响力

积极加入腾讯每年都会组织的 9.9 公益活动，由于 9.9 公益的宣传力度大，而且可以获得一定程度的配捐，能够帮助更多小朋友获得医疗救护，所以我们格外重视这次合作。首先我们前期专门研究制定了针对 9.9 公益日的宣传方案，采用多渠道投放宣传、线下活动预热等。在我们已加入的宣传社群，投入 9.9 公益合作广告，加大垂直用户的宣传力度，并制定一些可行有效的激励动作，如投放最新的符合社群调性的公益广告软文、设置一定的公益反馈奖励、制定专属的个人公益荣誉证书等，提高用户参与的活跃度。

线下参与小水滴企业内部，研究探讨中传 MBA 小水滴帮扶小组能够为 9.9 公益日联合宣传所能做的工作，面对面交流遇到的问题及解决方案，制定更优化的公益日捐赠方案，服务更多小水滴新加入的用户群体，优质的捐款服务扩大小水滴的影响力。

（5）建立企业合作宣传

我们还和中国传媒大学 MBA 官方达成合作，在线上进行小水滴的品牌宣传活动，在十万级粉丝群体的官方账号发布小水滴品牌宣传活动，以吸引更多有爱心的校友企业加入进来，帮助更多的孤残儿童获得新生。同时我们也挖掘现有的合作资源，通过对小水滴用户的资源整合，联合了多家企业能够通过捐款方式或者宣传资源互助的方式，来进一步帮助小水滴，企业帮助小水滴，同时也提升了该企业的社会正面形象，我们双方互利共赢，扩大自己的影响力。

3. 小水滴宣传保障措施

为了达到上述方案的宣传效果，我们也制定了一定的保障措施。

（1）组织保障

我们在组织结构上进行了专项宣传小组，并对小组成员的每个人都进行了职责划分，以实现最大化的效益利用。并根据实际情况和工作需要，积极展开相关的工作，确保每位成员之间统一思想、目标明确，共同将小水滴的宣传工作提升到了一个新的高度。

（2）制度保障

除了组织保障外，我们还制定了相关的工作流程及规章制度，也是为了保障小水滴的宣传工作能够顺利地进行，比如建立每日一善打卡机制，活络每位小水滴成员，调动大家的积极性，使工作的参与度更高，鼓励大家积极开展宣传工作。

（3）人力保障

因为公益组织的特殊性，我们的工作开展需要爱心人士参与的持续性，通过自己的人脉不断拓展人才渠道，满足小水滴的工作需要，并建立完善的小水滴内部培训体系，保障每一个加入小水滴的成员能够发挥出自己岗位所需的技能，更好地为公益事业作出自己的贡献。

（三）搭建多方参与共赢持续的公益生态

小水滴能够持续稳定地帮助更多的患儿及患儿家庭，需要搭建更多的社会力量参与，实现多方共赢的公益生态。根据小水滴救助方向和急需的帮助，可从两个方面设计社会力量参与方式，而非单纯捐助金钱和物资。

首先，小水滴目前主导的两个项目分别为孤儿养育和困境家庭支持，可以从这两个项目的主要环节进行社会力量的参与。据了解，孤儿养育目前主要与北京京都儿童医院合作，对患儿进行医疗救助和养护，可扩大合作医院范围，与在京主要儿童医院尤其是私立医院进行床位、医护等方面合作，同时根据患儿的不同病症针对各医院医疗优势进行针对性治疗，成为小水滴患儿某专属病症定点医疗机构。这一方面减轻各医院投入成本以及医不对症的困惑，另一方面实现最优医疗资源对患儿配置和救治，避免医疗资源浪费，也通过此机会扩大医院技术口碑和社会责任，使更多医疗条线的各项资源能够更有动力参与到小水滴患儿救助当中。另外，针对患儿医疗后的教育救助也可与教育类企业建立公益合作，根据各教育机构的特长课程设置对患儿进行教育公益援助，与食品类企业实现食物公益合作，既避免单纯资金救助给企业带来压力，同时发挥和调动各企业机构社会责任和参与公益的需求。而针对患儿家庭的救助则更多的应该帮助其实现患儿医疗和养育的收入，同时培训其患儿医疗救助后的养护技能。

针对患儿家庭的救助可从两个方面着手，一是针对不同病症的患儿，各级政府和社会机构有多项病救助补助和医疗救助政策，小水滴可研究各地方政策针对患儿病症争取各项补助，比如先天性心脏病，白血病等。授人以鱼不如授人以渔。二是与当地政府、技能培训、企业机构合作，向患儿家庭提供更多的工作机会帮助其获得生活来源。比如沃尔玛中国与中国妇女发展基金会合作的女性经济自立项目，借助沃尔玛辐射全球的资源优势，致力于广泛帮助各行各业女性实现经济自立。在患儿接受治疗之后更重要的是后期养护，因此还需要合作后期养护的医疗培训，建议由患儿家庭组成小水滴养护培训团，由合作专科医院提供各项病患的养护培训课程，对前期接受治疗的患儿家庭进行培训并且成为小水滴培训师，后期相同病症患儿的养护培训则由前期培训师进行培训，小水滴养护培训团不仅可对小水滴患儿进行专业养护，同时也可对小水滴外的同性质患病儿童进行有偿养护，获取生活来源。

目前小水滴急需的帮助是对于资金的需求，资金一方面来源于大众的捐款，另一方面来源于企业机构的公益捐助。政策规定每个企业在实现经济效益的同时需要履行社会责任，尤其是上市公司，已经将履行社会责任强制规定到公司年报中体现，因此可与特别关注儿童救助公益的上市公司达成公益合作，或是从事 K19 的教育类公司形成公益合作。当然，小水滴在接受公司及机构捐助的同时，可提供企业员工志愿者参与救助患儿的过程中的机制，而且需要帮助企业强化社会责任形象和企业口碑，扩大企业品牌。但无论是大众捐款还是企业机构的捐助，都需要扩大小水滴社会影响力和知名度，这样才能提升公众和机构参与的积极性。

六、公益思考：如何看待孤残儿童的救助

（一）勇担使命：新媒体为当代大学生的公益实践赋能

2020 年，是一个令当代大学生们难以忘怀的特殊年份。对于在校生的群体，集体的网课生活让原本平静的大学生活增添了一份回忆，而对于临近毕业的毕业生群体，在本就艰难的就业之路上，2020 年无疑是就业寒冬。但让

我们惊喜的是，在疫情攻坚克难的那段日子里，我们看到了一支又一支的大学生志愿者队伍的身影。我们在呼唤当代大学生勇于担当时代使命的同时，也看到了他们身上的担当。

面对“全民禁足”的号召，各社区及村落也开始进行管控，这样的大规模管控在大家面前都是零经验。如何短时间内调派出这么多的人手呢？于是我们就看到了戴着红袖章的大学生志愿者：一方有难，八方支援。全国的人力物力都向武汉集中，武汉物资告急！我们又能够在微博热搜榜上看到一个又一个的某高校大学生自发组织志愿者团队募捐，为武汉缓解压力。这次疫情让我们看到，新媒体在当下培养大学生公益意识方面所起到的重要作用。

发挥好新媒体这个网络思想教育的主阵地作用。新媒体，或者说社交媒体，是当下公民社交的主要工具，而大学生作为网络的原住民，培养大学生的公益意识就意味着我们要用好这个渠道，需要学校和媒体齐心协力。从学校方面，可以策划组织相关的在线主题教育讲座，如利用好青年大学生这个版块，潜移默化地影响学生；媒体方面，要把握好媒体主流引导力的作用，积极策划公益相关的选题，并与当下的主流玩法相结合，创新这些内容的表达方式，用大学生喜欢并且习惯的方式加以呈现。

（二）传媒人肩负着公益事业的重要使命

随着社会的不断发展和提升，媒体在社会中也愈加重要，承担了更多的责任，公益事业若想做得长远，必须加大力量与众多媒体以及媒体人联合起来，提高公益组织的知名度，让更多的人参与进来，同时也让组织者参与者更加富有成就感，所以宣传手段是社会和公益组织的一个桥梁，同时宣传也需要技巧，需要了解人心，需要一定的阅历，传媒人以怎样的手段和角度去宣传，这些都提供了难得的经验。现在全国各地的公益组织成千上万，而国内的公益资源又分配不均，一个公益组织能够获得多少社会人事的帮助与其知名度密切相关。而中国传媒大学有着全国高校最专业的传媒从业者，无论是社交媒体、短视频平台还是传统的电视台以及新闻报刊处处都活跃着中传人，所以对于中传的传媒人来说肩负着公益事业的重要使命。

在小水滴公益活动中，深深感知到传媒人的审美对于公益事业的重要性，比如传媒人经过专业的学习都是懂画面构图以及拍摄技巧，普通人无法比较美观地去拍摄照片或者视频素材，放在社交平台去传播公益组织的公益行为。比如在活动初期，我负责制作小水滴的宣传片，片子内容讲的是一个叫春阳的孩子，一个患有先天性心脏病的男孩，在小水滴经历了重生过程，故事很丰满，但是工作人员并没有记录整个过程，所以当时拿到的一些照片和视频素材都比较老旧，图片和视频也有构图、画质不清晰的问题，传媒人骨子里是带着高品质制作的基因的，在前期拍摄的过程就能预先考虑到后期视频的呈现效果，也能更加真实美观地呈现公益组织的实际情况。与此同时，传媒工作者还能在此过程中与平台达成合作，用资源置换的方式达成公益宣传的目标。因为媒体人具有获取一手信息和募捐的优势，同时聚合了媒体资源，将社会爱心人士的爱心聚集起来，在大范围内很容易引起社会关注，这些都有助于加速推进公益事业的发展。

（三）参加社会公益活动的意义和价值

每个人在潜意识里都有向社会求同的心理，因此，参加公益活动可以使人获得真正的快乐，同时可以给他人带来方便。经常带着一颗真诚的心去帮助他人可以更好地理解人生的意义，加深对事物的领悟能力。公益活动是助人的活动，可以体现人性中的真善美。自己得到快乐的同时，也帮助了别人。当你帮助别人时，所获得的快乐是做任何其他事所不能比拟的，是最接近于生命本源的。

对于参与公益活动的个人而言，参与公益活动，对其自身也是很有益处的。一方面，可以锻炼自己参与社会实践的能力，锻炼沟通协调能力，另一方面也让自己的心灵得到了洗礼。在参与公益活动的过程中，会增强自己的自我价值感，确认自己在集体中的存在感。通过参与社会公益活动，可以培养社会责任意识和参与意识，锻炼并提高社会活动能力，有利于理论联系实际指导实践，更好地了解社会和现实，更好地理解和掌握书本知识，培养综合素质等。

对于社会而言，公益活动让社会变得更加温馨、和谐。通过社会公益活动，让更多有爱心的人参与到社会活动中来，减轻了国家负担，同时也在一定程度上实现了资源再分配。积极参与社会公益活动是服务社会、奉献社会的最好形式。在活动中，当我们用爱心火炬照亮别人的时候，其实也在温暖着自己；当很多人将爱心火炬传递下去的时候，其实也在照亮整个社会。人生的意义不在于索取，而在于奉献。它既表现为在国家和人民需要的关键时刻挺身而出，也融合在人们日常的工作和生活中。我们只有不断地为他人、集体、国家和社会做出奉献，人生才更光彩，自身价值才能更好地实现。奉献是一种真诚自愿的付出行为，是一种崇高的精神境界，是美好的人生追求。

公益活动的参与对象并不应该是一个人或者一个组织，而是通过一个人或者一个组织带动社会全体人员参与的不具有任何功利性的活动。人们通过公益活动，不但可以了解一些社会现状，还能提出解决问题的方法。

（四）公益活动的感想

中国是一个慈善大国，也是世界上最早倡行与发展慈善、公益事业的国家，慈善思想源远流长，先秦诸子百家与随后的佛家、道家都对此有过精辟的阐述，自原始社会、先秦时期、两汉时期、魏晋南北朝时期、隋唐时期、两宋时期、明清时期至今，各个时代都对慈善有着丰富的理解，都以各种不同的形式展现着中国人亘古不变的爱心，从古至今，人们互帮互助的精神始终引领社会不断前行。

开学前夕，借助中国传媒大学的平台，通过学校开展的MBA公益项目，使我们有幸接触到了“小水滴”，且有机会可以全面了解、探索这个民间非营利组织——北京小水滴贫困儿童服务中心，随着深入地接触和学习，我才了解到有这么多的患儿需要得到救治，有的地区受条件所限，根本无法满足孩子们的医疗需求，情况严重或贻误最佳治疗时机的，会严重危及孩子们的生命，造成终身的遗憾。这些活生生的例子给了我们很大的精神触动，其实很多现实情况远远比想象中的更加严峻。与此同时，虽然救助困难摆在眼前，但我们深深地感受到了“小水滴”项目工作人员的无私和伟大，他们有的是退休的阿姨、有的是虽然工作繁忙但满心公益年青一代。他们不计报酬、不谋私利、不斤斤计较，在公益中忘我地劳动着，为孤残儿童可以得到好的医疗救治尽心尽力，为造福社会贡献着自己的一份力量。参加这次公益活动，不仅可以帮助我们树立正确的人生观、价值观，同时培养了我们开拓进取的精神，丰富了人生的意义。我们生活在一个互帮互助的社会，积极参加公益活动，人与人之间可以形成关爱和谐的社会氛围，在参与社会公益活动的过程中，我们既承担着社会责任，又可以帮助他人，使自身价值在奉献中得以提升。

公益事业是物质文明、制度文明与精神文明的综合体现，也是构建和谐社会的重要力量，在2020年度“腾讯99公益日”活动中，中国传媒大学MBA公益项目“助力小水滴团队”总共筹集善款3420.5元，获得腾讯基金会配捐508.09元。通过三天“腾讯99公益日”活动的努力，同学们一起携手为困境孤残儿童带来了更多的新生机会，同时我们会继续前行，积极配合工作人员，加大推广、宣传“小水滴”公益项目，让更多的人知道我们身边有这么多的孤残儿童需要得到救治，连续传递这份爱心，实现公益更多的可能性，实现“小水滴”项目的最大社会价值。

乐善有恒，大爱无疆。希望通过我们的力量汇聚爱的海洋。爱出者爱返，福往者福来，我们会不断号召更多的爱心人士了解并参与到“小水滴”公益行动中，让更多的孩子都能得到救治的机会，回归健康生活状态，让祖国的花朵都能够健康、茁长地成长。

卡车人的风筝

一、项目设计

（一）院校背景

自2009年创办以来，中国传媒大学经济与管理学院MBA始终强调爱心与责任心的培养，致力于培养具备良好社会责任心的企业家。本项目由中国传媒大学经济与管理学院MBA专业2020级学生一同推进，以公益为目的，积极实践社会主义核心价值观。

（二）公益背景

1. 运输业行业背景

（1）卡车司机缺乏社会庇护

随着社会经济发展及国家对基础建设的不断完善，公路运输扮演着非常重要的角色，与之相伴的就是大量卡车司机的数量增长。大批青壮年，特别是乡村青壮年加入公路货运行业。他们的加入改变了卡车司机职业群体的基本成分：从过去主要是国企和集体企业的正式员工到现在的以乡村个体户为主体。也正因此，他们不再像前辈同行们有“体制”的庇护，只能依靠自己，所以社会庇护较少。我们公益项目正是聚焦于这类人群，提升对卡车司机的社会关注度。

（2）卡车司机组织正在转变

现阶段卡车司机的组织大致可以分为三种不同的组织形态：基于原生态社会关系的卡车司机组织、基于商业关系的卡车司机组织以及基于公益理念下的卡车司机组织。

原生性社会关系组织，通过手机和互联网建立网络社群如QQ和微信群等，联络和组织卡车司机，以互助救援为主要目标。

商业化运作的卡车司机组织是伴随着物流领域平台化企业的出现应运而生的，拥有更为完整的组织架构。平台一般划分几个等级，不同的卡友等级享有不同的权益。

公益卡车司机组织，以卡车兄弟俱乐部、“传化·安心驿站”为代表的公益组织，通过公益培训、建立慈善基金会等多种形式，为卡车司机提供营运解决方案。

2. 卡车司机工作现状

（1）聚少离多的家庭模式

中国有3000万卡车司机，他们背负着约1亿人口的生计。数据显示，卡车司机群体中98%为中青年男性，他们中76.8%为自雇经营的个体户，约55.7%的卡车司机育有两个孩子，是家庭的主要收入来源。卡车司机常年奔波在路上，被列为第六类高危职业，平均身亡率约万分之五，一旦发生意外，对整个家庭来说都是无法承受之重。

“生活在路上”是大部分卡车司机的常态。调查显示，因为忙于生计，近半数卡车司机平均每月仅能在家休息1~2天，难以陪伴家人。63.6%的卡车司机子女留守在家。家人是卡车司机心中最大的牵挂，但他们长期在外，家庭占位缺失，很难对家人有足够的关爱。作为中国物流运输行业的基石，关注卡车司机群体不仅要改善他们的工作环境，更应关心其家人。

（2）疫情贡献

2020年初爆发的新冠疫情让全国人民措手不及，武汉作为第一战场，医疗物资、生活物资都亟须调配。在这个特殊时期，中国3000万卡车司机不顾个人安危，率先打响复工复产第一枪，逆行而上运送物资，为打赢疫情防控阻击战作出了突出贡献。他们争分夺秒、夜以继日、风餐露宿，让全国货运

“活”了起来。卡车司机始终奔波在路上，成为疫情期间“物资运输”的坚强后盾，这让他们本就珍贵的家庭相聚时间变得更加稀少。

3. 留守儿童教育情况

留守儿童因为家长不在身边，大多由隔代亲属或者远亲来抚养。由于家庭关爱、亲子交流的缺失，这些孩子内心更加敏感脆弱，而他们的各种不良行为举止也往往得不到及时纠正，为今后的成长埋下隐患。

（1）留守儿童学习习惯较差

家庭教育缺位，再加上一些学校只关注学校荣誉和整体学习成绩，从而忽略了及时纠正留守儿童的不良行为习惯，从而造成很多留守儿的学习成绩并不理想、波动比较大的普遍现象。

（2）道德与法治教育不到位

很多留守学生法律和道德意识淡薄，从小没有树立正确的价值观，养成了沉迷网络游戏、盲目攀比、铺张浪费的不良习惯。部分孩子甚至成为“问题儿童”和“不良少年”。

（3）缺失亲情关怀，心理健康现状不容乐观

当留守儿童遇到学习、生活上的困难时，他们不懂得如何向老师、家长和同学倾诉和寻求帮助，久而久之还会让其出现心理问题，甚至恶习加身，例如叛逆、打架、逃学、抽烟等不良习惯。一部分孩子由于长辈对他们过于溺爱、有求必应，对其顽劣的行为也舍不得严厉管教，结果这些孩子到哪里都是“小霸王”。还有一部分孩子由于父母不在身边，出现胆小、缺乏安全感的现象，长此以往容易养成胆小怯懦、自卑的性格。

（三）项目设想

1. 公益初始想法

中国汽车报社长期以来一直把社会效益放在首要位置，注重社会效益和经济效益统一，2019年6月与卡车兄弟俱乐部成立合资公司-中汽兄弟（北京）信息科技有限公司，以服务卡车司机为宗旨，为广大卡车司机做了很多公益之举。就职于中国汽车报社的2020级MBA新生张鹏，见证了中汽兄弟公司的成立和发展轨迹，对卡车司机群体的生活工作日常有所了解，萌生了为这

个群体做些善事的想法。

2. 中传 MBA 发起公益倡议

中国传媒大学经济与管理学院向 2020 级 MBA 新生中发起公益活动倡议，与张鹏的公益初心不谋而合。后者接洽中汽兄弟公司并与其达成初步合作协议。中汽兄弟公司总经理马利表示全力支持并邀请中传 MBA 一起开展以“快乐相伴童梦共筑美好明天”为主题的第八届中国物流运输行业子女创意书画大赛。

3. 拟定项目计划招募联合创人

招募志同道合并具有书法、绘画、摄影摄像、主持、后期制作、文案宣传、H5 制作、活动策划、品牌推广等方面特长的同学加入。

4. 搭建执行团队

（1）组织结构

根据项目规划，本项目组分为组织委员会和评选委员会，组织委员会内部分为策划编辑、产品开发、视频直播、品牌推广、直播带货 5 个小组，评选委员内部会分为会务、培训、财务三个小组。具体职能分工如图 132：

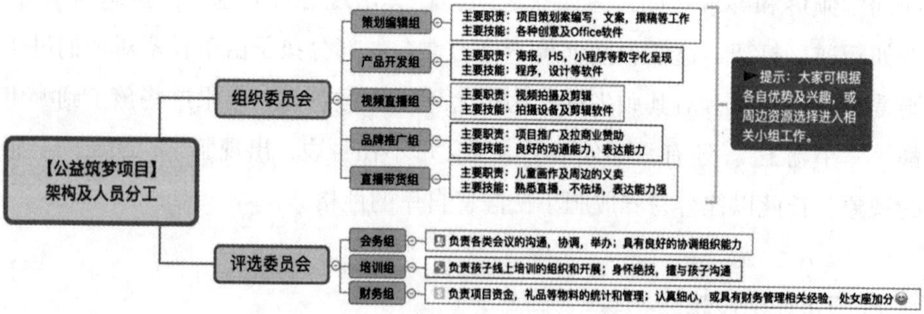

图 132　组织架构和各小组职能

（2）工作分配

前期双选

为保证工作效率，积极调动项目组成员的积极性，充分发挥项目组成员的个人特长及资源，本项目组在前期通过投票的方式，收集成员个人意向及其擅长领域，统筹分配各组成员，最终确定28名正式组员，并推荐时间充裕和能力突出的成员担任各小组组长。

统筹协调

A职能分工

根据项目方案，拟设置组织委员会和评选委员会及八个项目小组，具体如下：

策划编辑组：策划，文案，撰稿，编辑、审核和发布微信等；

产品开发组：海报、H5、小程序等数字化呈现，参与原创产品设计；

视频直播组：视频拍摄，剪辑，直播等；

品牌推广组：策划、公益推广、品牌推广、整合赞助商、参与推广方案的执行；

直播带货组：负责儿童画作及周边产品义卖，参与项目后期产品设计、拍卖、展示等；

会务组：协调项目各阶段各项事务，整合信息，参与方案执行，线下活动的推进；

培训组：教育资源（个人+培训机构），参与作品创作；

财务组：负责资金管理、产品管理，严格把控成本，跟进资金使用情况；并负责项目组日常的行政事务。

B协同合作

鉴于以上8个小组分工相对具体，部分小组工作方向比较专业，在项目整个周期中仅集中在某一个时间段，为了更合理地分配人力资源，并让项目组成员在不同项目中增加新领域认知及经验，项目组采用“协同工作组”的方式，即两个组相互搭档，工作互通，共同完成，以便更好地完成项目。协同组别如下：

策划编辑组&会务组（共8人）：紧密结合活动策划与方案落地；

产品开发组&视频直播组（共7人）：合作视觉呈现有关资料，全程协助策划和品宣工作需求；

品牌推广组&财务组（共7人）：协调沟通赞助方案，合理规划赞助费等；

直播带货组&培训组（共6人）：培训方式可与直播形式结合，两组职能阶段靠后，前期参与策划等工作。

二、项目实施

（一）创建组织，开设同名自媒体账号

1. 敲定主题

本项目的主要服务人群为卡车司机子女，针对卡车司机家庭聚少离多、卡车司机子女缺少展示才艺的平台等情况，将本次项目主题定为“益路陪伴筑梦童年”，旨在丰富卡车司机子女的教育内涵，给予卡车司机子女社会关爱和陪伴，让卡车司机子女充分发挥自己的艺术天分，并得到社会认可，提高他们的自信与个人素养。

2. 设立公益组织

为了更好地服务项目和进行长期规划，本项目进一步完善公益方案，成立公益组织，以顺利推进后续活动开展。在充分调研和广泛征求组员意见后，项目组将组织名称确定为“卡车人的风筝”；进一步明确组织定位：关注中国3000万名卡车兄弟，为他们的孩子带来更多关爱、提供展示才能和实现梦想的舞台。

3. 制定宣传策略

以“卡车人的风筝”为ID注册微博、微信公众号同名账号；设计符合寓意的Logo用于微博、微信公众号以及海报宣传；以微信公众号为主导，微博同步进行宣传；通过发送公众号推文、微博长图，对“卡车人的风筝”公益组织进行宣传，同时对每阶段活动进行预热宣传和总结报道。

（二）会议及问题修订

1. 会议情况

为了更好地推进项目运行，充分调动组内28名成员的主观能动性，并发挥各自的专长，在项目计划阶段，拟定了项目沟通方式的大原则，如下：

（1）多层级的沟通

A组内沟通会：按照项目拆解后的分工，明确属于各组权责范围内的工

作事项，由小组内进行沟通；

B 组长沟通会：各个工作模块需要进行环节对接时，由组长代表小组进行沟通；在项目整体方向及内容上需要做出调整或需要决策时，组长作为代表进行讨论并投票；

C 全员沟通会：为了能够提高效率，全员沟通的会议更多为进度沟通及成果汇报等内容，其目的是让全员深入了解项目情况。

（2）例会制与不定期需求导向会议相结合

例会时间间隔为两周，主要内容为项目工作安排、阶段成果的汇报，以及项目内关键问题的协调等；在例会制的前提下，随着项目的推进，根据项目的需要，举行不定期的会议，以保证项目的高效执行。

（3）多元化的沟通方式

在疫情的大背景下，项目组积极配合国家和学校抗疫防疫的要求，整个项目过程中，主要采取线上沟通。整个项目过程中，正式会议，均采用腾讯在线会议室的方式进行，鉴于项目初期大家比较陌生，前期采用视频会议的方式，进行项目具体沟通的同时，成员之间进行破冰；在正式的在线会议之外，结合微信群沟通，使项目执行得更加高效。

2. 重要会议及其记录

项目组成员共开展了 9 次会议，其中全体会议 3 次，专项会议 6 次。开展会议主要目的在于向项目组成员汇报项目进程、制定有关方案、解决相应问题等，会议上参与人员踊跃发言，为完善项目执行方案提供了有效、有力的支持。本章节选了部分重要会议及其记录，并对其成效进行简单阐述。

（1）2020 年 6 月 23 日首次全体会议——项目介绍及基础问题解答

第一部分项目情况介绍：

项目负责人向全体组员介绍项目基本情况，以及本次公益项目的意义和目的，其中本项目关注对象为物流运输行业子女，目的为引起社会大众对物流运输行业子女的关爱和帮助，并通过本项目的宣传、招商等提供现实支持。

第二部分项目构建：

根据正在进行中的第八届中国物流运输行业子女创意书画大赛为契机，

拓展成为大型公益项目，项目设想分为四个阶段：

第 1 阶段：线上征集绘画作品；

第 2 阶段：建立专题培训班（包括艺术、心理教育、安全教育）；

第 3 阶段：通过招商开展线上或线下颁奖活动；

第 4 阶段：通过前期工作收集资料，制作视频加大宣传力度。

第三部分组员再确认：

创始前期，项目组成员原为 36 人，根据学院统筹安排和个人能力、意愿考虑等，最终本项目组成员为 28 人。本次会议再次确定了最终成员名单，保证不落下每一个人。

第四部分现场解答：

针对项目负责人的对项目情况的介绍，项目组成员在线提出相关问题，并由项目负责人及在此领域擅长的人进行讨论和解答，主要问题如下：

1. 创意书画比赛后期的流程细节；

2. 现有项目和本次公益项目如何更好地结合；

3. 直播设想，包括直播主题及拍卖内容；

4. 专题培训形式设想；

5. 赞助商来源及项目预算。

第五部分工作分解：

根据初步设想，把项目组分为若干小组进行专业的业务对接，其中：

策划编辑组：负责内容输出、文字输出；

产品开发组：负责设计、公众号运营、制作 H5 宣传材料、开发小程序；

视频直播组：负责拍摄、视频剪辑；

品牌推广组：负责赞助商招商；

直播带货组：负责直播带货；

会务组：负责线下活动的推进；

培训组：负责整合个人、培训机构、企业教育资源；

财务组：负责控制成本、整理项目收支。

会议成果：本次会议让全体成员更加细致地了解项目内容，对项目规划有初步概念，加深成员对项目的思考，并通过全体讨论提供了项目可行方向设想。

（2）2020 年 6 月 26 日首次组长会议——组长碰头及部分执行方案确定

第一部分组长规划：

各小组组长首先针对自己所在组别提出小组规划及工作设想，将每个小组的职能细化，并合理分配人力资源。

第二部分工作要求：

根据项目规划，本次会议制订了有关工作方案：

①以小组为核心建立团队，整合组内各方面资源，小组内分工由组长负责；

②建设协同工作组，根据业务方向有交集、时间规划有空白期两个基本原则，统筹规划各组成员工作，由项目负责人具体安排执行内容；

③拟定每周召开组长沟通会，各组长提前上报议题。

第三部分确定项目部分执行方案：

由各组长沟通讨论后，本次会议确定了以下执行内容：

①宣传渠道：通过微信公众号、微博、直播平台等进行持续的宣传，尽量能够吸引流量，同时整合现有可宣传的平台，如有关企业、报纸媒体等官方微博、官方公众号；

②品牌推广：赞助形式以企业为主，赞助商赞助形式可为提供物品输出或者提供赞助资金，同时考虑众筹推广的可能性；

③培训方式：初步设想为线上线下结合，线上培训可整合专家、评委、教育机构资源，组成专家团队进行培训，达成互动；线下可参考面授形式（视疫情防控情况而定）。

④会议成果：本次会议初步商定了有关执行方案，推进项目开展进程；让各组组长明确自己的职责，按照规划推进工作。特别指出，本次会议提出的协同合作工作机制解决了人力资源分配在职能上重合、时间上分布不均的问题，提高了各组工作效率，减轻工作负担，进一步加强了项目在团队建设方面的有益探索。

（3）2020 年 7 月 9 日外部沟通会议——与“中汽兄弟”公司进行对接

第一部分双方介绍：

公益组项目负责人张鹏及中汽兄弟项目负责人，对双方成员进行了简单介绍，并就本次项目的初衷及核心公益目的达成了共识。

第二部分项目策划宣讲：

公益组项目负责人对前期内部初步确定的整体项目策划方案、项目的工作拆解，以及项目的计划（Timeline）进行了宣讲，并向中汽兄弟公司进行了答疑。

第三部分中汽公司对项目计划可能存在的问题进行了剖析：

中汽兄弟的同事是跟卡车司机打交道最多的人，对卡车司机兄弟及其家庭的普遍状况比较了解，并结合着中汽兄弟以往开展活动的经验，指出了策划方案中可能存在的问题：

首先，卡车司机大多数来自三四线城市，整体文化水平不高，对于心理健康在儿童成长阶段的重要性，并没有一二线城市的家长认识那么深刻。项目中初始设置的“儿童心理健康指导”，按照以往的项目经验来看，参与度不高，并且存在误读的可能性。提及心理健康，司机家庭会认为自己的孩子没有问题，进而有一定程度的排斥。建议将前期项目设计中专业的心理健康系列课程精简并进行形式上的调整，比如：把对家长的指导，转换成主要为孩子参与的趣味课程。

其次，卡车司机实际的工作状态是“特别忙”，大部分时间都在路上，有很多家庭都是夫妻一起跑车，留在家里的只有老人和孩子，因此在活动参与上，建议尽可能减少繁杂的手机操作。

最后，卡车司机每天面对的都是如何结算运费、不被罚款、货物别被偷等琐碎问题，在沟通及活动的设计中，建议更加贴近他们的生活。

第四部分双方讨论：

公益项目组及中汽兄弟的同事对以上提出的问题进行了讨论，并大致明确了方案的基本调整方向。

（4）2020 年 7 月 18 日临时会议——解决困难，调整计划

第一部分分析现有问题：

公益项目正在持续推进，项目负责人、各组组长及其成员在执行过程中发现与计划有冲突或者达不到预期效果的情况，分别提出以下问题：

①根据现阶段与企业对接的情况，赞助商情况不乐观，部分企业认为无

法从本次公益项目中获得实际收益，提供大量金额赞助的意愿微弱；

②根据实际教学经验和老师个人情况，全部采用直播课的形式可行性较低，且直播平台无法提供流量支持。

第二部分提出解决方案：

经过各组长和部分执行人员的讨论，提出以下可行方案：

针对招商情况不佳的问题，可通过直播带货实现收益变现，弥补项目所需的资金。直播带货可通过网红直播平台、淘宝直播平台，并和部分公司合作，提供直接宣传效果吸引投资；

针对培训形式的问题，可以采取直播＋录播的形式实现，提前和老师沟通，对其时间和上课形式进行统一规划，合理安排上课时间，避免听课率不高的情况。

会议成果：本次会议改变了招商引资的策略，完善了培训的课堂形式，通过后期实践证明，本次会议提出的两个方案很好地推进了下一阶段的项目开展。

3. 会议成效与感受

疫情是对2020年公益活动组织方的考验，但是每次会议的顺利推进，也增强了组员对项目成功的信心。每次会议保证参加人数、保证参会人员意见沟通、保证会议决定有时间节点限制、保证会议成果可追溯。系统化的管理方式，提升了团队的协作能力，也让项目实施达到超出预期的成果。从组织架构搭建到活动执行策划，从内容丰富完善到宣传推广跟进，从经验摸索前进到资源灵活运用，每个进步，都是团队凝聚力的体现，也让我们离共同目标更近一步。

（三）前期调研和视频回访

1. 调研问卷

策划编辑组设计调查问卷，利用问卷星等手机App向卡车司机家庭开展关于培训需求等内容的问卷调查，内容包括：子女年龄段、培训内容、培训形式、参与意愿等。

2. 视频回访

采访 15 名书画大赛获奖者（卡车司机子女），邀请孩子参与视频拍摄。由于疫情的原因以及场地、时间和交通的限制，视频直播组后来采用线上和线下结合的拍摄方式。距离较近的家庭，小组成员选择上门拍摄及采访；距离较远的家庭，小组成员提前联系家长，告知拍摄需求和采访问题，通过小组成员线上指导和学生家长协助的方式完成拍摄。

（1）上门采访

财务组魏兰和策划编辑组蒋碧玮上门采访家住河北省石家庄市正定县吴兴村的李子灵小朋友并完成视频拍摄。

直播带货组郭帅和策划编辑组苗雨上门采访家住山西省太原市万柏林区的张耀霖小朋友并完成视频拍摄。

（2）远程采访

视频直播组谢冰洁、刘瑞雪和杨越远程采访 13 个卡车司机家庭。

（四）创意书画大赛

中国物流运输行业子女创意书画大赛面向全国物流行业从业人员子女、经销商服务站从业人员子女及物流相关行业从业人员子女展开，以比赛的形式征集以安全教育、歌颂生活、勤俭节约、生活小能手等为主题，倡导健康向上、富有创意或风格各异的书、画、照片、短片等作品。

书画大赛通过征集、评选、展示、拍卖孩子们的书画、手工、照片、视频等作品，结合青少年儿童的兴趣爱好，以才艺比拼、线上互动等方式，让孩子们感受到社会的温暖和关爱。

主办方中汽兄弟公司通过权威官方公益平台及相关行业媒体中国卡车兄弟善力计划、中国汽车报社、中汽兄弟、中汽卡车兄弟俱乐部等聚合传播助推本次创意书画大赛。由于前期比赛已经陆续开始，本项目组成员现阶段主要负责书画大赛后期工作。

图 133　权威公益平台和行业媒体矩阵

1. 邀请权威评审专家

邀请中国书画院院士、祖冲之书画院副院长、飞虎山特功连“忠魂”文化传播大使郭贵亮，中国书画院副院长、北京燕古书画院副院长、中国龙文化协会秘书长、飞虎山特功连“忠魂”文化传播大使刘一霖，作为本次书画大赛的评审专家。

2. 收集画作

收集参加中国物流运输行业子女创意书画大赛的作品共计 1231 幅，并整理提交给评审专家进行评选。

3. 整理获奖作品和专家点评

统计投票和专家评审胜出的最终 50 幅获奖作品，评选创意之星、能力之星、艺术之星、未来之星和优秀之星各 10 名，同时与专家评审沟通评语、奖品。

4. 颁发奖品和荣誉证书

物流宝兑通公司为本次书画大赛提供价值 5 万元的奖品赞助。受疫情影响，7 月 15 日，中汽兄弟公司联合“卡车人的风筝”公益项目组在北京、武汉和襄阳三地同时举行线上颁奖仪式。

（五）线上公益课堂

为了让卡车司机留守子女的艺术天分得到更好的发挥，“卡车人的风筝”

联合中汽兄弟公司，推出线上公益课堂——“益路陪伴筑梦童年”暑期筑梦大本营，在孩子们心中点亮爱的火种，照亮他们人生中一段前行的路。

图 134 来自各行各业的爱心老师

1. 设置教学助手

为保障线上公益课堂有序进行，项目组安排教学助手若干位，专人负责教学相关内容。

教学助手的主要职能为：负责前期线上课堂的咨询服务；配合开展线上公益课堂；线上公益课堂进行时，保障课堂秩序；收集课后作业及家长、孩子们的反馈。

2. 开设教学微信群

参考目前各大学校的教学模式，以微信群的形式将参与线上课堂的老师、家长、孩子们组织到一起。通过微信群对线上课堂活动时间和内容进行预告，部分老师通过微信群直接开展课程指导，包括线上课堂答疑、课后作业点评等，增加老师和家长孩子们的互动。

3. 课程安排

根据前期课程设计，线上公益课堂的具体安排如下：

（1）网红插画师居居

课程内容：给孩子们的创意美术课，激发创意思维，帮助孩子们建立正确的审美观念、养成细致的观察能力，培养孩子的创造力、想象力，老师用爱宠猫咪作为录播课程主讲，制作动画视频介绍美术史的故事，吸引孩子们对美术的兴趣，对美术史的了解。

上课方式：录播课程 + 微信群互动；时间：1 个月，每周末。

（2）原山西广播电台主持人、i• 艺术培训机构负责人郭帅以及学生田辉

课程内容：通过直播课的方式，给孩子们讲解了声音如何产生、如何才能吐字清晰、诗歌练习训练课，并邀请嘉宾——山西广播电台主持人赵娜给孩子带来了生动的故事课。

上课方式：直播；时间：1 个月，工作日晚上。

（3）清华美院都旭东

课程内容：精品分享课，仅一节分享课。都老师作为清华美院科班毕业的优秀设计师，给大家分享了美术史的故事，课程用一幅幅画作，带大家走进画作背后的历史故事以及历史背景，系统地介绍了专业美术知识以及美术史小故事，给大家带来一堂艺术感满满的艺术分享课。

上课方式：直播。

（4）钢琴达人杨楠

课程内容：精品分享课，仅一节分享课。杨楠老师为大家带来的一堂好听、好学、好开心的干货满满的钢琴入门级大师课。课堂上，杨楠老师为孩子们在学习钢琴时遇到的问题答疑解惑，激发了小朋友们学习钢琴的兴趣，让他们真切地感受到音乐的魅力。

上课方式：录播 + 微信群互动。

（六）线下沙龙

9 月 5 日，中国传媒大学 MBA“卡车人的风筝”公益项目组与中汽兄弟公司联合组织的“益路陪伴筑梦童年”暑期筑梦大本营沙龙分享会在北京成功举办。此次分享会为来自物流家庭的子女带来一场生动有趣的线下暑期公益课程。同时，作为本次公益项目的收官课程，在线上陪伴小朋友们整个暑假的“网红”老师们均来到现场与孩子们亲密会面。

1. 活动流程

具体安排如下：

益路陪伴.筑梦童年-线下活动(09.05)—日程安排			
时间	时长	内容	
13:30-14:00	30mins	签到入场（暖场）	学生签到
			导师签到
			嘉宾签到
14:00-14:05	5mins	开场	主持人开场
14:05-14:10	5mins	项目发起人致辞	张鹏
14:10-14:15	5mins	《卡车人的风筝》-诗歌朗诵	张恒瑞（Henry)小朋友
14:15-15:15	60mins	公益课程-《世界汽车发展史&儿童汽车安全知识》	苏继明&刘老师
15:15-15:30	15mins	茶歇+采访	
15:30-16:30	60mins	公益课程-《培养主动性人格—青少年成长工作坊》	雷桂林老师
16:30-16:40	10mins	茶歇+采访	
16:40-16:45	5mins	书画家老先生的书画作品赠予	古俊（代表）（中汽兄弟马总、礼君上台领作品）
16:45-17:00	15mins	公益导师颁奖	居居老师
			都旭东老师
			苏继明老师/刘老师
			雷桂林老师
			其他老师（薛莹、古俊、武璇、晓玉代领）
17:00-17:10	合影		
17:00-17:10	ENDING（散场音乐）		

图 135　线下沙龙活动流程

2. 线下分享精品课

（1）《世界汽车发展史 & 儿童汽车安全知识》课程

来自 VIPKID 的高级视觉指导苏继明老师和快手“快说车”频道汽车内容负责人刘理萌老师联合给大家带来《世界汽车发展史 & 儿童汽车安全知识》，苏老师的一幅生动画作带领孩子们进入了汽车的世界。作为拥有十余年经验的资深汽车媒体人，刘老师用幽默生动的语言为孩子们描绘了世界汽车的发展史，带孩子们认识汽车的基本分类，汽车小知识，汽车的动力来源及外观设计等。同时，在了解这些来自世界各地的汽车品牌之后，还给孩子们带来了汽车安全知识。课程深入浅出，互动不断，深受孩子们的喜爱。

（2）主动型人格培养心理课程

来自北京师范大学心理学部领导力研究中心特聘研究员雷桂林老师为孩子们带来了一场培养主动性人格的课程。在社会竞争日益激烈的当下，主动性人格有助于培养孩子乐观、自信、拥有坚定的信念和独立的追求。雷老师给孩子和家长们带来了 PAC 沟通法，帮助孩子与家长用平等的方式进行沟通，从而帮助改善家庭沟通氛围，培养孩子的主动性人格。

3. 为公益导师颁发聘书

联合主办方代表人民日报社中国汽车报旗下中汽兄弟公司总经理马利、会 E 人 – 活动实验室项目负责人薛莹和中化科技公司品牌公关经理刘瑞雪，共同为雷桂林老师、居居老师、都旭东老师、苏继明老师、刘理萌老师、郭帅老师和杨楠老师颁发了“梦想导师”聘书，以此感谢导师们在暑假期间为孩子带来丰富多彩的课程。这些课程不仅充实了孩子们的暑期生活，也有助于他们身心健康成长。

（七）全国 28 所高校联合呼吁

“卡车人的风筝”公益组织与“会 E 人 – 活动实验室”向全国 50 所高校发出倡议，其中 28 所高校的大学生积极响应，联合向社会各界发出呼吁，关爱卡车司机子女，为他们的茁壮成长出一份力。此次倡议中，全国高校大学生通过各自的抖音平台以短视频的形式生动描述了卡车司机家庭所面临的困境，向社会传递“E 路陪伴筑梦童年”的活动初心。

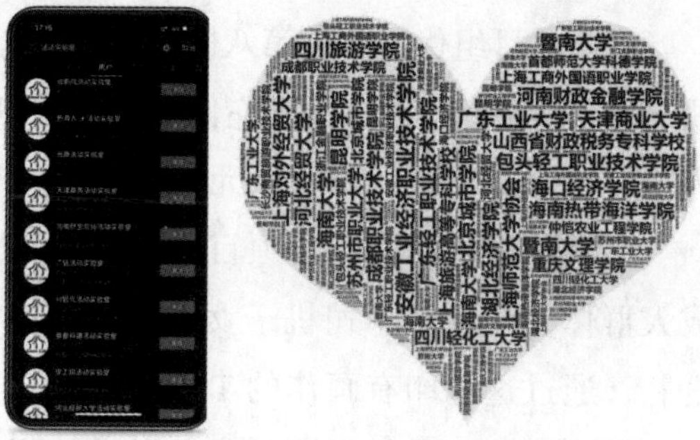

图 136　来自青年的呼唤，高校学子传递爱心

“卡车人的风筝”公益项目组通过公众号连载的形式，将 28 所高校的优秀视频作品展示给关心、关注、关爱“卡二代”的社会各界人士，希望通过多组视频的大力宣传，逐渐积蓄爱和力量，号召全社会给予卡车司机子女们更多的关爱和关注。

（八）书画专家捐赠作品，于营村第一书记鼓励

此次公益项目还受到了来自社会各界爱心人士的关注与支持。中国书画院院士、祖冲之书画院副院长郭贵亮，中国书画院副院长、北京燕古书画院副院长、中国龙文化协会秘书长刘一霖为此次暑期公益课程中表现突出的孩子们赠予书画作品，鼓励他们在未来的艺术道路上不断求索、走得更远。人民日报社评论部编辑、河北承德滦平县平坊满族乡于营村挂职第一书记吕晓勋也为本次沙龙发来鼓励与问候，希望社会各界关注留守儿童，也期待“卡车人的风筝”公益项目组日后为更多的孩子们带来丰富有趣的课外课程。

（九）开设筑梦小店

“卡车人的风筝”项目组成员以现有成员的微店为大本营，开设筑梦小店，售卖公益T恤，并和商家商定，由供货商代为发货，减少管理成本。项目组通过“筑梦小店”的爱心募捐，将卡车司机子女的作品转化为实实在在的支持和帮助，助力他们更进一步迈向自己的梦想。

公益项目组优选5幅第八届中国物流运输行业子女创意书画大赛获奖小朋友的亲笔涂鸦作品，并把它们胶印到洁净无瑕的白色T恤上。爱心T恤分为儿童款、成人款，单件59元，每件购买即是一次爱心募捐。

在设计募捐活动时，项目组还融入了亲子装的设计理念，不仅可以让成人群体关注到卡车司机子女群体，更能让孩子接受一次爱的教育、心的洗礼，通过这些印有画作的T恤感受到同龄人中还有一群长期与父母相隔千里的小伙伴，他们需要社会的关注，通过募捐的善举，可以更实际地帮助卡车司机家庭。“卡车人的风筝”公益组织会将募捐到的全部善款通过“卡车兄弟爱心基金”捐赠给需要帮助的卡车司机家庭子女们，公众可以通过募捐行为，表达对他们的关注和爱心，公益项目组也希望能够通过微店募捐活动，让全社会更加深入地了解和关注中国3000余万名卡车司机及其留守在家的孩子，关爱后者的生活及教育问题，努力营造互助、友善、平等的社会环境。

三、项目成果

（一）社会影响

1. 引起社会关注

调动社会各界共同关注卡车司机子女的身心健康发展，引起社会各界重视长期在外的卡车司机的子女教育问题。

2. 引起学校关注

在项目的推进过程中，项目组成员联合许多高校共同倡议社会关注卡车司机子女，引起高校和爱心人士为卡车司机子女的教育提供更多的帮助。

（二）改善家庭关系

1. 给予卡车司机子女温暖

通过举办创意书画大赛、线上公益课堂及其线下活动，深入了解卡车司机子女的才能及心理状态，为他们提供多元化学习的渠道，给予他们很好的展示平台，让卡车司机的子女不再孤单。

2. 提供沟通渠道

在公益课堂、线下活动进行的过程中，许多卡车司机家长陪同孩子们一起参与到课程中来，一方面让家长了解自己子女的心理状态，另一方面开发了更多家庭活动的可能性。更重要的是让卡车司机家长们意识到陪伴的重要性，并通过更多的精神交流，与孩子们共同成长。

（三）为创意书画大赛赋能

由中汽兄弟公司主办、卡车人的风筝公益组织、京东物流、货车宝和宝兑通协办的第八届中国物流运输行业子女创意书画大赛在北京和湖北武汉、襄阳落下帷幕。

本次大赛共收集绘画、书法、手工制作和短视频等1231件作品，历经初选、网上投票和专家评审三大阶段，最终评选出50幅获奖作品。活动不仅可以提升活动主办方和赞助商的企业品牌影响力，还有利于提高中国卡车兄弟善力计划的和传播力和公信力，从而实现多方共赢，为中国公益事业作出更大的贡献。

（四）线上公益课成果展示

图 137　孩子们提交课堂作业和老师上课情景

（五）线下沙龙

家庭教育是本项目的核心之一，通过举办线下亲子活动，与项目发起人、心理专家、艺术指导老师、企业管理者互动，在项目后期巩固卡车司机家庭教育的和谐，引起卡车司机对家庭教育、孩童心理关爱的重视和反思。

图 138　梦想导师线下授课

图 139 线下沙龙在京成功举办

（六）梦想周边变现

公益大赛中的绘画作品进行文创周边生产并开启线上义卖，为公益项目后期的持续运营进行保障，可作为公益 IP 长期运营，持续关注物流行业和卡车司机。

图 140　小画家代言筑梦小店公益售卖

（七）宣传报道成果及分析

自“卡车人的风筝”公益小组成立以来，公益活动在各个层面的宣传推广也在不断地扩大和更新。公益活动的推广平台主要有中国传媒大学 MBA 联合会官网、中国传媒大学经济与管理学院官网、中汽兄弟公众号、中汽兄弟小程序、卡车人的风筝公众号、公益组名为“卡车人的风筝”微博、中华能源科技公众号、中华能源先锋号公众号等。其推广与宣传辐射范围之大，涵盖受众群体之广，使

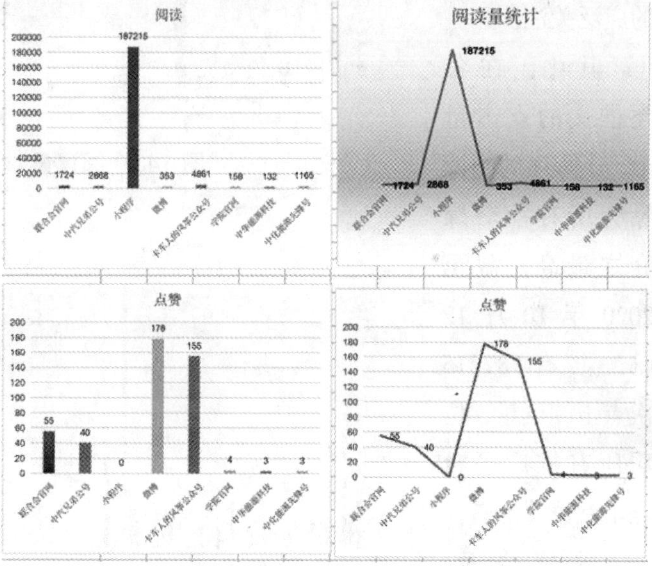

图 141　各大平台阅读量统计

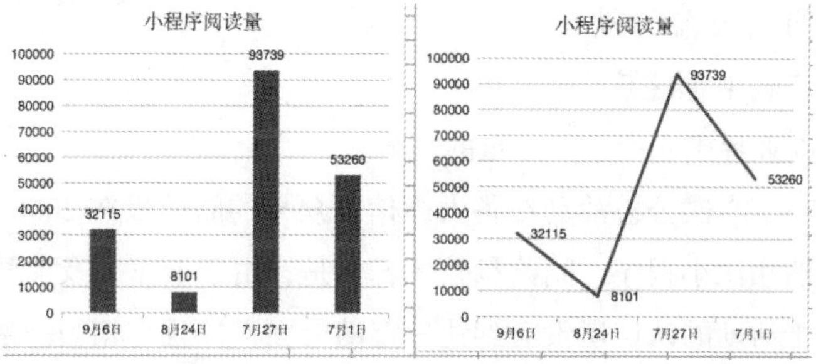

图 142　小程序阅读量统计

此次公益活动得到了有效的宣传，也收到了业界相关人员的一致好评，使受众群体收获了实质的益处，也使卡车司机子女们的成长问题得到了社会的广泛关注。

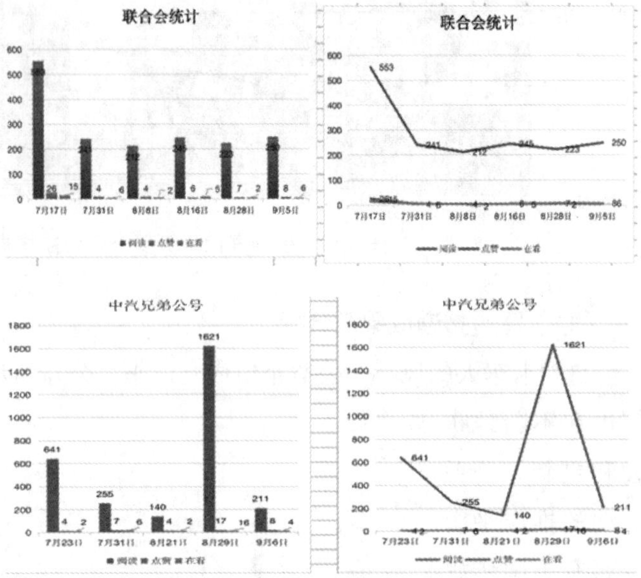

图 143　阅读量对比分析

其中，在各类推文的点击量上，小程序的阅读量为所有社交媒介之最高，截至 2020 年 10 月 12 日，共有 187215 次点击阅读量，位居所有推广平台点击阅读量之首。

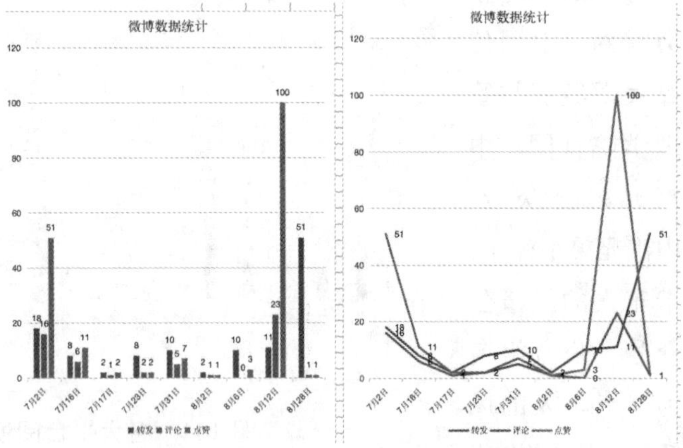

图 144　转发、评论和点赞统计

微信普及、小程序便捷也说明了公益活动推广辐射面之广泛，在业界确实产生了一定的影响。

本次公益活动在各大微信公众号的阅读量在 2000 次到 5000 次不等，虽然相比小程序，阅读量较低，但是，由于卡车人及关注卡车人的群体目前对于活动的认识还没有到达一定的层面，并且有相当一部分人群是不会操作关注公众号或者没有时间关注公众号，因此阅读量相比小程序偏低。

在各大媒体平台中，虽然微博的阅读量在所有的推广平台是最低的，但微博的点评、转发、点赞数量是最高的，这也从另一个角度说明此次活动得到了广泛的关注和认可。

总之，“卡车人的风筝”公益组，在文字推广方面自2020年7月1日陆续投放各大媒体公众平台以来，受到了社会群体的广泛关注和认可，也对公益活动后期的现场举办和宣传，起到了积极的推动作用。

四、目标计划

（一）短期目标

以中国传媒大学MBA公益活动为契机，借助现有团队的组织策划，将本期公益项目影响力发挥到最大。

（二）长期目标

进行公益组织模式与商业模式的共生探索，实现履行社会责任与宣传企业文化双赢目的。

1. 形成固定模式

2020年10月公益活动结束之后，继续开发其他项目，与企事业单位合作，形成固定活动周期，如每年寒暑假活动，或者固定月份主题活动。

2. 打造公益IP

通过持续的系列活动推进“卡车人的风筝”公益组织建设，将“卡车人的风筝”打造成为中国卡车司机行业公益IP，以卡车行业和文化产业为基础，开发相应公益类文创产品。

3. 强化企业优势形象

通过公益活动引起司机行业共鸣，打造与“民”同乐的企业形象，吸引卡车司机、目标客户以及社会公众为企业公益活动点赞，进一步营造企业社会价值。

4. 提升企业知名度

联合多方官方公益平台－中国传媒大学、中汽兄弟等共同打造企业公益形象，多维度实现企业曝光率，让广大物流司机认可品牌社会价值并共同关注，实现品牌形象标签化。

5. 提高客户黏性

从客户需求出发，贴近企业客户，创造相关公益活动机会，更多提供品牌与客户需求之间触点，在活动中提升与客户的黏度，客户需求特征具体化、形象化，达成企业需求数据库。

6. 实现销售转化

通过特色活动的开展，传播企业品牌文化、间接实现扩大市场占有率目的，筛选意向客户，达成意向目标客户，实现品牌服务销售转化 + 企业非营利性竞争优势。

“卡车人的风筝”公益项目组用“爱与责任”践行公益使命，将在未来的公益道路上继续笃定前行，把温暖传递到各个领域和群体。

第四部分

关注弱势群体

公益助农我们同行

一、项目背景

一群志同道合的年轻人因为“公益助农我们同行”的理念走到了一起，将助农作为我们团队的公益项目。从团队组建到多方沟通协调，到项目的落地实施，每一步都走得坚韧而踏实，每一步都展现着中传学子的专业和敬业。

2020 年 8 月 2 日，中国传媒大学 MBA 公益助农小组在京东平台直播，对平谷大桃进行 2 小时的直播销售，此次直播观看人数达到了 31.4 万人，收到来自全国各地的订单 3000 多个，销售额达 15.1 万元，直播结束后陆陆续续还在收到订单，三天内销售额突破 30 万元，成功助力当地果农，促进了当地社会的和谐稳定。

“公益助农我们同行”中的“我们”不仅仅是我们 18 名公益助农小组成员，“我们”也是所有有爱的中传学子，“我们”更是千万有爱心的企业和个人。我们将通过“一二四八”四个关键数字向大家展示这项公益活动。

二、项目设计

（一）项目发起：一个想法

2020 年 5 月 26 日，学院向 2020 级新生提出了公益活动的号召，引发了同学们的热烈讨论。有同学提到了“直播带货”，也有同学提到了“助农营销”，这些瞬间燃起了郑霈茹身为“食品人”的热情，她所在的食品加工企业，2020 年受疫情影响，积货严重；疫情期间直播带货虽火爆全网，但巨额的费用支出和无法保证的销量，成为工厂的心头之痛。如果能借助这个项目，去研究甚至尝试解决这个问题，是不是可以从单纯的助农延伸到一种模式的研究？

带着这些想法，中传 2020 级 MBA 发起一个直播公益专题活动，由新生在各自所在区域轮流展开直播带货活动，有了国家政策背景和学校组织背景，效果会比个人单打独斗好很多。

（二）初期构想

1. 活动背景

以公益为主题，导入新生入学第一课，强化新生公益观念，凸显 MBA 学以致用的精髓。积极响应国家脱贫攻坚号召，充分利用网络资源和中传的媒体资源优势，助力脱贫攻坚和疫后经济复苏。充分结合国家政策优势和中传的学校组织优势，将“公益助农”活动做成一场持续性的网络新热点话题。

2. 活动内容

主题：中传 2020 级 MBA“爱与责任”公益助农活动

时间：2020 年 6 月中旬~2020 年 9 月初

形式：通过抖音平台，展开公益直播活动

活动准备

（1）招募志愿者，为本次活动提供各项支持，包括：视频拍摄剪辑制作技术支持、文案策划支持等；

（2）对接中传往届明星达人，为本次活动提供流量支持、名人代言支持等；

（3）对接活动当地政府和本土代表企业，以新生为联系纽带，实现“学校 + 政府 + 企业”联动；

（4）建立中传 MBA 抖音官方账号；

（5）定制活动专用 T 恤。

3. 活动呈现

第一阶段：推广视频发布

（1）中传 2020 级 MBA“爱与责任”公益助农活动预告；

（2）公益活动网络启动仪式。

第二阶段：

（1）直播活动参与地视频介绍（每个地区一期）；

（2）助农现场走访 + 直播带货。

第三阶段：明星新生评选（奖项名称待定）

第四阶段：“爱与责任”公益晚会暨迎新晚会（全程线上直播）

4. 活动执行

（1）成立活动执行小组

组长：负责活动整体落地执行；负责人员分工安排；负责各类关系协调；负责最终参与直播活动的地区名单确定等。

组长助理：负责协助组长对活动落地过程中的各项文档、数据的收集、整理、存档；负责各项通知的发布及跟踪等工作。

文案策划：负责编写视频制作过程中需要的各项文案；负责对直播所在地的文案及直播计划进行审核修改；负责启动仪式及晚会的策划。

技术支持：负责视频拍摄、剪辑、发布等工作；负责活动现场的各项技术支持。

外联推广：负责官方账号推广过程中的外部资源对接，为视频和直播提供流量支持。

现场执行：负责启动仪式和晚会现场活动的具体执行。

成员筛选办法

活动方案通过后，组长由带队老师担任，其余岗位在群内发布招募令，由大家自主报名参加。

（2）参与地区筛选办法

由新生提出地区推荐方案，经由活动执行小组确认后，首批筛选 10 个地区作为本次活动的参加地区。

推荐方案应包括但不限于：地区简介（图文 / 视频）、特色农产品、代表企业、直播计划等。

革命老区、一县一品、县长（或县里重要领导）参与直播的优先考虑。

（3）公益活动网络启动仪式

参与人员：学院部分老师、往届在京学生、20级在京新生，活动参与地新生代表（视频连线参加）

活动流程：

活动小组组长做活动介绍；

新生代表发言；

活动参与地新生代表视频展示

学院领导宣布活动开始。

（4）明星新生奖参与办法

针对本次活动，从“直播”“执行”“策划”等方面设定不同奖项（奖项名称待定），特别是直播板块，可充分利用参与地区的资源，发动视频点赞活动，根据点赞量来确定奖项获得者。此举可大幅提升抖音公众号的影响力和粉丝数量。

直播板块，优秀主播奖（名称待定），在直播结束后，通过官方账号发布评选拉票视频，点赞量最高者获奖。

执行和策划板块奖项，由小组提名，群内投票确定，取票数最高者获奖。

表 12　时间节点分布表

时间	达成目标
20200615	活动方案最终定稿，开始进入落地执行阶段
20200620	活动执行小组成员确定
20200630	参与地区征集完毕
20200705	参与地区最终确定
20200710	活动预告及推广视频文案定稿，开始拍摄制作
20200720	活动预告及推广视频正式发布
20200801-20200821	直播开始，每个地区 2 天，第一天视频预告，第二天白天直播走访，晚上直播带货
20200823-20200831	明星新生奖之“直播”类视频发布网络点赞，其他奖项内部评选

这只是一个雏形，对脑海里星星点点想法的一个文字体现，怀着对公益项目的热情而设计的宏大方案，但是缺乏对方案的可落地性和可持续性的实际验证。在后来的会议讨论中，很多同学提出，这不是简单几个人可以完成的一项工作，它需要一个成熟的公司来运作，而对于我们这群半工半读的新生来讲，如何去保证时间和精力，如何有效地调动各方资源，这无疑是个极大的挑战。

三、项目实施

（一）工作框架

在经过几次线上的沟通，结合大家的各自资源情况和所擅长的工作，我们小组的工作框架于 6 月 27 日形成，确定了 18 人的工作小组以及初步的人员分工，并且确定了每个小组的负责人。

组长：郑霈茹

组长助理：丁一、李林霏

工作职责：负责协助组长对活动落地过程中的各项文档、数据的收集、整理、存档；负责各项通知的发布及跟踪等工作；参与各分小组日常工作的开展；负责各小组工作成果的审核。

文案策划：邓颖（组长）、吕潘、刘菲菲

工作职责：负责编写视频制作过程中需要的各项文案；负责对直播所在地的文案及直播计划进行审核修改；负责启动仪式及晚会的策划；负责最终落地方案的编写制订；负责对外宣传文档的编写。

技术支持：陈一雄（组长）、姜玉霞、薄天明

工作职责：负责视频拍摄、剪辑、发布等工作；负责活动现场的各项技术支持。

外联推广：张魏（组长）、顾立军、郝杰

工作职责：负责自运营账号推广过程中的外部资源对接，为视频和直播提供流量支持；负责活动赞助商招募；负责政府平台、学校平台及其他各类资源的对接引入。

运营：杨朝霞（组长）、苏园晴、张茹

工作职责：负责抖音、快手、B站等自运营平台的搭建和运营。新闻发布与媒体对接，学校官方平台的对接与发布等。

现场执行：田欣桐（组长）、罗杲炅、李禛

工作职责：负责启动仪式和晚会现场活动的具体执行；

同时，工作框架还确定了以下事项：

（1）落地成果

公益成果：成交额＋成交笔数；

商业成果：搭建自运营直播体系。

（2）实施思路

充分调动各方资源，学校、政府、企业、网红多方联动，集中精力打造1~2个样板地区，做出项目品牌，然后复制到其他地区。

（3）实施路径

借力网红资源：降低网红带货门槛，帮助企业对接网红资源，快速达成销售数据；

借力媒体平台：扩大活动影响力；

借力学校平台：为合作方提供公益性质的学校备书；

借力政府平台：多方联动实现资源优化配置价值最大化；

搭建培养自运营体系。

（4）我们需要什么

一份详细的落地方案、一份对外宣讲手册、一个自运营账号、各项预告视频/活动海报、直播文案/视频脚本、现场拍摄/视频剪辑/制作/发布。

（5）我们怎么做

明确小组分工，确定小组责任人，明确小组工作目标。分小组制订工作计划，形成阶段工作成果，内部讨论通过，全面落地执行。

资源贡献与梳理：地区筛选（群内推荐/校内推荐、地区简介（图文/视频）、革命老区/一县一品等优先；个人可提供的资源。

（6）样板地区

扶贫地区

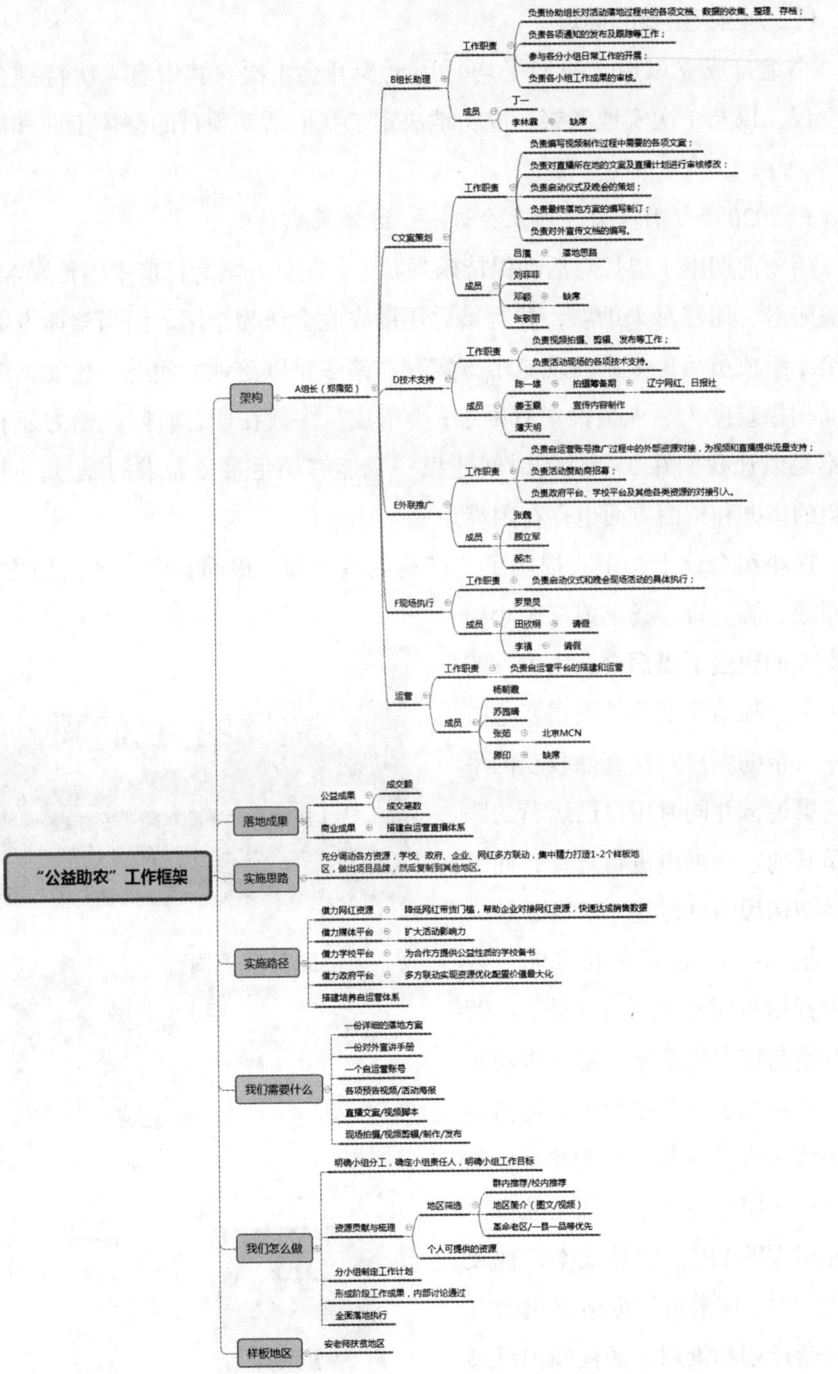

图 145 "公益助农"工作框架思维导图

（二）四次重要的推进

小组自成立以后，我们平均每周至少开会 1 次，其中有 4 次特别重要的会议，以及 1 次实地考察，成功地决定了我们活动项目的整体走向和后期落地。

1. 2020 年 7 月 4 日，线上会议——方案策略转变

活动前期由于组长对活动保持乐观状态，制订方案为打造中国传媒 MBA 公益账号，用账号来助农，并且最后用助农晚会作为结尾。而当整体方案发布给小组成员后，大家发现这个方案存在诸多难以落地的问题，比如，疫情期间拍摄难度大、人员聚集有困难；小组成员多数在职，时间、精力还有财力不足以让我们在 3 个月的时间建设一个能够满足带货需求的账号；同时，晚会的举办和招商方面也存在困难。

在小组会议上，丁一提出了“借鸡生蛋”和“极简运营”的实施方向，与邓颖、陈一雄、杨朝霞三个小组负责人的想法不谋而合，大家一起商定了更加精简准确的项目实施方向——帮助农户对接直播收获的平台、渠道，并同时用自己运营的账户及其他宣传渠道进行宣传，而不是最初构想的自行建立带货账号。

根据会议定下来的方向，各组也开始按照分工展开工作：运营组开始制定宣传策略、筹备搭建账号，并制作了运营排期表，包括媒体矩阵、宣传计划、物料准备；策划组也按照宣传排期，开始准备项目介绍方案 PPT、介绍文案、视频拍摄脚本；技术组根据运营组的宣传运营计划和策划组的视频拍摄脚本进行宣传视频制作。由于策划组

图 146 项目介绍方案

工作量比较大，组长和两位组长助理也加入了策划组协助工作。

2. 2020 年 7 月 7 日，线上会议——直播品类选择

确立了“公益宣传”为主的项目实施方向后，大家利用自身的资源，分别对接了一些有滞销风险并且有直播卖货需求的农户——包括山东寿光蔬菜、北京平谷大桃、北京密云蜂蜜、北京延庆葡萄、北京有机蔬菜。大家对于五个品类的具体情况进行了说明，也充分论证了助农品类选择的重要性、方向性、可行性，最终以投票的方式选择了直播品类——外联组郝杰联系的北京平谷大桃。

3. 2020 年 7 月 19 日，实地考察——确定直播内容及方式

在确定了直播品类后，外联组顾立军，策划组邓颖、刘菲菲，联系了北京市平谷区电子商务协会的常务副秘书长熊宇金，约定了于 7 月 19 日赴平谷区实地考察。

通过搜集资料和熊宇金副秘书长的介绍，我们详细了解到平谷大桃对于当地果农的重要性：

北京市平谷区素有“中国大桃之乡”之称，经过四十余年的发展，目前已具有 22 万亩世界集中种植面积的最大桃园，有 10 万以上的农民从事大桃生产，有白桃、油桃、黄桃、蟠桃 4 大类 200 多个品种的精品鲜桃，总产量超 4 亿斤——可以说，平谷大桃已成为当地农民生产生活的主要经济来源。

北京市委书记蔡奇对平谷大桃给予期望，他提出了“山东农业学苹果、全国农业学平谷”的口号。平谷各级政府也曾多次协调中央电视台、北京电视台等主流媒体对平谷大桃进行销售。但平谷目前的现代化生产水平仍偏低，一方面，平谷山地和丘陵较多，地势的不平坦相对制约了高新农业技术、新材料、新装备的推广应用，导致农业整体装备水平不高，保障能力不强；另一方面，目前平谷区青壮年劳动力多外出务工，乡村留守老人现象严重，懂技术、懂管理的人才更是缺乏，村民的农技和销售水平也有待提高。

2020 年 7 月，平谷大桃已进入“中桃”采摘期（中桃的年产量超全年的 60%），每年中桃的销售情况，将决定桃农当年的命运，同时也关系着社会稳定。而受疫情和多雨天气的影响，2020 年 2.4 亿斤平谷大桃已经出现了部分滞销的情况。桃作为生鲜产品，保质期短，较难保存，一旦滞销可能面临全

面亏损，平谷10万果农亟待专业团队和爱心企业帮助他们。

图147　熊宇金副秘书长与公益小组同学合影

在这次实地考察中，我们同时也收获到了非常重要的消息——当地政府对于平谷桃销售非常重视和支持，在京东专门设立了平谷馆可以进行直播与销售。但是平谷区之前曾付费联合某电视台做过一场直播，效果和反响都不是十分理想，观看人数和销量均不高。熊宇金副秘书长希望我们能发挥中传优势，做一场有特点的直播。

当时已经是7月份，平谷大桃的销售刻不容缓。带着实地考察获得的信息，三位小伙伴已经按捺不住，赶回北京市区的当夜，就召集整个公益助农小组的全组召开会议并得出共识：直播需要马上开启！如何设计一场特别的直播呢？这是大家面临的又一场挑战。

身为电视编导的丁一提出了直播流程框架，技术组的陈一雄对于能否实现进行了技术探讨，大家集体对流程的可行性进行了讨论，并初步定下了方案：做一场室内主播试吃、推介农产品，室外展示环境同时加上游戏的互动感和趣味性的直播。

4. 2020年7月30日，线上会议——战前会师

本次会议是京东平谷馆、镇罗营镇政府、平谷区电子商务协会与助农小组共同参与的多方会议。这个会议上助农小组用我们的专业水准、精细的活动策划、过硬的技术指标赢得了多方的认可，大家对传媒大学的这次助农活动充满了期待，同时，我们也争取了一些直播的折扣和礼品，对于活动的顺利开展起到了重要的作用。

（三）八仙过海

在项目开动以后，小组成员时常庆幸，有这么一群优秀的伙伴，凭着过

硬的专业技能、超强的责任心和超强的执行力，成功地撑起了整个项目，成为项目运作的中流砥柱，每一个分项方案的制订，都是大家智慧和心血的结晶。

先说两位组长助理，在整个活动的推进中，都起到了上下衔接、整体推动的关键作用。丁一同学，从前期参与资源对接，直播前撰写现场录制大纲，现场录制时作为现场导演带队户外录制、进行室外部分的剪辑，以及在直播的最后阶段“冲”入直播间，将直播推向了一个小高潮。李林霏同学，负责了每一次的会议纪要、资源整理，调研并梳理直播流程、编写直播方案等工作，期间多次在出差途中仍坚持参加小组会议，完成小组任务。

再说策划组，策划小组共三人，邓颖、吕潘、刘菲菲三人小组承担了项目大多数的文案策划、PPT 制作和宣传推文撰写等工作，其中邓颖和吕潘更是承担起了现场主播的艰巨任务，录制前夜两人核对室内直播流程并写串词到凌晨 2 点，早上 5 点就起床奔赴平谷。邓颖和刘菲菲也参与了每一次的平谷现场考察和对接。吕潘同学在经常通宵加班的情况下，仍然为小组贡献了大量的 PPT 文件和文案。节目录制前后，三人小组一起准备了长短不同的文案提供给运营小组在不同平台宣传发布。节目录制完成后，邓颖同学也跟镇罗营当地的媒体共同撰写了对直播活动的新闻报道，对本次活动的宣传层面做了一个完美的收尾。

技术组的陈一雄、薄天明、姜玉霞三位同学，对于我们整个项目来说，就是一个“大神级”的存在，不管是视频制作剪辑、平台推流、直播保障，还是直播设备准备、现场拍摄录制，小组的三位大拿，用他们的专业和敬业，为整场活动的成功举办提供了最关键的保障。特别是组长陈一雄，在疫情期间顶着高烧协调小组工作，带领小组出色地完成了各项工作任务。

外联组在整个项目中，负责小组的各项外联对接工作，主要是跟学院老师、合作平台以及潜在的赞助商进行沟通对接，小组成员包括张魏、顾立军和郝杰。平谷区的大桃项目，即是外联组联系的，带领项目组成员对平谷大桃项目进行了多次实地走访和沟通，为整个项目的顺利推进打下了坚实的基础；直播录制中作为唯一联络窗口，保证了项目组其他成员腾出精力专心直播，保证了工作的顺利进行。

运营组成员有杨朝霞、苏园晴和张茹。运营组在项目活动中搭建并运营了我们自己的账号，包含中传 MBA 抖音、快手、B 站等，根据项目特色制定了宣传排期，从预热期、活动期、长尾期三个方面全面制定平台跟发策略。并充分利用中国传媒大学官方公众号、官方网站等平台同步制造活动前后新闻热度；此外在活动前后取得主流媒体矩阵新闻发布在“平谷大桃”项目中，共发布抖音 9 条、快手 4 条、B 站 2 条，合计观看人次超过 1 万次。同时运营组积极对接校内与外部媒体资源，联合中国传媒大学 MBA 联合会官方公众号、中国传媒大学官网和新浪新闻、搜狐新闻、腾讯新闻、网易新闻、凤凰新闻、今日头条、一点资讯等 20 余家媒体对活动进行报道，共发布新闻 2 轮次，实现了活动的有效宣传，目前新闻点击仍在持续增长中。新闻的长尾效应也使得平谷镇罗营镇高山泉水蜜桃的品牌影响力得以持续发酵，让更多的人认识平谷大桃、认识镇罗营镇高山泉水蜜桃。据不完全统计，此次传播共计影响校内人群 10 万 +，社会人群 60 万 +。

现场执行组成员包括田欣桐、罗杲炅和李禛。由于项目方向的调整，该小组在实际的项目运行当中，将原本计划的实地参与现场执行工作，改为更多的对其他小组的支援，比如直播外场的视频监测，活动文案的相关支持等。

对于我们整个项目组来说，每个人的日常工作都十分繁忙，但每个人都尽己所能为项目的运转提供了强有力的支援，他们当中有人承担着轴承的作用，有人像链条，有人像齿轮，也有人像一颗螺丝钉，推动我们整个项目向前运行。

经过历时一个月的多方准备，我们最终敲定在 8 月 2 日开始直播活动，由策划组和两位组长助理呕心沥血完成的直播台本也正式定稿。

四、项目成果及经验总结

（一）项目成果

整个直播时长 2 个小时，由邓颖、吕潘担任室内主播；郝杰和丁一担任外场主播，同时丁一也是现场导演；陈一雄和薄天明担任摄像；朝霞负责现场抖音号同步直播、公众号抽奖活动等；顾立军和张魏负责现场的所有外部对接联络。本次活动得到了北京镇罗营镇政府、京东平谷馆、京东平台、京东物流、公众号凯旋小兵的大力支持。特别是京东平台的首页广告支持，为我们直播开展提供了强有力的流量保障。本次直播观看人数达到了 31.4 万人，收到来自全国各地的订单 3000 余单，销售额达 15.1 万元，直播结束后陆陆续续还在收到订单，三天内销售额突破 30 万元。

同时本次活动获得校内外广泛关注，中国传媒大学 MBA 联合会官方公众号协助推广 2 次，中国传媒大学官网也对此次活动给予报道。

此外，直播当天，在运营组同学的沟通下，该活动获得新浪新闻、搜狐新闻、腾讯新闻、网易新闻、凤凰新闻、今日头条、一点资讯、腾讯视频、优酷、爱奇艺等门户网络及新闻资讯平台及重点视频平台 PC 端口、App 端口 2 轮次强力推广，共在不同平台发布新闻 40 余条。

同时直播的效果也取得了各方的肯定，镇罗营镇现场负责人武装部长王立国表示，这次活动成效显著，给平谷地区百姓带来了实实在在的实惠，“我们希望今后继续加强合作，将助农惠农变成长期性活动，共同促进镇罗营优质农产品走出去，促进地区百姓增收”。这样的成果也实现了最初我们想要做一场“发挥传媒优势和特色的直播”的初衷。

图 148　媒体宣发部分截图

图 149　公益小组部分成员与镇罗营领导合影

在直播活动结束后，我们进行了小组复盘，每个人都分别谈了自己在整个活动中所参与的内容、所思所感以及我们成功的原因和有待改进的教训。

（二）成功因素

1. 策划方向改得好

开始我们小组的方案是通过建立抖音等平台账号，通过打造自己的账号带货。但是运营初期，我们发现了人员精力不够、经费不足、内容可能不精彩等诸多困难，在一次小组会上，我们提出了“借鸡生蛋”和“极简运营”的思路，“借鸡生蛋”即联系已经有成熟资源的电商，通过合作的方式，达到使电商获得名气与流量、小组获得活动成果、农民收获经济效益的三方共赢的方式。“极简运营”即我们只负责带货的内容部分，而产品挑选、运输、售后等工作由合作电商来负责，这样一来大大减少了小组成员的工作压力，同时，因为有电商资源的支撑，也为我们能更好完成项目打下了基础。

2. 合作平台选得好

确定了选择与平台合作后，我们出现了几个方案：山东寿光蔬菜、北京平谷大桃、北京密云蜂蜜、北京延庆葡萄、北京有机蔬菜等。这些地点对于我们而言各有所长，寿光蔬菜有成熟电商，品种丰富，但是路途遥远、项目经费紧张，而且北京疫情暴发，当地隔离政策不明确等原因，这个方案被搁置；北京密云和有机蔬菜因为没有电商资源，同时价格不占优势也被淘汰。最后，我们选择了有电商资源、便于开展活动的京东平谷馆合作，最后证明我们的选择是正确的。

3. 共事同学干得好

之所以把同学们放在最后，是因为有很多事情与前两项会有重复。由于疫情，同学们从开始的会议基本上都是网上相约、云端相聚，当时就是靠着这样的一种默契实现了一次次的突破。直播活动当天，很多同学都是第一次见面，但丝毫没有陌生感，很快就熟络起来，而且配合得很默契，想了想，我们是经历了怎样的修炼才赢得了这样一批想干事、能干事的同学。拥有彼此我们非常幸运。

4. 借势

先说借势，所谓借力打力、事半功倍，我们的借势主要体现在下面四个方面：

（1）借“公益”的势

不可否认，我们项目的“公益”性质，让活动合作和宣传更易开展。公益的形式大大降低了各参与方的心理门槛，同时帮助各方树立了良好的形象，这是我们争取合作和活动宣传的重要亮点，也促成了最终活动的成功。

（2）借“平谷”的势

这次直播的成功，和选定平谷大桃作为销售对象密不可分。其一，为我们直播提供了产品，虽然价格不低，但非常有知名度；其二，成熟的店铺解决了渠道和售后问题，工作量大大减少。所以，借“平谷”的势，为我们这次直播的成功提供了基础。

（3）借“专业”的势

中传的专业背书，为我们吸引平谷全力配合，提供了专业上的背书。正是因为项目和中国传媒大学的匹配度，让学校的专业度赋能项目本身，当然，同学在策划和执行层面所体现出来的专业度，是和学校背书同样重要的，是我们的“专业性”充分调动了几个合作方的积极性，匹配了相应资源，达成了最终的效果。所以，借学校的专业性和同学们专业的表现，是我们这次取得成功的保证。

（4）借“平台”的势

京东平台给予的流量支持，是我们这次直播非常重要的支持。直播带货的基础是互联网流量逻辑，而这一方面是我们直播项目策划中最严重的短板，毕竟在资金有限的情况下，无法通过购买方式获取。京东给予的直播首页轮播图，是关键的资源，补足了我们的短板。所以，借京东平台的势，获得了流量资源，是我们这次成功的关键。

（三）缺点和不足

1. 同学之间合作的经验不足

天南海北的同学们凑在一起组成团队，又因为疫情不能实现线下充分沟通，的确给交流合作带来了一些困难；直播活动经验的不足，也影响到了从策划到筹备再到执行各个方面，没有人能完整地把直播活动的全流程讲明白，都是摸着石头过河，除了全程密切参与的最核心的团队成员外，可能也很难说清这次活动的过程。

2. 环节设置的复杂

由于希望将平谷大桃的直播做得更加丰富有特色，同时获得更多赞助，我们设计了较多环节，例如在直播前期通过转发海报到朋友圈再反馈到凯旋小兵公众号进行抽奖。这个设置确实使凯旋小兵获得了新的关注和直播流量的增长，但是在直播的过程中消费者不好扫码和平台之间互斥的问题使效果并没有达到理想的状态。

3. 奖品沟通不到位

对于奖品的沟通问题上，由于前期没有落实到纸面上，通过口头沟通，导致信息传递过程中出现一些遗漏和误解，增加了后期的沟通成本。这使我们认识到，即使是公益项目，也需要进行文字方案的审议流程，甚至签订协议。

4. 花絮物料留存不完整

由于小组成员是首次组队完成一场直播，受疫情影响到场的成员人数也并不多，导致现场人力有些不足，没有留存完整的直播花絮物料。

5. 户外连线层次和深度可继续挖掘

在户外拍摄时，可以更多地介绍我们中国传媒大学的情况，同时也可以深入挖掘果农的故事，让我们的户外连线变得更有层次，更有深度。

6. 直播过程需要丰富一些内容

直播不仅仅是对产品的介绍，我们要更深入思考一下如何拉动消费者的购买欲望。以这次大桃销售为例，可以更多插入一些桃园以及桃农家庭的日常生活视频，桃制品的加工过程，农村淳朴和山清水秀的环境等，如果项目时间允许，可以收集素材，制作一些类似李子柒那样的从桃花到结果到成熟的视频在直播中播放。

（四）关于技术

1. 网络的稳定与否、网速的快慢是最大的问题。网络解决不了，整场直播就是空谈

直播场地的敲定，镇罗营镇政府并没有很快给我们答复——不过鉴于

一周之前镇罗营和中国青年网的合作的经验，技术组表示有把握去判断场地“听风”。我们拜托了一个常年在平谷做自建房设计的公司“住宅公园”来帮我们搞清楚那边的网络情况，得到的回答是挺让人崩溃的。

直播场地的网络状况不佳“自动选择清晰度”这个选项直推哔哩哔哩甚至不能达到“高清”，卡顿的同时，还随时有可能断网。如果常规的推流方式都不能用，直推京东平台估计就是一场直播事故了。运营小组还在考虑要不要进三大运营商的保障车，后来这个方案我们放弃了。

好在过去的直播工作中，陈一雄接触到了 H.265 和视频流缓冲两个技术。使用 H.265 编码，相同的画质，相较于 H.246 可以节约一半的带宽。

Resolution	Minimum Upload Speed*	
	H.264	H.265
480p	1.5 mbps	0.75 mbps
720p	3 mbps	1.5 mbps
1080p	6 mbps	3 mbps
4K	32 mbps	15 mbps

*These values are rough estimates based on stable network environments, calculating upload requirements is very subjective and depends on a number of factors

mpbs: Megabits per second

BOXCAST

图 150　技术参数图

对于现场网络的不稳定，可以在推流端和平台端之间架设一个“缓冲池”，让短时的不稳定在缓冲池内解决，而不体现在京东直播上。

于是我们设计了这么一个数据流结构：

a. 现场的视频，经过导播台，进入硬件编码；

b. 编码硬件将 H.256 编码的视频流传递给 PC；

c. PC 将全部视频以 H.265 编码以 1000kbps 给到“某网络运营商”的服务器；

d.“某网络运营商”在云端将视频延时 30 秒，形成“缓冲池”；

e.“缓冲池”内的视频流从 1000kbps H.265 编码转为 2600kbps H.264 编码（显示为“超清”）；

f.“某网络运营商”将转换好的视频流推入京东直播的 RTMP 服务器；

看似很美好，现场只需要1兆的带宽，甚至移动联通的3G网络都可以胜任；而且现场的网断10~20秒都没问题；至于编码设备，“ICARUSVFX”，陈一雄自己的技术支持工作室都可以支持提供。

问题是，到哪里找这个“某网络运营商”呢？我们先是找到了曾与工作室有广告合作的“声网”（www.agora.io），他们拥有很强的编码算法。不过在听过报价之后，就绝望了。

在“Nemeu_Official”（工作室旗下的虚拟主播IP）团队的帮助下，陈一雄成功地和“微赞直播”搭上了线，而且他们同意我们使用服务器、“缓冲池”和编解码技术还是免费的。

于是，网络的问题就这么解决了。而我们借着解决这个问题，成功地搭建起一套对应低性能地方网络的技术体系。

2. 需要多端口分发

考虑到未来的直播项目不一定只有京东直播，我们也需要多平台同步直播的技术，以及日常的和新闻门户网站的配合，需要一套常规的拉推流系统。

在目前的情况下，我们需要下面两种三套不同的端口协议来应对：

a. Real Time Messaging Protocol 协议（基于静态秘钥的推送）：整场直播最重要的协议，无论前部的数据流多么复杂，最终都必须要用RTMP推进京东给我的口子里。就好像是接水管，京东这边的水管口子是定死的，无论前面水管怎么接、管子里流的是什么水，最后都要找到一个方法接到这个规定好的口子上。

不过在解决了上一个“网烂”的问题之后，我们发现服务商的服务器上已经部署好了RTMP推流系统，就不用再进行架设了（并节约了成本）。

b. Real Time Messaging Protocol 协议（公开网络下无须秘钥的拉取）：这个是原先和京东平谷馆沟通的另一种架设方式，由京东直播平台连接我们的“缓冲池”拉取数据。但这样京东方也需要一名技术人员，增加成本。

在日后和媒体网站的合作中，此协议可以用来媒体网站的直播流拉取。

c. HTTP Live Streaming 协议：hls协议会生成m3u播放序列，借由此播放序列，可以实现实时的影片录制，也可实现媒体网站的直播流拉取。

在实际测试中，我们发现bilibili网页端支持此协议，于是就可以在B站实现数据层面上的直播录制，这个要比录屏要容易得多。

在搭建好这套拉推流系统之后，多平台同步就很自然而然地实现了，B站和京东直接用RTMP技术，h5直接上m3u8就行。

3. 现场需要做几分钟的录播

这个事情难度不大，不过可以和上面的两个需求，一起反向推出我们用的现场设备需求——支持H.265、可以推rtmp、支持本机音视频信号。再考虑到成本控制，和工作室库存的实际情况，现场的设备基本可以确定了。

索尼Z280摄影机（两台）负责全景和特写两个机位；索尼MCX500导播台实现信号切换；圆刚H.265硬件编码采集卡把所有外部信号全整合压制好；拥有支持nvenc的显卡的笔记本和采集卡配合；再加上“Nemeu_Official”团队重新编译的obs_ffmpeg模块让OBS支持上面的各种复杂操作；编译好的OBS里提前装填我们的录播视频。到此，现场直播的前后端就全部架设完毕了。

4. 宣传物料的时效性

这里最大的问题是时间差，直播间的地址需要当天上午给出，而我们的先行宣传，至少需要提前两天，这就使宣传的物料中，一定要使用动态跳转的技术。

我们的第一选择就是在二维码衍生行业中的龙头老大——“草料”，薄天明对接后由草料提供二维码和后台，让我们能够在后台控制这个二维码的跳转连接，实现“老二维码”跳转“新地址”的功能，让我们两三天前做的二维码海报，可以跳转到直播当天才给出的直播间。

网络直播技术在发展了十几年后的今天已经很成型，大部分的直播平台都有着特别简单的实现方案，现在大家用一台手机也可以实现直播的呈现。可复杂的直播效果，还是需要大量复杂的技术支持。

公益是一项长期而有意义的工作，作为传媒大学2020级MBA的新生，能够借助学校提供的这个平台，来尽己所能去做一些事情，我们倍感荣幸。

项目落地过程中，所遇到的种种困难，也是对我们自身能力的一种锻炼和强化，遇山开山路，遇水搭桥，也再一次锤炼了我们永不放弃的斗志和精神。虽是公益项目，却也不得不考虑商业运营的元素，来保障公益事业的可持续性发展，这也是对 MBA 专业学位精神的一种践行和落实。

在未来的日子里，我们期待着在提升专业知识和专业技能的同时，尽己所能为公益事业贡献一分力量，也期待着用我们的专业知识和素养，为中传 MBA 的美丽画卷增色添彩。

耳边的光明

一、背景介绍

（一）中国全面建成小康社会的时代背景

残疾人是人类大家庭的平等成员。尊重和保障残疾人的人权和人格尊严，使他们能以平等的地位和均等的机会充分参与社会生活，共享物质文明和精神文明成果，是国家义不容辞的责任，也是中国特色社会主义制度的必然要求。党的十八大以来，以习近平同志为核心的党中央高度重视残疾预防和残疾人康复工作，习近平总书记更是在多种场合以各种形式对残疾人、残疾人事业和残联组织建设等做出重要指示。党的十九大报告提出，中国坚持以人民为中心，坚持在发展中保障和改善民生，中国将进一步发展残疾人事业，促进残疾人全面发展和共同富裕。正如习近平总书记所说："中国有几千万残疾人，2020 年全面建成小康社会，残疾人一个也不能少。为残疾人事业做更多事情，也是全面建成小康社会的一个重要方面。我们一定要把全面建成小康社会这个历史性任务完成好，这是当代共产党人的历史使命。"

为落实国家关于大力推进大众创业、万众创新和坚决打赢脱贫攻坚战的有关部署，进一步促进残疾人自主就业创业，加快推进残疾人小康进程，依据《残疾人保障法》和《残疾人就业条例》"国家鼓励扶持残疾人自主择业、自主创业"要求和《国务院关于做好当前和今后一段时期就业创业工作的意见》精神，2018 年中国残疾人联合会、国家发展改革委员会、民政部、财政部等15部门联合印发了《关于扶持残疾人自主就业创业的意见》，明确了20多项促进残疾人自主就业创业、脱贫解困的扶持政策。《意见》要求，政府和街道兴办贸易市场，设立商铺、摊位，以及新增建设彩票投注站、邮政报刊零售亭等便民服务网点时，应预留不低于10%给残疾人。残疾人自主就业创业的，按照有关规定免收管理类、登记类和证照类等有关行政事业性收费。残疾人就业创业服务和培训也广泛开展。

（二）我国视障人群就业相对薄弱的市场环境背景

目前，全国共有残疾人就业服务机构2800余家，工作人员约1.5万人，500家国家级残疾人职业培训基地，350家省级残疾人职业培训基地。开网店、做客服、写编程、当咖啡师、做美编……越来越多的残疾人通过多种形式就业，增加家庭收入，重拾生活信心。就业年龄段内有就业意愿，但难以进入竞争性劳动力市场的智力、精神和重度肢体残疾人，也会被安排辅助性就业，在劳动时间、劳动强度、劳动报酬和劳动协议签订等方面采取灵活方式。

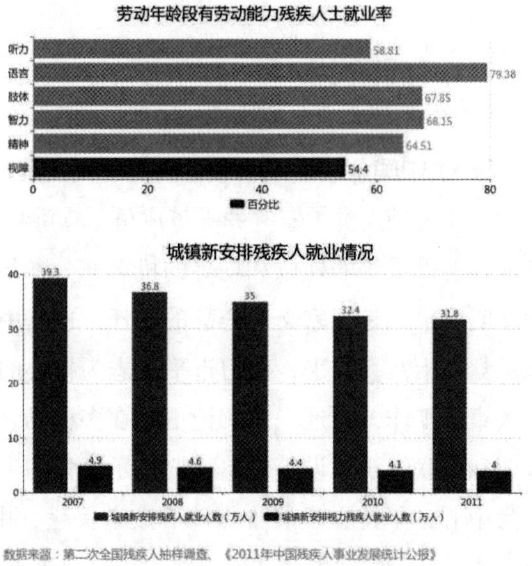

图151　劳动年龄段有劳动能力残疾人就业率和2011年城镇新安排残疾人就业情况

1. 我国视障群体人员数量比较庞大

在残疾人群体中，视力残疾人是一类非常特殊的存在，由于不可视物给自身生活造成了很大的局限。据中国残疾人联合会网站最新显示，截至2010年年末我国残疾人总人数8502万人，占中国总人口的6%，2006年第二次全国残疾人抽样调查显示，全国有残疾人的家庭户约占全国家庭总户数的17.80%，也就是近五分之一的家庭有残疾人。目前中国约有视力残疾 1731 万人，是除肢体、听力、多重残障之外最多的残障群体，占中国总人口的 9‰，即近 100 个人中就有一个视力残疾者。其中 1/3 是全盲，2/3 是不同程度的低视力。

2. 我国视障群体人员在学历方面处于弱势

专项调查显示，87.93% 的视力残疾人接受过教育，大学专科及以上学历仅占 9.79%，15 岁以上的视力残疾人中有 12.07% 的人未上过学。在接受教育的视力残疾人中，以小学和初中学历为主；小学学历占比 22.15%，初中学历占比 37.23%；受高等教育人数偏少，大学专科学历是 5.79%，大学本科及以上学历是 4.00%。对比现在就业市场的最低大专学历的要求，视力残疾人在学历方面处于弱势。

3. 与国际相比，我国视障群体人员就业渠道偏窄

目前国际上盲人的就业途径主要有三个渠道：一是通过培训，成为盲人按摩技师；二是钢琴调音师；三是盲人软件开发人员。在部分发达国家，视障人士可以在政府机构、学校或各行各业里从事着比如公务员、教师、心理咨询师、电话接线员、播音员、速录员等各种各样的岗位，美国有职业信息库收集了盲人的工种，包括教授、法官、农场主、投资银行家，还有核物理学家等等。在日本，盲人能像正常人一样生活工作，盲人可以从事按摩针灸、产业工人、老师、律师、文秘工作等工作，

图 152　2019 年中国残疾人就业创业网络服务平台上雇主面向视力残疾人群提供的岗位数量及类型

图 153　2019 年中国残疾人就业创业网络服务平台上雇主面向视障群提出的视力要求

还有少数盲人进入新闻界，或在电台当节目主持人，或在杂志社当编辑和主编，日本政界曾出现过两位盲人议员，宗教界也有盲人牧师和盲人神父。

但是在我国，视力残疾人就业援助相对来说起步较晚，劳动市场没有开发更多的岗位及遇到视力障碍人员，岗位供给短缺，视力残疾人群就业面拓展非常困难，即使有部分视力残疾人获得工作机会，也没能达成自身满意的效果。

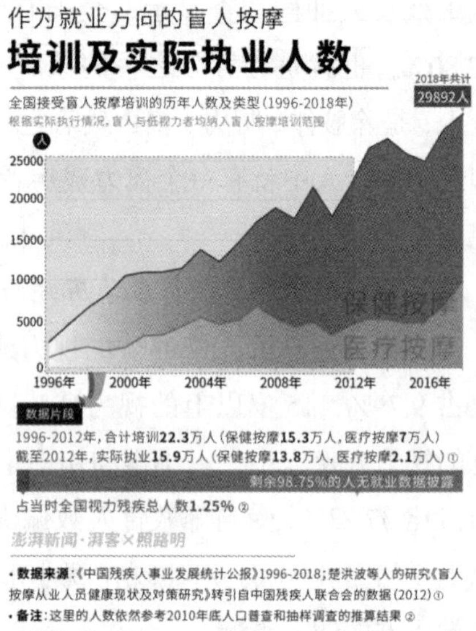

图 154　1996—2018 年全国接受盲人按摩培训的历年人数、类型以及就业情况

据《睿士》杂志报道，1985 年，盲人按摩被正式当成一项解决盲人就业问题的事业，自上而下开始推行。20 世纪 90 年代开始，因被作为专项业务列入中国残疾人五年发展计划，盲人按摩工作在全国范围内飞速扩展起来，按摩成了默认的盲人最优职业选择。到今天，有近九成以上的盲人从事着与推拿、按摩相关的工作。据《上观新闻》报道，近年来，全国平均每年培训大约 2.5 万盲人保健师以改善视障群体就业，而据调查显示，49% 的人在关于视障群体可以从事的职业的题目中填写了按摩师或推拿师。而实际上，最为人所熟知的盲人按摩则是视障大学生们的下下策。

4. 方便视障人群就业的硬件条件和残健融合的社会氛围尚未全面形成

据中消协与中国残联共同发布《2017 年百城无障碍设施调查体验报告》显示，目前各行业无障碍设施普及率仅有 40%，无障碍电梯、无障碍卫生间等设施缺失较为严重，且地区间、行业间发展不平衡情况较为突出，部分行业企业的无障碍设施存在未开放、被占用、维护不到位、设计不合理等问题，影响无障碍设施实际功能的发挥。盲道被共享单车大面积侵占等无障碍设施被侵占的情况也频频发生。信息无障碍建设更是相对落后，很多网站未开发“低视版”网页和“全文字”听读浏览功能，视力残疾人无法自主了解信息化世界中最新发生的事件，让视力残疾人便利获取信息的社会公示仍未建立，残疾人和健全人之间的壁垒仍然存在。根据2013年《中国信息无障碍发展报告》显示，在网站信息无障碍方面，我国与发达国家存在着一定的差距。欧美等发达国家的公共服务类和商业网站大部分符合无障碍标准，尤其政府和大型社会化网站信息无障碍率均达到100%；在亚洲的日本、韩国等国家达90%以上。我国政府网站数达7万左右，2012年以前实现信息无障碍的网站不超过100个，不足千分之二，公共服务类和大型商业网站无障碍率更低。在各种无障碍辅助技术（工具）的普及方面，我国与发达国家也存在一定的差距。据2010年12月Web AIM第三次屏幕阅读器用户调查报告显示，欧美发达国家残疾人使用读屏软件的比率高达91%。大字幕和头戴技术等辅助工具，在这些国家普及率也比较高。我国盲人使用读屏软件的人数仅为5万人，使用比例为4‰，老年人和其他障碍人群的辅助工具普及率几乎为零。

另外，我国当前社会大众对视力残疾人的认知偏见和社会歧视没有完全消除，社会上部分人的歧视和排斥再次雪上加霜，他们更容易产生自卑心理，觉得自己被边缘化，不愿意去上学或拒绝参加工作，而社会上去没有专门的机构来帮助他们进行心理上的康复。

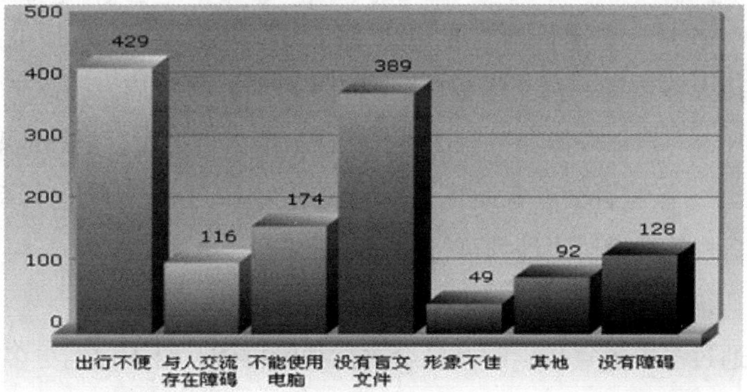

图155　2013年北京残障人文化发展中心以《盲人公务员公众态度调查》为题开展的一项网络调查

（三）中国传媒大学MBA学子的公益使命背景

习近平总书记指出“青年是整个社会力量中最积极、最有生气的力量，国家的希望在青年，民族的未来在青年”。高校大学生是青年群体中的中坚力量，肩负着实现国家富强、民族复兴、人民幸福的时代重任。青年大学生要勇立时代潮头，奉献祖国、奉献人民、奉献社会，做新时代的奉献者。要积极参与广泛生动的社会实践，在实践中锻炼能力，提高为人民服务的本领，用好社会这个“第二课堂”，加强与人民群众紧密联系，向群众学习，拜人民为师；要常怀感恩之心，积极践行社会主义核心价值观，广泛参与社会志愿服务，传播社会正能量，弘扬主旋律，在社会实践中感悟人生真谛。

作为中国传媒大学2020级工商管理硕士，我们入学的第一课，就是要参与到公益事业中，力所能及地为需要帮助的人们献出自己的力量。在这样的背景下，我们把关注目光投入到视障群体，希望通过我们的带动让更多人关注到视障群体的就业问题，帮助视障群体实现全面发展和共同富裕。这既是新时代中国传媒大学学子应该承担的职责使命，也是我们为全面实现小康社会应该努力贡献的力量。

二、项目计划

（一）项目方案初期拟实施计划

2020年5月，中国传媒大学2020级MBA学生、中央广播电视总台央广节目主持人谷迪受一位工作中接触到的视障听众来信启发，思考如何发挥电台、电视台等媒体资源和平台优势，帮助视障人群就业，更好地融入社会。2020年6月，谷迪启动声音助盲计划的前期准备工作，开始进行系统调研，与电台、盲校等渠道讨论计划可行性，并形成初步方案。

1. 项目拟定目标

一是通过多渠道宣传，呼吁社会关注视障群体，给予他们更多的理解和便利；二是集合各方力量，为视障人群输送专业知识，如：主持人教授普通话、心理学专家教授心理咨询等技能内容；三是联合多家机构、公司，如：央广新媒体旗下音频平台“云听App”，建立职业垂直通道，给视障人群提供更多工作方向和机会。

2. 五个阶段计划

为达成项目目标，计划分五个阶段实施整个公益计划。第一阶段：前期主持人等活动主要参与者进入盲校，了解视障者们的学习生活；第二阶段：多方募资，为盲校逐步建立广播站，为其提供央广音频节目资源，给予他们展示自我的平台；第三阶段：大型声音汇演演出时间定在 10 月 15 日国际盲人日，邀请蔡聪等多领域知名人士为视障者们献上节目，之后定期组织声音汇演；第四阶段：同时支持地摊经济发展，设置盲人朋友制作产品专区；第五阶段：定期授课（授之以渔）：邀请中国传媒大学专家教授普通话、心理学等课程，让盲人朋友们未来有安身发展方向。

3. 活动宣推计划

一是前期通过“FM99.6 中国交通广播”节目宣传以及各平台新媒体账号进行活动预热；二是邀请“一加一”残障人公益集团合伙人蔡聪等具有影响力的视障者进行演讲宣传；三是结合时下热门“地摊经济”，提前定期推出视障者手工制品售卖摊位；四是利用线上线下相结合的方式，通过广播、视频直播等融媒体形式扩大推广面，吸引多方受众。并计划设置一部分奖品，提高活动参与度，奖品包括为每一个参与活动的视障者提供“云听 App 会员卡”一张，价值 360；募资购买智能音箱等盲人收听、使用设备；联合其他机构确定定期演出场地等。

（二）项目进展过程中的实际实施计划

受新冠肺炎疫情影响，在项目实施过程中，项目组遇到盲校不能开学、不能举办大规模线下活动、“地摊经济”遇冷等实际困难，所以项目组一边实施项目一边根据实际情况临时调整实施计划。计划调整以线上为主，线下为辅；了解和关注视障群体就业需求为主，帮助解决视障群体就业困难为辅。最终项目按照如下进度完成计划：

2020 年 6 月 21 日，召集参与成员；

2020 年 6 月 22 日，项目小组成员召集完毕；

2020 年 6 月 23 日，22 位成员召开第一次线上讨论会，自我介绍，根据自身资源与能力匹配可实施的项目内容，各自对项目提出意见建议；

2020年6月29日，完成项目组成员名单的最终确立，并根据每个人特点进行项目组分工；

2020年7月3日，根据讨论结果，形成第二版优化方案，讨论项目组开通微信公号进行宣推的必要性和可行性；

2020年7月22日，22位成员中部分成员进行第一次线下见面沟通会，讨论下一步工作重点；

2020年7月22日~28日，小组通过线上讨论，各自贡献助盲公号创意名称，最终经过投票明确了公益项目名称为“耳边的光明”，意思是我们要用声音为视障群体带去光明；

图156　公益项目 Logo

2020年7月28日，微信公众账号开通；

2020年7月30日，Logo设计完成；

2020年7月31日，微信公众账号上线发布第一篇文章，并开通筑芒FM；

2020年8月5日~8日，公益小组举办第一次线上行动“黑暗挑战”；

2020年8月14日，公益小组线下采访蔡聪；

2020年9月2日，成员召开第二次线上讨论会，总结项目进展情况，讨论下一步工作计划以及项目总结报告分工；

2020年9月4日~15日，公益小组分头进行线下行动，采访视障人员；

2020年9月4日~9日，公益小组联合中国盲协和腾讯公益，在99公益日发起“扶贫助盲公圆大学梦”的公益捐助活动；

2020年9月14日，公益小组举办第二次线下行动，去黑暗餐厅进行体验；

2020年10月9日，公益小组举办第三次线下行动，去北京盲校，与小朋友面对面沟通；

2020年10月12日，公益小组举办第三次线下行动，参与中国盲协举办的线下盲人音乐会；

2020年10月12日~18日，撰写、讨论、修改项目总结报告。

三、项目过程

按照计划，公益小组从2020年6月21日到2020年10月18日，有节奏计划地开展了以下重要工作：

（一）开通筑芒FM，用声音传递爱心

公益小组自活动初期即开通了专属微信公号，对助盲过程进行跟进记录和分享，还开通了筑芒FM，邀请大家通过音频的方式为盲人朋友分享心情和传播知识内容，也拓宽了助盲宣传渠道。公益小组在微信公众号等平台每周发布至少一篇优质原创内容，截至10月16日已有近十篇报道，内容涵盖盲人多元化就业与发展、视障人士专访、盲人学校介绍、国际盲人节公益音乐会、推广盲人生活出行体验游戏等，让更多人了解、理解盲人群体。

（二）发起“黑暗挑战”行动，亲身体验视障人员生活

为更好地了解视障人员的世界，更真切体验视障人员的身体和心里感受，公益小组发起了“黑暗挑战”，邀请身边不同群体的人们挑战黑暗。

1. 邀请小朋友参与黑暗挑战

公益小组邀请了6位5~8岁的小朋友，蒙上双眼，请他们回答问题：“你知道盲人是什么样的人吗？”“你知道盲人怎么生活吗？”“蒙上双眼什么都看不见是什么感觉？”，并请他们蒙上双眼后去书架上找书、去房间寻找自己喜欢的玩具等，在体验了盲人生活的不易后，请小朋友对盲人小朋友说鼓励的话。

“盲人就是盲人摸象故事里讲的那样，只能摸到大象的腿，感受不到大象的整个身体”“盲人只能用手触摸生活”“盲人只能走盲道”“蒙上双眼什么也看不见，实在不方便”“我要牵着盲人小朋友的手，帮助他过马路”“加油，让我当你的眼睛”“我想带盲人小朋友一起去看世界”……小朋友们通过黑暗挑战，对盲人有了更直接的认识，也在心中种下了一颗关心盲人的善意种子。

2. 体验盲人朋友如何使用智能手机

现如今，功能繁多、屏幕绚丽的智能手机已经全面普及，而盲人朋友如

何使用它们来方便自己的生活呢？公益小组成员开展了体验用读屏软件买火车票的活动。

我们的体验志愿者下载了某读屏软件，完成语音及语调的设置，就可以开始使用读屏功能了。健全人使用手机，一般一根手指就可以左右滑动屏幕、选中软件，但视障者因为需要触摸屏幕，由读屏功能告诉他们手指所在位置是什么软件，或是有什么功能选项，所以他们的操作是一根手指去触摸，根据听到的读屏找到需要用的软件或功能，单击选中，双击即可打开；两根手指滑动屏幕即可实现上下左右滑动屏幕的功能。

基本设置完成后，志愿者戴上眼罩，模拟购买北京到西安 10 月 4 日下午出发的高铁。在触摸屏幕，听到应用市场的声音后双击打开，找到搜索框，搜索并下载铁路官方出品的“铁路 12306”，接着用两根手指滑动屏幕，听到第四屏（最后一屏）声音后，左右上下触摸屏幕，听到“铁路 12306”的声音后双击屏幕任意位置，软件就打开了。

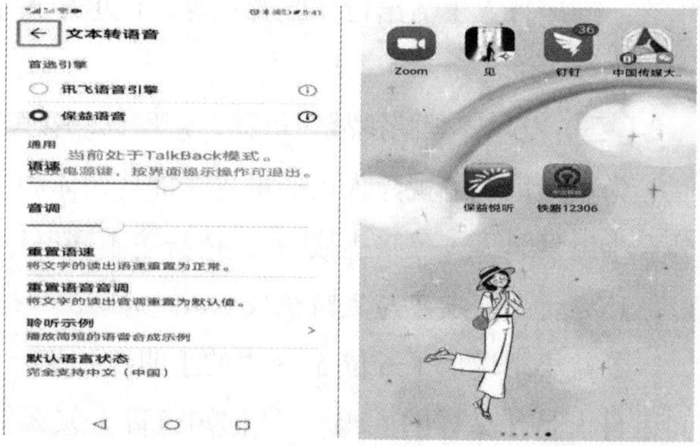

图 157　语音读屏软件界面

进入 12306 软件后，触摸屏幕左下角，听到选中首页时，双击屏幕任意位置，到达首页，滑动浏览屏幕，会发现有两个地区名称，分别是出发地和目的地，双击选中，修改出发地为北京，目的地为西安；这个界面也会显示日

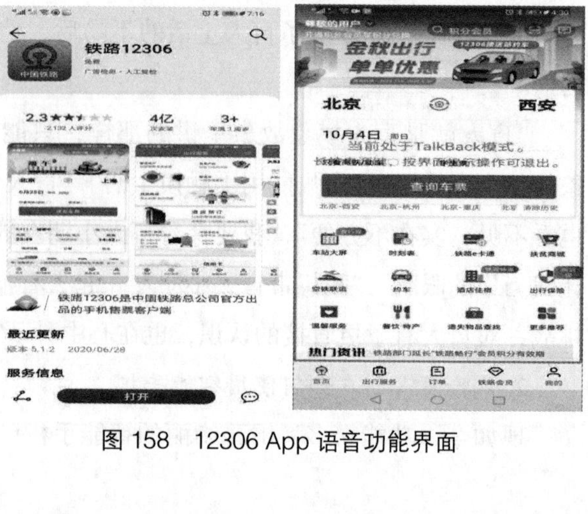

图 158　12306 App 语音功能界面

期，格式为某月某日星期几，因为我们需要购买的是10月4日，因此需要双击点进去，将乘车日期修改为10月4日；滑动屏幕，听到查询车型时双击，在当前界面，最上方会告诉我们查询到了多少趟列车，下面就是每一趟车的信息。

图 159　使用 12306 App 语音功能购票界面

体验志愿者表示，在听视障者买票攻略之前并没发现查询车次界面包含的信息如此之多，整个流程操作下来，最大的感受是刚开始使用这一功能时，要有耐心，慢慢滑动以免错过信息。整个过程感觉复杂了些，但视障者的听觉通常更为灵敏，如果经常使用，多加练习，熟练后可以用倍速读屏，速度也会大大提高。

3. 体验失明状态下弹吉他

蒙上双眼，我们还可以做什么事？公益小组一位志愿者是一名电台录音师，多年从事和声音有关的工作，也力求能够为视力障碍人士提供帮助，寻找他们在社会中能做的事情。这次他选择体验的是在失明状态下弹吉他。

他表示，整体过程其实是被简化的，在准备好椅子，并把吉他放在相邻的沙发上之后，他才把眼睛用口罩蒙了起来。他表示，虽然身处在家里，是自己最熟悉的环境，但当他闭上眼睛陷入黑暗，他却感到的是莫名的恐惧，感觉身体和内心都失去了安全感，他想要抓住什么东西来依靠，双手一起摸索着坐到了椅子上。接下来是拿到吉他，尽管从椅子到沙发的距离在平时看起来是那样微不足道，但在没有视觉帮助的情况下，大脑下意识地产生了怀疑，在没有触碰到下一个可以依靠的物体之前，自我保护意识让人寸步难行。他先是用左手扶住沙发，右手才缓慢离开了椅子背，扶住沙发，然后再顺着沙发的轮廓去摸琴。在拿到吉他并艰难地坐回到椅子上之后，他终于松了一口气，感慨道，扮演一个盲人不需要演技，只需要把双眼蒙上。简单的几个日常动作，正常情况下几秒钟可以完成的事情，在“黑暗”中完成却需要几倍的时间。他在黑暗中为盲人朋友们弹了一首《小宇》，并希望能够以自己的力量，帮助到身边的盲人朋友们。

4. 体验一个盲人在家如何生活

也许每个视障患者都曾想象过，假如拥有光明的机会，他们要去做点什么，去看看阳光底下的春夏秋冬，或者最亲爱的人的面庞。公益小组的志愿者赵亚楠尝试用镜头记录下自己的半小时居家“黑暗挑战”，戴上眼罩，闭上眼睛，尝试用心感受和读取身处黑暗世界的盲人们内心的渴求。

本次黑暗挑战为志愿者设置了三个任务：第一，为自己倒一杯水；第二，独立进行洗漱；第三，由摄像师随机提出一件日常事交给志愿者去完成。

志愿者从客厅沙发出发，因为对环境很熟悉，比较顺利地躲过了桌椅等障碍，来到了厨房饮水机的位置。触控面板上有常温、50℃、80℃、90℃和开水五个挡，冒着被烫伤的危险，志愿者靠着脑海里触控点的位置，在摸索中接到了50℃的温水，完成了第一个任务。接下来第二个任务，独立洗漱。志愿者也靠着摸索，前往洗手台，拿到自己的电动牙刷，而挤牙膏则成为这个任务中最大的难点，我们的志愿者经过尝试，把牙膏挤到了刷头侧面几乎要掉下来的位置。最后的随机任务确定为喂家里的宠物狗，志愿者准备好狗粮，把笼子打开放出小狗，但受到视力的影响，她无法将进食后的狗重新关回到笼子中，这个任务并没有完全成功。

就这样，志愿者的三个任务都结束了，而时间只过去了6分钟。性格活泼的她坦言，剩下的24分钟她只想安静地坐着度过。

黑暗的世界单调又复杂，此次的“黑暗挑战“带给我们的小组成员和志愿者们很多思考，我们期待社会物理环境对盲人朋友更友好一些，各类产品的设计能考虑到特殊人群的使用安全；我们希望盲人朋友能有家人同住帮忙，充当他们的眼睛和手杖，更希望他们能够被有质量的陪伴，进行有质量的交流。公益小组也同时发出号召，希望“黑暗挑战”能够继续传递下去，吸引更多人参与，相信通过这一活动，大家都会有独特的收获和感悟，也会更理解视障人群，产生更大的社会影响。

（三）一对一采访视障人员，倾听视障人员需求

1. 专访盲人蔡聪

蔡聪从小学习成绩优异，是个学霸，10岁因药物致盲后，囿于当时的教育体制，他不能参加高考，只能去长春特殊教育学院学习针灸推拿。大学毕业后，不甘于做盲人按摩师，蔡聪通过自己的努力成为某公益集团合伙人、某公益基金残障项目总监，他一直在积极从事推动视障人士融入主流社会的工作，比如公共培训、社群动员、无障碍推动，与手机厂商沟通，协调他们的系统配备无障碍语音功能等。

在接受公益小组的专访时，蔡聪表示，希望社会对待视障人士就像普通人一样，给予尊重、接纳和信任。“除了看不见，其实我们和大家一样，就是普通人。”这是他经常说的一句话。

对于残障人士，大多数人总是怀着同情、害怕，或者是过分关怀的心情，因为没有和残障人相处的经验，很多人总是小心翼翼，怕伤害他们，不能将他们如普通人看待。尤其过度反应式的关怀，甚至可能会演变成另一种“歧视”。当助盲公益小组提问“您希望社会大众如何看待视障人士”时，蔡聪说：“接纳、尊重和信任。接纳、尊重，就是相信残障人士有能力，不是有残疾就什么都不会做，不能做。接纳就是让他想做什么就让他去做，尊重就是凡事都去问问他们的需求，征求他们的意见。”

“我们真的和普通人一样，也会看小说、追剧、打游戏，没有什么不同。”希望社会更多人听见视障人士的声音，摒弃“偏见”，把他们当普通人对待，给他们提供更多普通人的展示机会和工作机会，让他们也有机会去开创美好的未来。

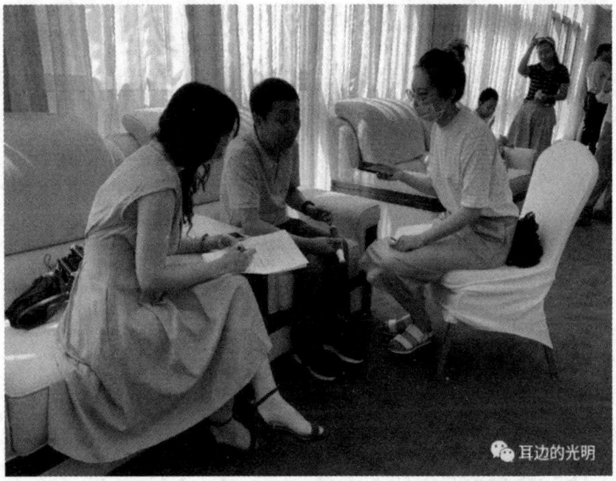

图160　公益项目小组成员采访蔡聪

图 161 2017 年，蔡聪参加“奇葩大会”（图片来自网络）

图 162 朱亚文和蔡聪体验视障人员出行方式

9 月 9 日腾讯公益日，蔡聪和演员朱亚文一起做了一场体验中途失明人士重建生活希望的视障生活直播，为大家展现了失明人士的生活，也让大家发现视障人士其实能做的事情很多。

蔡聪说，视障人士职业 1.0 版是乞讨、卖艺、算命、按摩；2.0 版是从事跟声音有关的工作，比如钢琴调律师、客服等；随着科技的进步现在到了 3.0 版，他们的团队培养了大批 AI 数据标注员，视障人士可以充分发挥听力的优势，快速高效地为 AI 大数据进行标注。蔡聪坦承，视障人士需要的不是同情，更多是同理心，视障人士不是什么都做不了，而是需要社会给他们更多机会。

2. 探访黑暗餐厅

光明与黑暗的交响是一种怎样的体验？ 9 月 6 日，中国传媒大学 MBA 公益小组来到北京西单的一家网红主题餐厅，在这里进行了深入的体验，并对餐厅创始人及餐厅的盲人员工进行了专访。

木马童话黑暗餐厅分为两个区域，其中黑暗区域是其特色所在，就餐环境是一片漆黑，客人就像是经历了一次短暂的“失明”体验。在进入黑暗区之前，需将贵重物品以及会发声发光的物品存入储物柜，将双手放在引导员的肩膀上，按照指引落座。

餐厅创始人曾是一名外科医生，在谈起黑暗餐厅创意的时候，她提到，自己曾经有一段视网膜脱落的经历，对于视力健康这件事来说有切身的体会。她希望黑暗体验能触发“换位思考”，让大家珍视生命中拥有的事物。

图 163　采访时的一批客人进入黑暗餐厅就餐的场景

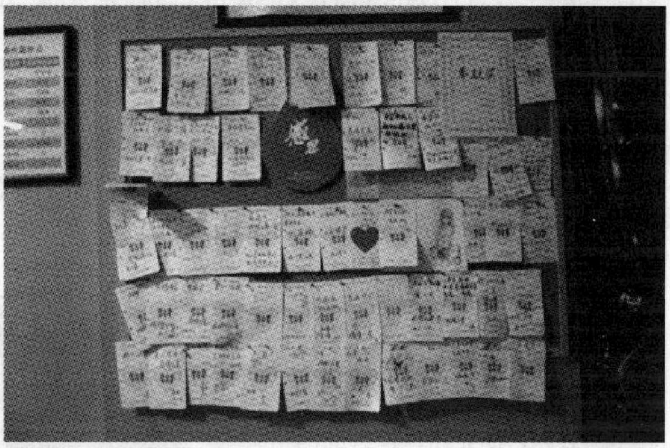

图 164　餐厅进门的留言墙，很多人写下了自己的感言

图 165　餐厅创始人接受公益小组采访

人们如何面对失明？这关系到失明者如何看待自己，也关系到身边人如何看待失明者。在餐厅入门处的留言墙，我们看到了很多写满感悟的纸条。一位不知名的顾客留言写道：“看得见就是幸福。”另一位顾客“牛小姐”留言：“我想到了我的母亲，她的视力每年都在减退，致盲是迟早要面对的一天。”“醒来时发现母亲靠得特别近的脸，在端详着我，发出会心的笑。我总是抱怨离这么近干吗。终于明白，原来她是怕有一天再也看不清我的样子，或是在记忆没有衰退前记住我吧。”“泪，竟不知不觉流了一脸……”

然而，让视障人适应工作并不容易，上下班、采购、配菜、点单送餐这些对于常人轻而易举的事情，对他们来说非常困难。但对于餐厅的员工，创始人表现得十分自信：“我们的盲人员工就不用培训了，他们都非常的棒，都是超出你们能想象的那样的优秀突出。”

创始人表示：“人第一是生活，然后才是工作，为什么选择开餐厅来帮助身体有障碍的群体？是因为他们既能以此为谋生的手段，也能照顾好自己的生活，就这么简单。我希望能给予更多的视障群体安排除盲人按摩、接线员这样的工作，他们在餐厅里工作，大家可以在这个状态下跟正常的一些顾客平等地交流，更好地提升自己。”

截至目前餐厅已经营了 11 年，11 年来有 80 多位视障人士在这工作过，和盲人员工的相处也让她感慨良多。谈起过往的员工，她滔滔不绝，太多鲜活的面孔映入眼帘，比如在英国攻读硕士刚回国的小曾是中国残疾人艺术团的一位小提琴手。

我们注意到负责接待我们的餐厅经理也是一位盲人，他在餐厅穿梭自如，完全看不出他有视力障碍。他毕业于北京联合大学特殊教育学院，从大学一年级开始就一直在黑暗餐厅兼职，在这 7 年时间里，他负责的任务越来越多：黑暗引导、新员工的培训、乐队组织演出，甚至做面包、外出采购等。他说：“人生重要的是经历，在这里会接触到很多的人，跟人接触交流，我觉得人际交往的能力得到了一个比较大的提高，因为你在社会上，和在大学里、在家里那是完全不一样的，当然也包括我老板、同事，还有社会上各界爱心人士，对我都是非常照顾，非常关心，要不然我的性格也不可能是现在这样。”

图 166　餐厅经理（盲人钢琴伴奏师）在表演区演奏《告白气球》

图 167　公益小组在木马童话黑暗餐厅现场

这家黑暗餐厅给了众多盲人员工自如工作的环境，也让他们有了和形形色色人们平等交流的空间。它用最大的包容度，给盲人员工提供了最大的发展空间。受新冠肺炎疫情的冲击，餐厅遭遇了“寒潮”。采访期间餐厅创始人不断在接电话，筹备着新的项目，等待着新的机会，她说，餐厅的名字来自特洛伊木马的一个传说，希望能在黑暗中蛰伏，积蓄力量，出奇制胜。黑暗餐厅一路探索，筚路蓝缕，是一种有价值的社会创新，值得被呵护。希望在更多的爱心人士帮助和支持下，这家黑暗餐厅的员工们能在他们自立、追梦的路上更向前一步。

3. 专访北漂盲人员工

小王，男，36 岁，河北邢台人，2007 年来到北京，已经一个人在北京打拼十多年了。这些听起来没有什么特别，和千万个在北京讨生活的“北漂”们没有什么区别，唯一的不同是：小王是位盲人。

我们见到小王的时候，他正在互联网公司“得到 App”工作，给同事们做按摩。他在得到已经快四年了，之前和他同为盲人的女朋友，一起每天为同事们提供按摩放松服务。2019 年年底相处了两年多的两人分手后，女朋友辞职了，小王也开始了每天独自乘地铁上下班的日子。他住在燕郊，离工作地点很远。

小王并不是先天盲人，小时候还有一点视力，白天甚至可以骑车。后来视力每况愈下，和我们见面那天一早，他又去了同仁医院，医生诊断是白内障，可能无法手术。我们想象他应该是很难过、难以接受的，但他表现出的乐观和平和还是让人印象深刻。小王目前还能看到一点点，去过的小医院说能做手术。他还在犹豫，担心不靠谱，说先等一等，等实在是看不到了，就去小医院做手术。反正已经看不到了，做好了是运气，失败了也不能更坏。

小王先天视力很弱，小时候走路还没有问题。他笑说自己上过一两年学，所以也就认识一两个字。比起一个人上下班，反而觉得到外面吃饭更困难一些：招牌上 5 个字，他可能就认识其中 1 个。另外就是去医院就诊也颇多不便，导医服务太少，就诊流程又复杂，一个人去医院的确很不方便。

十六七岁的时候，父母让他去学按摩，他就去了残联办的免费培训班，学习 3 年，半年学盲文，然后是理论基础、中医基础和人体解剖等知识。毕业后在老家的按摩店工作，后来认识了在北京工作的朋友，北京的工资比老家高，就来到了北京。父母倒也没有反对，小王在北京的工作生活都是自己料理，包括找房子搬家等，有时候还自己做饭。就是和女朋友分手后，一个人回到家觉得很寂寞。他现在最大的担心就是等完全看不见了，会需要麻烦父亲从老家过来，每天领他上下班。

问他希望在北京实现什么理想，他说在北京安家几乎是不可能了。希望攒够钱将来在老家能买房。其实眼睛问题更严重后，他也想过回老家，只是现在还想“再等一等”

关于工作，如果不做按摩，小王也可以选择一些依靠听力能完成的工作类型，而且的确也有不少朋友在从事诸如音频后期剪辑、做音乐、伴奏、录制小说、调音师等一类的工作。现在有不少相关软件，操作起来很方便，他自己已经试过剪辑类的工作，虽然还不精通，但也不失为将来发展的方向。

聊起兴趣爱好，小王眉飞色舞地跟我们分享了他的炒外汇经验。他说盲人朋友们中，炒股的不少，但炒外汇和黄金的不多，因为风险比较大。小王从 2016 年开始接触这种理财方式，“不敢说我是第一个，但我还是很有发言权的。”手把手教过不少盲人朋友炒外汇、炒黄金，每个月都有小小盈余，赚点零花钱补贴一下生活费。

日常生活中，小王还喜欢和朋友们聊天、打游戏。现在有不少专门为盲人开发的游戏。而且大部分情况下可以读屏，所以盲人朋友们的上网体验还是比较好的。

问到有什么心愿的时候，小王不好意思地说，想找个女朋友。他也谈到了盲人群体找对象的困难，因为大家基本都是在网上认识的，女性盲人比较少。其他类别的残疾群体也不知道从哪些平台能够认识。

短暂的采访，只能让我们对盲人朋友的生活有个非常粗浅的了解，对于他们的期望、希望解决的各类困难都只能知道个皮毛。其实我们还可以做更多事情，比如，是否可以有一个平台来帮助各种残障人士互相认识、交流，解决他们的婚恋问题？是否可以建设一个统一的平台，让各家企业或组织来发布适合残障人士的职位？除了残联和盲校，有没有更多机构或公益组织能提供培训盲人门就业的技能？

4. 采访北京联合大学特殊教育学院 2020 级毕业生

2020 年 9 月 11 日，声音助盲公益小组成员采访了北京联合大学特殊教育学院 2020 年毕业生小余。

小余，23 岁，来自贵州安顺，小时候因为生病致盲，4 年前通过自己的努力考上了北京联合大学特殊教育学院音乐学专业。2020 年 7 月从学校毕业，毕业 2 个多月，还处在寻找工作机会的过程中。小余告诉公益行动志愿者，受疫情、工作条件限制等多种原因，2020 年跟他一起毕业的同班同学有 16 个人，除 1 个选择考研继续深造之外，15 个人都出来找工作，但目前签下了劳动合同的同学不超过三分之一。他每天都会在网上投递简历，也会跟学校的老师沟通，请老师提供一些就业指导和帮助。他不愿意回贵州老家，因为北京的机会更多，在北京上了 4 年大学已经很习惯北京的节奏，虽然现在一直没找到工作，经济方面还是让他比较有压力。但小余还想继续坚持，希望在北京找一份音频后期或者音乐制作方面的工作，这是他从小的兴趣，也是他想表达自己内心世界的方式。

对于视障人员就业过程中面临的问题，小余认为有多方面的原因，包括普通人对视障人员了解程度不够，很多人不知道视障人员能做什么。还有社会各方面政策和力度也不够，制度方面还有很大提升空间，比如他们还没有接触过帮助视障人员就业的社会机构或者公益组织。媒体宣传可能也不够，日常比较少主动关注视障人员。也有视障人群本身的问题，有时候面对困难时会有畏惧退缩之心。但对未来，小余依然充满信心，还坚持在找工作之余继续参与公益活动，因为他相信生活带来的麻烦会让生命时刻保持觉醒状态，只要足够努力，就一定能够实现自己想要的生活状态。

5. 专访公益组织工作者、低视力大学毕业生小树

小树，23 岁，2019 年毕业于江苏某大学，目前在一家公益组织负责公益项目的执行工作。

图 168　小余参加公益活动

作为一名低视力患者，小树从小就有做教师的梦想。尽管多年来，她和家人努力克服了求学路上的

障碍，与明眼人孩子一起就读于普通中小学，并在全家人的期盼中成功考入大学并毕业，摆脱了“盲人就得做按摩”的诅咒，但许多受过高等教育的视障人群面临的就业天花板仍摆在了她面前。

小树的白化病引起的低视力成了她职业的绊脚石，她在面试中或直接或间接暗示视力障碍有碍个人和企业形象、被质疑工作能力、甚至有人认为她找工作不过是为了混日子。好在她最终在江苏某城市一公益组织找到了工作，目前工作也顺利开展中，据介绍她虽然因为低视力会工作稍慢，但她会利用私人时间工作，因此工作从未出现拖欠等问题。

在小树看来，社会上仍普遍存在着对视障人群就业的刻板印象，人们普遍判断视力不好的人不能胜任各种工作，却并不分析职业对视力的要求，也不考虑当今技术发展对视力的支持和辅助，而这种刻板印象正是推动建设融合社会的必要性之一。

在一次和夏令营小朋友的交流过程中，小树发现，孩子们并不会因为“你我不同”而判定“你不如我”。因此她认为，当今社会一方面需要建立融合社会，让更多年青一代了解认识残障人群；另一方面需要从硬件和软件上支持视障人群就业，措施包括盲道的建设和计算机无障碍系统的应用，更重要的是雇主需要改变原有的刻板印象，理解并接受视障人群的能力和需求。

小树认为，除了最常见的盲人按摩之外，受过高等教育的视障毕业生可以从事文字类工作和声音类工作，甚至计算机编程类工作，前提条件是所就职工作单位可以提供相应的辅助条件，一旦条件具备，视障人群完成工作的能力和时间并不会低于明眼人。

“我们需要的是一个平等的机会，我们没有什么不一样。”小树说。

（四）走进北京市盲人学校，聆听孩子的梦想

助盲项目启动已有四个月的时间，随着疫情的渐渐缓解，我们公益小组成员来到了北京市盲人学校，近距离地探望并了解盲校师生们的学习与生活，聆听他们的梦想与心声。

10月9日下午，在长假结束后的第一天，在学校课间操的欢快音乐节奏中，我们来到了位于北京市海淀区的北京市盲人学校，在学校的礼堂里，与

每个年级的学生代表见面并恳谈。

很多人可能觉得，盲人因为视界的限制只能从事一些按摩或者手工相关的工作，然而在和这些视障学生们的交谈中，我们发现，这些孩子可能眼前的世界不够光明，但是他们的心中另有一片蓝天大海。

比如有着天籁般嗓音的小宇，她的梦想就是成为一名主播，19 岁的她已经在各类的朗诵比赛中取得佳绩；

正在准备钢琴九级的小迪一方面打算将钢琴路走下去，另一方面也希望未来能够从事作曲编曲之类的工作；

而初三的闫文博和高一的小文，却有着另外的想法，他们希望可以成为一名程序员，并且已经独立编写一些小工具；

高二的李云鹏和初一的小诚，则希望未来能够成为一名医生；

还有几位帅气的男孩子，他们希望以后在体育方面有所发展……

他们每个人在讲述自己的梦想的时候，脸上都带满了笑，就像那鲜活的梦想就在眼前，他们讲述的仿佛不是一个想法，而是一份触手可及的光明。

活动的最后，我们送给全校二百余名师生每人一张价值 360 元的“云听”App 的 VIP 年度会员卡，希望他们能用这张卡，通过这款中央广播电视总台音频客户端，获得更多知识，听到更多耳边的光明。

在参观过程中，学校的老师向我们介绍，这所学校创始于 1874 年，是名副其实的百年老校。作为北京市市属的唯一一所盲人学校，经过一个世纪的沉淀，以及政府及社会各界的支持下，北京市盲人学校不仅建设完善的教学

图 169　公益小组在北京盲人学校与学生交流

图 170　北京市盲人学校学生在练习音乐

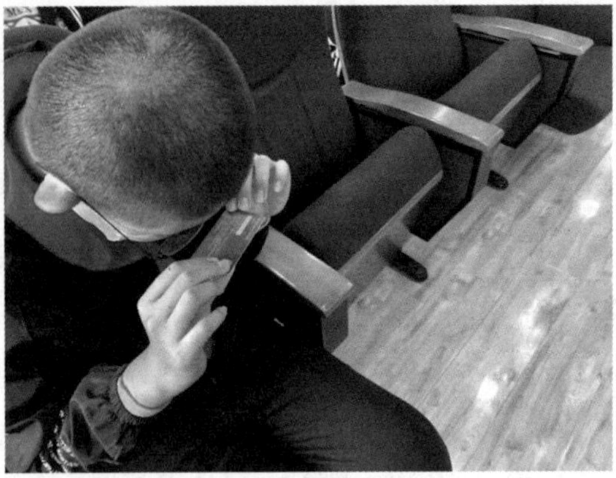

图 171 盲校学生拿到公益小组赠送的“云听”VIP会员卡

环境，并且已经建立了完善的学制和教学系统，学制覆盖了小学、初中、高中等全阶段，并且还根据学生及家庭的规划与学生情况的不同，区分了高考方向和就业方向两条路线。前者偏重文化课培养，后者偏重专业技能方面的培养。

完善的教学设施，也让学生们在这里的学习生活都和“明眼人”一样。我们注意到，学生们在这里是不需要盲杖或者其他辅助设施的，无论视障程度如何，都能轻车熟路地到达自己的目的地。

老师介绍，学校的建设和管理在细节上做得非常认真，除了基础的盲道、每个教室门口会有一个按钮帮忙提示不熟悉环境的学生们来辨认这个房间的功能，而且在所有通道上都严禁停车或者堆放杂物，避免影响学生们的行动。

正是这些细节的打磨，让学校里的学生除了入学第一个月需要家长老师们的陪同引导，剩下的时间都能够在校园里如履平地。

视障学生们在这里，不仅可以学习文化知识，还能学习乐器、体育、声乐、朗诵、中医等。除此之外，学生们的爱好也得到了尊重和发扬，据老师介绍，学生们还自发组织了曲艺社，自行组织节目排练和演出，这些社团在学校里十分受欢迎。

事实上，学生们的这些爱好都已经达到了专业水准。学校的学生合唱团在国际盲人节公益音乐会上献上了精彩的演出，而学生们的朗诵在国内的各类活动与比赛中，都取得了优异的成绩。老师介绍说，其实孩子们的水平和能力，并未受到视障的束缚，他们的表现放在与一般人同一竞争水平上，依然是出类拔萃的。他们并不需要怜悯或者刻意地让步，而是更需要一个公正平等的对待。

梦想无界限，无论是视障人士，还是“明眼人”，心中都有无限的梦想随时准备扬帆起航。然而对于视障人士来说，实现梦想的路上确实多了很多阻碍。盲校的存在，则为他们的前行路上扫清了许多障碍，并交给了他们很多跨越障碍的工具。

公益项目组希望能够助力他们将实现梦想之路，再拓宽些许。

在此，我们也衷心祝愿，这些心怀梦想的孩子们，终有一天，自由地翱翔在自己梦想的星辰大海。

（五）参与中国盲协举办的线下盲人音乐会

10 月 12 日，中国传媒大学 MBA 公益项目的成员们参加了由中国残联主办的“看见明天”国际盲人节公益音乐会的录制。

图 172　158 公益小组与“看见明天”国际盲人节公益音乐会全体演职人员

全长近两个小时的音乐会，分为四个乐章，串联起了合唱、独唱、器乐独奏、合奏等众多盲人音乐家、艺术家的精彩节目。

从美声到流行，从钢琴到吉他、贝斯、架子鼓，从竹笛到马头琴、扬琴，音乐会全面展示了他们在音乐方面的卓越才华。

图 173　公益小组组长谷迪主持国际盲人节公益音乐会节目

公益项目负责人谷迪受邀担任音乐会的主持人。在筹备过程中，她见证了参加演出的盲人音乐家们台前幕后的辛苦准备与付出，而这次特殊的主持经历，也使她感触颇深。

谷迪说："从音乐会筹备之初到演出结束，我看到了残联和盲协等工作人员对扶盲助盲的用心。盲协的何主任和我沟通这次音乐会时向我介绍了盲人朋友的情况，我才了解很多盲人朋友是很有才华的。这次音乐会和我搭档主持的有一位盲人朋友，相对于我们明眼人可以通过手卡提示，他只能通过盲文背诵下来才行，就这一件小事就增加了很多困难，更别说跳舞和演奏乐器了。当我看到整场晚会每个节目都如此精彩，尤其是盲人朋友们在弹钢琴、吹萨克斯随着音乐律动享受的感觉，我在舞台上感动得哭了。他们真的应该得到更多社会的关注和机会，他们其实和我们一样，他们其实可以获得更精彩的生活！"

如果不曾参加公益小组走近视障人士，不曾亲耳聆听他们的音乐会，恐怕谁都想象不到，盲人朋友们站在舞台上，演奏手中的乐器，唱出心里的歌，那份超乎普通人的自信、笃定，光芒四射。

正如意大利歌唱家安德烈波切利的父亲所说"虽然你看不见这个世界，但至少，可以让这个世界看见你！"接受更好的教育、关注更多做得了的事情并努力做得更好，每一个人都将迎来更美好的未来。2020 年 10 月 15 日是第37个国际盲人节，助盲公益小组愿盲人朋友们的生活永远充满声音和爱！

四、项目成果

（一）为视障人群提供切实帮助

4个月的公益行动，虽然没有取得惊天动地的成就，但项目组一直在努力践行小组成立之初的初心，为视障人群提供切实的帮助：

1. 形式丰富，形成了多种方式相结合的活动

方式一线上挑战，方式二线下采访，方式三采访式体验，方式四线下活动，方式五音乐会。活动不局限一种活动形式，也不局限线上或者线下。在活动过程中，项目组还与北京盲校、中国盲协、央广、人民网、腾讯等多个渠道建立联系，形成合力。

图 174　人民网海外账号报道公益音乐会

2. 知行合一，真正走进不同视障群体中

不管是采访还是线下活动，小组成员都走进视障群体中，耐心倾听了多位视障人员的需求和愿望，让他们体会到他们并不孤单，帮助他们建立与外界的联系。走进这个群体是帮助这个群体的第一步。

3. 助力宣传，让更多人对视障群体有了更深了解

通过线上线下活动以及项目微信号、媒体报道等形式，传播了视障人群相关知识，引起了更多人对这个群体的关注。就像一位参与黑暗挑战的小朋友家长给我们留言说：我们愿意参加这样的公益活动，让孩子们了解跟他们

不一样的群体，去学会珍惜，学会关爱，在成长路上种下一颗善良的种子。

（二）项目组成员个人得到提升

近四个月的公益行动，通过丰富多彩的调研和实践活动，公益小组对研究生活动的参与组织有了学习体会，项目组成员之间建立了深厚的友谊，对现阶段视障人员就业问题有了更深的调查了解，这些经验总结和美好友谊将进一步指导小组成员们未来的研究生学习，引导大家做更多有益于社会的事情。以下是项目组成员的切身体会：

谷迪：起初成立这个公益小组，只是想帮我节目的盲人听众呼吁社会多给予他们理解和支持，没想到关注到了这个群体后，发现他们竟如此有才华，他们真的需要更多的机会和正视。在这段时间里，我们先后和盲文图书馆、中国盲人协会达成了初步合作意向，未来我们还会继续坚持助盲公益这份事业，尽我们所能帮助他们，丰富他们的生活、提高他们的生活质量。

张莹莹：四个月的公益行动，我最大的收获就是第一次真正走近和了解了视障人群这个群体，改变了我过往对这个群体的刻板印象。

姜洁：明眼人只有真正走进黑暗才能体会到视障人失去光明时的恐惧和无助，而只有与他们共情才能更好地设身处地地为他们设想如何改善黑暗中的生命。

王暄：我希望，真正关注社会当中这样的群体，是不把他们另眼看待，并且给他们相同的机会。

孙超：活动中感受到了盲人朋友们的积极、乐观，还有宽容。因为有他们，使我学会了感恩，让我更加注重自己身体，相信希望，学会体谅他人。

李梦露：他们所表现出来的是不畏生活的挫折、勇于面对生活的乐观向上的精神。希望通过我们的努力，能增加社会大众对盲人的了解，多一分了解，多一分关怀，为生活在这座城市的视力障碍人士创造一个充满温暖和关爱的社会环境。

邹荃：希望我们的公益活动能够让越来越多的盲人朋友走出“黑暗”世界，感受多彩生活。

陈薇伊：呼吁大家关注视障人群，普及助盲知识，教导孩子尊重所有残障人士，多提供帮助。

张圆圆：当我真正看到他们在舞台上，笃定、自信的表演，想到最多的便是他们在背后所付出的努力，他们的努力值得让更多人看到，而我们这些所谓“明眼人”，则更应该去共同创造一个更开放、包容的环境，使他们的生活更加便捷，更加美好。

阮琪凌：参加助盲公益活动让我有机会体会到了盲人在生活中遇到的各种困难，但他们自强自立、乐观进取的精神也鼓舞了我们项目组的每一个人。

谢鹏：听着他们的文艺汇演，让我理解了美国盲人女作家海伦凯勒曾经在《假如给我三天光明》中表达了对光明的美好向往，也激励了我们在光明下为梦想努力拼搏，永不放弃的精神！

安倍萱：我们能做的很有限，却在和视障朋友们的接触交流中，一次次被他们激励和感动。一个人的力量微薄，但汇聚起每一个人力量和整个社会的关注那将不可小觑。

李虹雨：他们也在不断拓宽自己的世界：按摩，是用触摸与生活接轨；音乐，是用乐器与生活协奏；眼睛不能为他们指明方向、看清乐谱，心能。心无限，天地宽。

李旖旎：尽自己的绵薄之力唤起社会对特殊人群的关注和人与人之间的“关爱”。自我价值也得以实现，并且也放大公益力量，号召更多的人关爱、帮助他人。

张琳：这次公益活动让我明白了生命因为有了爱和奉献才会变得有意义，同时这次公益活动也让我结识了很多志同道合的朋友同学。我们会带着爱一起走过未来两年的研究生阶段及接下来的人生时光。

沈迪心：很荣幸能够通过这个项目，走近他们的生活，为他们的人生多带来哪怕一丝丝的光明和可能。

梁羽岐：幸运的是能遇见一群优秀的伙伴，每个人都在为公益组出谋划策，一点一滴积累着群体的智慧。

于介豪：虽然他们的眼睛被黑暗包裹，但是他们依然乐观、坚强，和你我一样，充满着对美好生活的向往。

马筠：通过活动更能比较深入地去探究他们的困惑、需求和聆听心声，能亲身参与帮助盲人朋友的各项工作，哪怕有一点点作用，也会觉得很有成就感。

冯焱：公益是一件相互给予的事情，我们在关心盲人朋友的时候，他们积极乐观的正能量也感染了我们，让我们在喧嚣繁华的都市中看到了另外一片单纯、诚挚、恬静的风景。

五、项目总结

（一）项目实施三大亮点

总结此次公益活动，呈现出三方面亮点：一是彼此信任，齐心协力。受2020年突然暴发的新冠肺炎疫情影响，参与项目的成员在组建成团队前，因还未开学，所以素不相识。团队组建后，也不能进行聚集性见面，所以大部分工作都依靠线上联络，借助视频会议、邮件、微信等多种形式，团队22位成员齐心协力，彼此信任，团结一致地完成了行动的各个环节。二是优势互补，高效执行。团队22位成员来自全国多地，从事各行各业的工作，在行动过程中，大家各自发挥在策划、渠道、文字、剪辑、音频、资源等各方面的优势，群策群力，保证了每个任务的高效执行。三是深入体验，带爱前行。视障人群是特殊群体，如何能既感受到他们的切身体会，站在他们的视角上考虑问题，又能不触及他们的敏感困难，行动小组成员怀着满满的爱心全程参与整个公益行动，黑暗挑战、一对一专访、线下活动，都体现了行动小组对视障人员满满的关爱之心。

（二）项目实施三方面不足

但整个公益行动，因为各种原因导致公益行动留下了一些不足，一是未及时根据客观情况调整策略，受疫情影响，原定去盲校的计划一再被迫推迟，计划在10月15日举办的大型声音汇演演出也不能如期举办。得知这些变动后，公益小组未及时调整策略，寻找新的解决办法。二是行动之初确定的部分目标未如期达成，公益行动方案之初，计划邀请中国传媒大学专家教授或者发挥行动小组成员各自能力，为视障人士定期授课，为视障人士提供更多种多样的技能，帮助他们未来安身发展有更多的选择机会。但因为疫情、时间、组织等多种原因，该计划没有达成。三是未有效调动更多社会力量尤其是媒体力量参与到对视障人士就业问题的关注当中，公益小组中多位成员来自媒体，从事新闻报道、新媒体传播等方面的工作，但因为行动策划、规模等原因，未能调动起媒体的力量进行关注和报道，从而产生更大的影响力。

（三）项目实施未来展望

在公益行动过程中，我们能感受到，伴随我国政府越来越多地关注视障人群就业，不断加大资金投入，开发公益性岗位，为残疾人广开就业渠道，加强残疾人就业体系建设和职业技能培训，越来越多的视障人群逐步成为社会权利主体，视障人群就业选择机会、就业渠道和就业途径广泛提升，甚至还有一些盲人成功实现了自主创业，带动了更多盲人就业。视障人群逐步成为经济社会发展的参与者、贡献者和享有者，视障人群的获得感、幸福感、安全感持续提升。

总的来看，我国视障人士就业呈现出越来越多元化的方向，在移动互联网不断发展的背景下，移动互联网又为许多人打开了认识世界的另一扇门，通过信息无障碍为视障人员建设和提供了更多的“希望”和“可能性”，丰富了他们的生活方式，也帮助他们更好地融入社会。虽然声音助盲公益行动暂时告一段落，但帮助视障人员就业的爱心不会停止，未来公益小组成员还将以各种形式为身边的视障人员提供力所能及的帮助。我们坚信随着中国特色社会主义建设步伐的加快，随着科技医疗等先进技术的不断发展，随着社会对视障人群的科学认知和人文关怀意识的不断提升，视障人群将和健全人群一样享受到“没有无视，没有漠视，没有歧视”的生活环境，享受更加“公平、便捷、快乐”的就业环境。全面建成小康社会，享受美好生活的路上，一个视障人员也不会少。

（备注：文中除项目组成员名字和蔡聪、朱亚文外，出现的文字均为化名。）

寻找铲屎官 Pet Me

一、背景介绍

随着经济发展与人们对生活乐趣与品质的不断追求，“养宠物”这一生活方式被越来越多人所选择。但因为人们饲养方式不负责、随意丢弃宠物、宠物走失等原因，城市内的流浪动物数量与日俱增。

大多数被家庭抛弃的宠物，已经由于长期家养而失去了在街头独立生存的能力，无法适应室外的恶劣生存环境。据统计，普通家养猫的一般寿命可达 12~15 岁，而流浪猫的平均寿命只有 3 年。除此之外，流浪动物数量激增也会产生交通堵塞、疾病传播等社会问题，部分领地意识强的流浪动物会对其他动物与人类产生攻击性，从而对路上行人的安全造成威胁。

据最新统计数据显示，目前全球范围内约有 12 亿只猫狗，其中 75% 为遭人遗弃的流浪猫狗；而在中国，流浪狗的数量高达 4000 万只，占全球流浪狗总数的 20% 以上。目前而言，国内尚没有关于宠物饲养与遗弃处理办法的立法规定或相关政策，流浪动物的收容、救治和领养问题，很大程度上依赖于各种民间团队与公益组织。

流浪动物数量之大、政策之缺失与领养救助问题之困难，应当得到更多人的关注，需要有更多公益团体或专业社会机构针对这一问题展开研究，从而带动普通群众对这一问题的重视，以促进问题解决。因此，我们公益小组选择流浪动物救助与领养作为研究课题展开了研究。

在确定研究课题之后，我组成员第一时间展开了市场调查。经调查，目前互联网端存在较多与流浪动物问题相关的微博与微信公众号，此类公众号一般由某一特定机构运营，其内容偏向性各有差异。但就运营形式而言，大多数机构运营模式以传统募捐和线下领养为主。这种传统的运营模式存在诸多问题，比如宣传受众范围受限、领养者因自身条件所限领养困难或者无法保证长期领养。而作为流浪动物领养或救助机构，大部分组织的资金并不充沛，社会募捐是组织日常运营资金的主要来源，资金持续性难以保证，且在资金使用合理性与合规性方面存在较为突出的问题。另外，流浪动物收容救助站的运营成本大，而此类机构往往缺乏经验，救助基地也时常面临生活环境管理问题，流浪动物的心理健康和医疗问题难以得到保证。

在调研背景的基础上，我组作为一个初创组织，将自己的工作目标定位于基于传统、又突破传统的创新性流浪动物保护校园公益组织。

首先，我们可以借鉴学习较为长期、稳定的大中型流浪动物保护组织机构在传统领域内的运营经验，提升专业性知识，并与其开展服务合作。在我组几个月的运营时间内，我们与北京小动物保护协会、北京领养日等机构积极开展学习合作，在积累自身经验的同时亦实现了一定的宣传效果。

其次，鉴于我组拥有前期组织体量小、工作模式灵活的特点，我们可以在扎实的工作基础之上融入创新理念、结合中传特色，广泛尝试利用多媒体这一工具，更好地宣传和组织公益活动。我们宣传和组织的内容可涵盖但不限于领养发布、义工培训、在线领养、摄影作品展、互动训练、医疗服务、工具书籍推介、领养知识分享、新人起步须知、会员招募等。

结合我组理念与实际情况，经过几个月的运营，我们初步实现了以下几个方面的创新：

（1）内容创新

通过微信与微博公众号，成立自己的内容输出小组，形成强大的原创内容输出能力，在固定产出常规性传统内容的同时，开展故事类及趣味类的原创内容产出，并尝试构建特色栏目；产出内容与形式多种多样，包含图文、海报、手绘漫画、短视频、科普文章、真实故事、案例采访与分享等。通过持续性的优质原创性内容输出，实现微信、微博以及今日头条等多平台联动，充分提升内容影响力。

（2）活动创新

注重自身品牌影响力，通过整合不同资源，跨界完成多类型的公益活动，并创新性尝试无人组织过的全新活动形式，如“云领养”——通过视频直播形式，在线认领自己喜爱的流浪小动物。

（3）募捐创新

除了常规筹资渠道如和基金、宠物医院、宠物用品商家开展合作之外，也可考虑：网络义卖，招募志愿者捐赠一些有意义的手工制作品或者画作等，在自己的公众号上长期义卖募资；做好公众号内容的发布，例如流浪动物照片、视频等，针对有心无力领养的群体，考虑在线领养，让这部分人群的爱心可以转化为所选流浪动物的募捐粮食、二手设备募捐等，减轻救助的运营压力；通过电商、游戏、知识付费等多种形式进行变现。

（4）技术创新

积极考虑和品牌合作，为宠物用品开展在线用户“众测”项目，培养募资资源，并且帮助连接资源商户与用户，开发自有品牌生态圈。例如：品牌新上架食品、用品的低价使用测评反馈发文。

经上述对组织商业模式的思考和探索后，全组成员在第一时间完善了项目计划。

二、项目计划

首先，项目开始之前，确定了以下项目框架内容：

（一）团队简介

团队名称：寻找铲屎官 Pet Me

团队定位：自创性动物保护校园公益组织。

核心理念：长期帮助流浪动物找到合适的家，创建由领养家庭组成的可持续社群。

创办目的：通过宣传和活动，呼吁大众关爱流浪动物群体；宣传以领养代替购买理念，切实提高领养率；长期进行领养救助知识科普，帮助居民更科学高效地进行救助与领养；分享身边真实的领养故事，传播爱与责任，让善意被更多人看到和听到；组建可持续社群，搭建领养人与小动物之间的桥梁。

（二）组织框架

全组团队成员共 21 人，根据每人擅长的工作分为财务部、运营部、内容部、BD 部四个部门，团队工作具体实施中，负责人及各组组长组成策划部门，负责线上线下活动策划；领导部门内头脑风暴，活动执行，项目分工以及协助各部门在规定时间内完成阶段性目标。各部门负责工作内容如下：

内容部：负责内容产出，包括内容的策划、撰写、设计、编导、剪辑、制作等工作。

运营部：负责各新媒体、社群的粉丝增量；粉丝互动，社群建立及维护。

BD 部：负责对外商务合作、商务谈判。

财务部：负责组内的财务流水、报销对账、报表公示等工作。

（三）运营模式

（1）资金来源

前期通过企业或个人进行捐赠，这样的方式可以在短期内通过宣传的形式筹集启动资金，但难以持续。长期通过品牌曝光权益置换。这样可以持续性地通过活动、广告等商业行为获益，但对组织的要求是要有一定粉丝量以及活动曝光量。

（2）资金用途

运营：活动费用，推广费用。

购买物资：购买捐赠给救助站的物资物料。

小动物医疗基金：绝育，治病，疫苗。

（3）领养流程

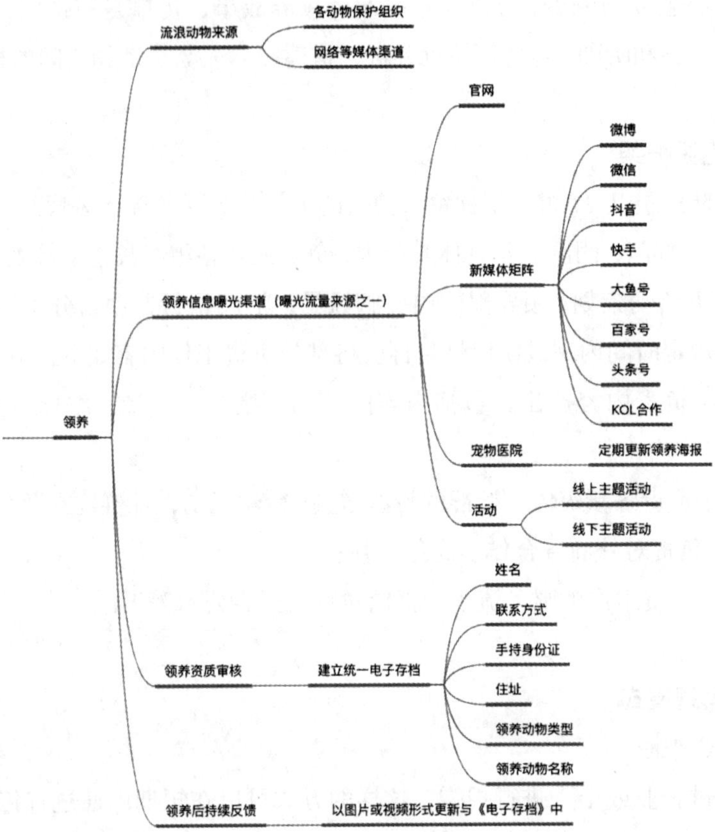

图 175　领养流程图解

（四）阶段目标

项目启动日期初步定于 2020 年 7 月 4 日，截至 10 月 10 日，阶段目标计划如下：

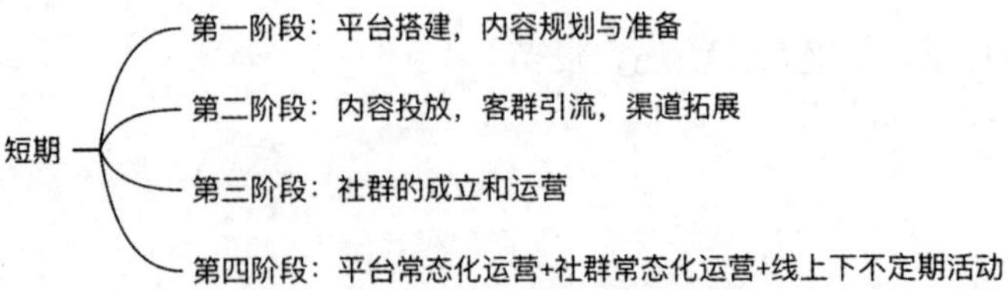

图 176　阶段目标计划图

基于以上的框架性内容，各项目组分别制订了详细的项目计划：

1. 内容部

（1）职能划分

团队分为三个组，分别为文案组、视频组以及平面视觉组，团队成员根据自身特长选择加入合适的组别，并进行相应的内容产出。文案组负责公众号、微博以及其他社交媒体平台的文字性内容产出，包括但不限于长图文、科普文章与新闻通稿，每周至少输出两篇内容；视频组成员负责视频内容的素材收集整理，以及视频的剪辑、包装与最后出品工作；平面视觉组负责输出一切视觉内容，如我组 Logo、发布于自媒体端的海报与手绘漫画等，同样每周至少要产出两篇内容。

（2）工作内容规划

把内容划分为科普类、故事类、趣味类、互动类等类别，根据不同平台的特性，展示不同的内容。

考虑到我组为初建组织，在组织运营以及微信微博公众号构建初期，内容部需要进行大量图文及视频内容产出，以构建起具有相当规模的内容库，从而维系组织的运营。在内容库构成内容的分类与选择上，我们初步将所有内容分为以下几类：

科普类：以文章形式为主，对流浪动物领养与救助相关问题进行科普性介绍；

趣味类：以单张海报和手绘漫画为主，产出轻松、愉快、有趣的内容；

故事类：通过采访，讲述领养者与被领养动物之间发生的真实故事，从而推广领养代替购买的理念；

推荐类：与宠物医院、宠物用品商店等相关品牌开展合作，在平等互利、切实为流浪动物做打算的基础上进行适当品牌露出和广告植入；

阿土专栏：以中华田园猫田园犬的形象为蓝本进行土猫土狗 IP 创造，IP 名字暂定“阿土”，通过 IP 设计与运营提高土猫土狗在群众心中的接受度，从而解决无人愿意领养土猫土狗的问题。

（3）项目准备

此外，作为一个拥有自有微信与微博平台的组织，除组织名称外，也需要一个图形化标识，即 Logo。我们的 Logo 以“动物”、“家”以及“爱”为核心元素进行设计，通过正负形，将流浪动物的形象放在象征“家”的三角形几何体当中。这一设计体面了我组“不再让它流浪”的理念，希望为流浪动物们找到属于它们自己的家。

Logo 整体设计简洁，便于记忆和传播。在色彩上，我们使用了具有一定高级感的莫兰迪色调，使 Logo 本身具有很好的延展性与适用性，在黑、白、黄、红等底色上均能进行良好展示。除此之外，圆边三角形的整体构图给人以平缓、稳定的感觉，具有视觉重心平稳的特点。

图 177　Pet Me Logo

2. 运营部

运营组主要将从运营形式、内容运营、用户运营、商业运营四个方面展开相关活动，以期在防疫大背景下尽可能通过多维度的平台运营提升其活动的影响力。

（1）运营形式

鉴于项目发展的初期北京疫情形势紧张，线下活动将在各方面受到限制，PetMe 寻找铲屎官主要针对线上内容进行了运营规划与安排。前期规划内容主要有：微信公众号的构建与开设、对篇幅较长的文章进行排版与美化；构建微博官方号，以短小精悍的内容为主，利用用户碎片时间，宣传领养代替购买的理念，并提高我组的知名度；后期设立抖音平台账号，利用短视频引流，建立 Pet Me 社群。

（2）内容运营

内容定位：

在具体的运营过程中，我们将公益组织理念定位为宣传以领养代替购买的理念，持续帮流浪小动物找到合适的家，对用户的精准定位为热爱动物的社会各界人士。

公众号设计：

计划设置公众号下方自定义菜单，主要分为三类，分别为：关于领养那些事、猫猫狗狗，以及关于我们。

“关于领养那些事”主菜单下设立四个分链接，分别为：

领养戳我－以小程序的形式设置流浪动物领养合集的总链接；

领养手册－设立领养的标准和规定，让领养人和救助人知晓相应规则并获得一定的保障；

领养活动－定期举办线上和线下活动，包括通过赞助的形式给予领养人相应的领养礼包，如宠物用品、玩具、零食等，提高用户积极性。

同时，我们积极尝试组织社群用户到救助站参观，通过与流浪动物近距离接触的方式，促成领养、帮助流浪动物摆脱困境。我组成员计划于运营中后期在传媒大学的校园中进行公益宣讲，宣传以领养代替购买的公益理念，进行校园义卖，将筹得的善款用于救助流浪动物。

人员分工：

针对运营小组的人员数量及个人能力，在运营小组内部分为公众号运营组、微博运营组和社群运营组。公众号小组主要工作内容是针对内容组给予的故事及科普类文章加以美化加工，以公众号推文的形式以平均每周两篇的频率进行输出。微博运营组主要工作内容是在微博平台同步公众号文章，与宠物及高校类大V互动，转发领养内容等快速吸粉，为公众号平台引流。社群运营组主要工作内容为设立企业微信，解答用户的提问及领养求助问题，建立 PetMe 微信社群，在群内宣传科普领养理念及宠物喂养知识。

（3）用户运营

用户拉新：

线上主要以小组内部成员及用户通过朋友圈文案宣传的方式进行新用户的吸纳，同时通过多平台联合推广的方式进行引流和自媒体互推。线下以学校地推的方式吸引有爱心的学生用户，以中国传媒大学为始发站，逐渐完成各个高校的平铺。通过线下宠物店、宠物医院的资源，吸引更多相关用户。

用户留存：

用户留存部分主要是注重维护用户关系，通过建立救助微信群，保持与用户之间的沟通与联络，维持用户黏性。并且在互动过程中及时收集用户反馈的信息。以调查问卷、访谈等形式收集用户体验数据，并分别对文章数据和用户数据进行分析。对比不同类型推文的文章阅读数量、点赞转发数量等信息，并对记录不同时期的用户新增和流失率。归纳出用户的喜好和特点，掌握不同时期的用户动态，从而更好地维护用户关系。

用户促活：

用户促活部分作为用户运营的重要部分，对于项目的持续发展有着至关重要的作用。为了维持活跃性，我们计划在各个重要节假日推送相关文章，并设立宠物萌宠日，以节日热点的形式提高阅读量及用户参与度。围绕饲养宠物的热点话题，如科学喂养宠物、宠物相关知识科普等，提高用户兴趣，保持活跃度。并发起抵制虐待动物的线上活动，进一步宣传公益小组的理念。

（4）商业运营

为了保证公益项目的持续发展，仅靠救助和捐款难以维持。践行 MBA 的学习理念，我们同时对 PetMe 项目进行了商业化运营的规划。在公众号平台设置一键找兽医－有偿线上问诊的小程序窗口，与当地宠物医院进行联动合作，帮助动物救助者的同时，获得一定的商业利润。通过与洽谈好的合作厂商团购宠物食品及用品，进行线上直播带货，以低于市场的价格给广大用户谋取相应的福利。设置一键闪送的功能，为有需要的宠物同城紧急配送药物及食品，缓解宠物主人的燃眉之急。同时与线下的宠物用品店进行合作，进行适量的广告投放，获取一定的 PetMe 运营资金。

3.BD 部

鉴于项目周期仅不到三个月，考虑到在有限时间内尽最大努力建立 Pet Me 公益组织的影响力，我们将公益组织的工作内容分成三个板块排期，分别为：

第一个月即 2020 年 8 月——核心发展 Pet Me 官方账号运营，扩展宠物领域成熟公益组织的内容合作、拓展京津冀地区流浪救助信息的搜集汇总，以此建立 Pet Me 账号自主内容能力及运营能力，塑造 Pet Me 自身品牌内涵；

第二个月上半月即 2020 年 9 月上半月——核心发展 Pet Me 公益合作活动，借助其他组织的现有资源或影响力，共同联合开展可执行性、创新性的合作活动，并借势进一步扩大 Pet Me 在宠物公益圈的知名度；

第二个月下半月至第三个月，即 2020 年 9 月中旬至 10 月——充分调动 Pet Me 组织的商务能力，对外界宠物资源、品牌等进行商务合作洽谈，努力与之达成合作，借 Pet Me 公益组织的力量更加实际地帮助小动物，并完成自身的第一次商业闭环，实现一定程度的商业化。

三、项目实施

自 7 月 4 日项目开展之后，各部门各司其职，严格按照计划实施。

首先，我们建立了“双微”平台账号——微博与微信公众号，三个月内发表微博 37 篇、积累微博粉丝 1064 人，发表公众号长文 22 篇、积累公众号粉丝 178 人，保持每周两更的速度，长文平均阅读量 425 次 / 篇。在双微平台的运营过程当中，有许多用户通过双微平台找到 Pet Me 运营方，希望能够领养流浪动物，或分享自己与家中领养动物的故事。通过双微运营，我们初步建立起了较为良性且有一定黏性的领养者社群，在发布领养救助信息与知识科普内容的同时，通过真实领养故事的传播，打动了很多人。

此外，建立了 Pet Me 企业微信社群，与粉丝保持活跃的互动，每日在群中更新领养信息及领养相关内容。同时，我组成员用心维系社群关系，在社群成员之间建立起友好和谐的联系，使社群不仅是领养信息发布渠道，更是一群志同道合的朋友聚在一起聊天交流的场所。

最重要的是，我们开展了一些具有代表性的线上线下活动，如：

开展“七夕云领养”活动，与中传爱猫舍开展合作，为中传流浪猫筹款；

与狗粮品牌“疯狂小狗”开展合作，搭建品牌方与流浪猫狗救助站之间的沟通桥梁，在为救助站筹集物资、解决物资困难问题的同时，为品牌增加品牌曝光，提高品牌自身的知名度与美誉度；

前往北京房山救助小院，拜访救助了 260 只流浪狗的老人，对其进行采访，并为老人筹集物资：640 公斤品牌赞助狗粮、驱虫药以及宠物用消毒液；

与拥有 15.4 万抖音粉丝的 KOL 宠医周昱开展合作，借由 KOL 的力量帮助流浪动物救助站、提高普通民众对流浪动物救助的重视性。

（一）内容部项目实施

1. 文案输出

内容部共输出文案 25 篇，其中包括：自我介绍文案 1 篇，救助及领养须知 1 篇，故事类文章 9 篇，科普文 7 篇，领养信息文 2 篇，活动及新闻文章 5 篇。通过领养类内容输出，传递领养信息；通过故事类内容，传达领养代替购买的公益理念；通过科普文章，帮助主人更好地关爱宠物。

2. 视觉输出

共输出海报作品 27 张。在团队公益海报的设计过程当中，我组成员积极学习摸索，在实践中磨练了自身的设计能力与技巧，同时形成了一套不同于商业海报的独特设计思路。公益海报的设计思路不同于商业海报，它的侧重点并不在于产品卖点或可变现的商业价值，而更多关于到流浪动物这一主体与受众的心理。

在海报设计过程当中，首先需要思考设计相关的基础性问题，比如：这张海报的目的是什么、受众是谁、受众更偏向于哪种接受方式。以及周更海报呈现的内容是否需要具有连贯性、是否需要符合每周热点与时下热搜元素等。在创意的筛选上，公益海报的思路亦不同于商业海报，它对于“吸睛度”与“视觉冲击力”并没有那么高的要求，而更多侧重于整体氛围的营造、铺垫和表达。因此，这需要我们思考海报表现手法的问题，要筛选足够温和、合适且不会对观众造成心理负担的创意点，并通过较为有亲和力的方式表达出来。这对于并非专业设计人员出身的 Pet Me 内容组同学来说，意味着不小的挑战。

首先，确定了小组公益海报的主题：领养代替购买，不再让它流浪。确定好主题之后，需整体勾勒出海报的大体结构，为宣传语、文字内容、主体图形与我们本身的 Logo 寻找合适合理的位置，而后再根据既定的格式框架来收集和筛选素材。我们希望能够通过海报来激发养猫养狗人士的爱心、促使有领养意愿的人进一步实现领养举动，并希望可以通过海报，让更多“与领养无关的人”了解和接受领养。

在图片素材的选择上，我们推荐真实的、有环境的、具有代入感的素材，以营造真情实感的感觉，如能够真实展示流浪动物“需要被关爱”这一生存现状的雨天真实近景摄影作品。确定素材之后，我们通过 AI 和 Photoshop 软件对图片进行重新构成和调色，同时辅以文字说明，在画面上标明简洁有力、具有沟通感、能够唤起受众共鸣的宣传语，比如“快带我回家吧！”在 Pet Me 公益海报的整体设计中，图片为观众带来直接具象的视觉感官，而文案则负责从情绪角度出发，分别抓住观众的眼和心。将关爱流浪和被遗弃动物的理念注入海报设计，实质上是一个重新理解爱护动物的传播文化的过程，通过吸收新的表达方式来丰富海报的设计语言，在海报设计的共性中寻求最温暖最具有吸引力的创意表达，结合现代设计的创作理念，找到信息时代新媒体传播途径中 Pet Me 公益海报设计的特质和基调。

3. 视频输出

在平台运营期间，我们共输出两部视频作品。第一部视频作品为团队介绍，通过素材 + 空镜 + 团队成员真实人像的方式，在对流浪动物的处境进行说明之后，由 Pet Me 团队成员出镜，进行“领养代替购买，不再让它流浪”的号召，整个视频具有真实感和感染力，同时也是我们团队成员的一次集体亮相。

第二部视频作品为房山救助小院活动视频。拍摄期间，全体团队成员前往房山救助小院，全面了解了小院的创办缘由、发展历史、困境难处与真实环境，并对小院主人进行了长达 20 分钟的深入沟通访谈。我们希望通过最真实的镜头来还原房山救助小院与小院主人的实际情况、反映房山

图 178　部分宣传海报

小院及其他类似流浪动物救助小院所面临的难题与困境，从而唤起社会各界的关注，发动更多人的力量来解决小院面对的难题。也希望可以通过自身实际行动，吸引社会各界专业人士的关注，从而推动动物饲养、遗弃、救助、领养相关方面法律法规的建设与完善。

两部视频作品从题材选择、脚本撰写到编导、拍摄、剪辑、投放的全过程，由 Pet Me 公益小组组员全权负责，因画面内容较为震撼且真实，引起很大反响。

图 179　线下活动视频截图图集

（二）运营部项目实施

1. 微信运营

“Pet Me 寻找铲屎官”微信公众号于 2020 年 7 月 4 日上线，是寻找铲屎官 Pet Me 公益活动的主要宣传媒体。主要目的是对京津地区，特别是传媒大学附近的流浪猫狗进行救助，并面向社会寻找领养人，从而到达以领养代替购买、让它们不再流浪这一宗旨。微信组于 6 月 24 日初步确定运营人员。微信作为项目组主要信息展示平台，与内容组同步协作，将故事类、科普类内容以微信推文形式定期推送（通常为一周 1~2 篇）。微信组于 7 月 4 日进行了第一篇文章《我们一起“寻找铲屎官“》的推送，向大家介绍了公益组的成立。通过同学们的积极转发，这一篇文章阅读量达到近 1200 次，点赞数

40余次。此后微信公众号一直保持着更新活跃的状态，至9月18日，“PetMe寻找铲屎官”微信号获得粉丝178，共推送文章22篇，形式包括图文、视频以及转发链接，文章平均阅读量为425，留言量近百个。

2. 微博运营

新浪微博账号创立于2020年6月30日至今，以“寻找铲屎官PetMe”的“不再让你流浪”为宗旨，致力于流浪小动物的救助和领养工作，吸引1063位“粉丝”对公众号的关注。自微博公众号创立至今，已发表宣传类、科普类、趣味类等众多类型的微博文章37篇，获得16.8万次的文章阅读量，其中多篇文章被多个知名公益微博账号进行转载与互动，在2020年8月9日发表的微博文章中，被中国传媒大学官方微博进行转载并评论，单篇微博获得最高11.1万阅读量。

3. 社群运营

基于微信、微博双平台的媒体运营，针对相关自媒体精准用户展开私量维护及深度服务，寻找铲屎官PetMe公益小组通过企业微信建立助手服务号，为广大媒体受众用户解答相关领养资讯、救助信息、科普知识、公益活动等相关问题。为了针对爱宠、爱心人士等受众用户推送相关科普、领养、救助等相关实时消息，公益小组7月正式启动后建立了寻找铲屎官Pet Me微信社群，社群长期用户达40位，组内同学负责将自媒体最新资讯、领养资讯、活动资讯以及社群费用公示等第一时间内在社群与所有用户共享，公开、透明、实时、活跃，也是在双微平台下运营社群的基本原则。

（三）BD部项目实施

1. 2020年8月－扩展内容合作及流浪救助信息搜集汇总

拓展宠物领域成熟公益组织的内容合作方面，主要是借助其成熟组织的影响力，有稳定的流浪救助信息来源，借助其内容补足Pet Me自身内容尚且不足的部分，建立Pet Me自身稳定内容输出力，期间BD部门负责与领域内成熟公益组织的内容合作及拓展京津冀地区流浪救助信息的搜集汇总，完成4家成熟公益组织的账号内容合作洽谈及10多位京津冀长期致力于流浪动物救助的公益爱好者深度信息合作，其中4家成熟公益组织详情如下：

北京领养日：

北京地区乃至全国最有名的小动物公益组织，原本是每个月在北京举办一次线下领养活动的组织，后该组织借助明星资源力量不断发扬其影响力，官方账号受很多宠物爱好者关注，也会不断发布扩散流浪动物救助信息，并且联合明星流量宣传动物关爱理念，感染更多粉丝一同关注并参与到流浪动物保护、救助及领养中。

天佑流殇：

一个致力于流浪猫救助的非营利性志愿者团体，成立于2008年。以传播正确对待伴侣动物的观念，普及科学养护常识，保证猫咪健康。提倡绝育，控制流浪猫数量。天佑流殇是一个以流浪猫救助、领养工作为主的志愿者团体，鼓励关爱生命的人们以实际行动救助流浪猫咪，希望通过努力可以创造更加和谐的社会环境以及正能量。

爱狗爱猫义工团：

公益博主，拥有超过百万级粉丝，在流浪动物救助领养方面具有丰富的经验和资源积累，一直积极努力地贡献自己的力量。

幸运土猫：

幸运土猫（Lucky Cats）是一个致力于流浪猫救助的非营利性志愿者团体，于2001年在北京成立。它已成为国内最成功的动物福利组织之一，一个致力于流浪猫救助、领养工作的纯志愿者团体。宣传正确科学对待伴侣动物的观念、鼓励关爱生命的人们以实际行动救助流浪猫咪。

2. 2020年9月上旬－扩展Pet Me公益合作活动

经过Pet Me组织BD部门的长期挖掘谈判，最终经过综合考量，选择两个组织联合举办了两场小型公益合作活动，其中一个是中国传媒大学校内爱猫社公益组织，Pet Me与中传爱猫社进行内容联合，征用爱猫社为中传校园内流浪猫咪拍摄的写真图片及信息，策划了七夕云养猫活动，并发起公益募捐，建立中传爱猫社群讨论组，宣传中传猫咪形象，呼吁中传学子的关注；另一个是北京市房山区流浪动物救助小院联合，其小院长期救助了200多条狗和30多只猫咪，Pet Me为此策划了专线救助活动，联合“宠医周昱”抖音KOL向社会有爱心人士和组织发起求助，最终得到了疯狂小狗品牌商的

640 公斤狗粮捐赠以及和美里美亚的整箱驱虫药及消毒液的爱心捐助。

（四）重要活动

1. 爱猫社－七夕云养猫活动

（1）爱猫社简介

中传爱猫舍为中国传媒大学校内的学生自发型公益组织，由中国传媒大学在校本科生发起，从创立至今已经历了 6 年发展。在发展过程当中，其主要工作是帮助校内无人饲养的流浪猫，为它们解决食物、医疗、绝育以及领养问题，并将中传猫咪打造成网红 IP，赋能中国传媒大学校园形象。其主要运营与宣传渠道包括微博、公众号与小程序以及 B 站。

（2）合作内容

经前期沟通，在与中传爱猫舍确定合作关系之后，Pet Me 公益小组征用爱猫社长期调研、采集获得的中传猫咪故事及照片，联合推广中传猫咪形象，策划了七夕云养猫活动。

云养猫活动的核心内容为：由 Pet Me 和中传爱猫舍共同筛选猫咪可爱照片，配合文字编辑，于七夕当天在 Pet Me 微信公众号进行发布，号召大家通过“云领养”，从中传诸多可爱猫咪中 PICK 一只你最中意的猫咪陪你过七夕。同时，读者可通过 Pet Me 官方筹款渠道，将自己的爱心款项捐助给自己 PICK 的猫咪，这笔款项将为猫咪们购买猫粮以及卫生医疗用品。

活动发起后，我们首先重点对中国传媒大学 2020 级 MBA 学子及其他校内爱猫人士进行推广，并将关注该活动、关注流浪动物救助的爱心人士聚集到由 Pet Me 创建的社群当中，方便各位爱猫人士的日常交流。

此外，Pet Me 志愿者将在讨论群组中定期发送猫咪照片、推送猫咪最新动态，让大家第一时间获悉到自己“云领养”猫咪的生活状态。让大家即使在校外也可以通过“云养猫”“云吸猫”体验到养猫的快乐，并在社群中发起了中传猫咪选美投票等趣味小活动，引起群发的热烈讨论。

通过“云养猫”活动为期 5 天的筹款，Pet Me 最终筹集资金 1362 元，足够中传猫咪一个多月的伙食费。Pet Me 将筹得所有款项全部捐给爱猫社，由爱猫社统一采买物资并进行公示。

10月，Pet Me成员和爱猫社成员携手一起，带着“云养猫”活动筹款采购的物资，一起投喂中传最可爱的猫咪们。

（3）合作活动意义

联合中传爱猫社资源进行的本次“云养猫”筹款活动，是Pet Me组织第一次公益募捐的成功尝试，对组织来说意义非凡。这次活动为Pet Me在中国传媒大学校内和爱猫圈中进一步扩大了知名度。同时，通过这次活动，我们让更多人关注到了中传流浪猫的存在，为中传猫咪的IP影响力添砖加瓦。此外，活动筹集的资金可以为中传爱猫舍以及中传猫咪提供实质性的帮助，这次活动可以算作是合作共赢的一次成功实践。

2. 北京房山流浪动物救助小院

（1）背景介绍

房山流浪动物小院儿是由两位退休老人依靠微薄的退休金支持的流浪动物救助基地。老人从事救助小院已有十余年的时间，随着收容动物数量的增多，由于经济与环境等问题，小院不得不越搬越偏远，老人所处的困境也日益明显。

截至今日，房山救助小院中共收养了260多条流浪狗和30多只流浪猫，且这一数量还在不断增加。这些动物多数来自路边，是被抛弃的流浪动物，仅有少部分是由主人寄养在小院的。在活动过程中我们了解到，很多主人将宠物寄养在小院后，并不会按时支付寄养费和宠物伙食费，经常在寄养几个月后便欠缴、失联。这一情况进一步加重了两位老人的经济负担。

（2）救助内容

与“疯狂小狗”品牌合作。“疯狂小狗”捐赠狗粮640公斤并负责运送到小院。Pet Me负责在采访中对其进行品牌曝光，包括但不限于受赠人口播、Logo露出、特别鸣谢等方式，并通过微博、微信等方式发布。视频内容等素材内容同步给“疯狂小狗”，让其发布在自有平台上，品牌宣传的同时也方便受众群体进行在线购买或捐赠。

与抖音KOL“宠医周昱”合作；获得美里美亚的整箱驱虫药及消毒液的爱心捐助。在帮助小院动物体检、消杀、治疗疾病的同时，借助“宠医周昱”的抖音流量，使更多人关注小院儿和两位老人。

图 180　与“疯狂小狗”品牌合作图集

图 181　与抖音 KOL“宠医周昱”合作

四、项目成果

（一）线上

寻找铲屎官 Pet Me 公益活动自 2020 年 7 月启动以来，微博、微信及社群同步启动，截至目前，微信公众号关注用户 178 位、微博粉丝用户 1063 位，其中微信公众号推出 22 篇推文、微博发布 37 篇资讯，最终微信公众号阅读量达 5715 次、微博阅读量达 167487 次，微信社群长期用户 40 位。

寻找铲屎官 Pet Me 公益运营组针对微信公众号，设置了我要领养、家有喵汪、关于我们三个菜单栏目，其中“我要领养”分为领养手册、领养活动、领养须知、养宠专家四大板块，“家有喵汪”分为中华田园喵 + 犬、每日一笑、你知道吗三大板块，“关于我们”分为我要投稿、志愿服务、我们是谁三大板块。就其微博账号，也设置了 Pet Me 小课堂、Pet Me 领养专栏、Pet Me 故事版、Pet Me 转载版话题类型。整体围绕流浪动物的领养救助资讯、流程、资源对接以及宠物相关科普知识，展开精耕于救助流浪动物的公益事业。

1. 微信运营

微信文章内容主要以流浪动物收到救助领养的真实故事为主，如《小煤球的新生活》《嘿，妈妈！你缺儿子吗？》等，讲述人与流浪猫狗感人故事的同时，也唤起了人们对于社会上流浪猫狗的关注与关爱。科普类文章《猫咪到底要不要绝育》《你懂狗子的语言吗》等，作为平台维持活跃的推送，向很多养猫狗的粉丝了解到不少关于猫狗冷门的知识和与它们相处的小技巧，获得不少粉丝的互动与积极回馈。值得一提的是，Pet Me 项目组发起了救助流浪猫狗的筹款活动，微信作为主要宣传平台，通过将筹款信息发布在每篇推送的结尾，在众筹活动中发挥了重要作用。有很多人通过微信进行捐款，用流浪猫狗的温饱问题贡献了自己的一份爱心，这也是公益组的初衷：用公众的力量给流浪的动物们一个更好的明天。

表 13 寻找铲屎官 Pet Me 微信公众号推送内容

日期	微信公众号推送		阅读量
2020.7.4	启动推送	我们一起“寻找铲屎官”！	1145
2020.7.10	领养须知	流浪动物救助及领养须知	289
2020.7.15	故事锦集	小煤球的新生活	412
2020.7.17	科普资讯	猫咪到底要不要绝育？	249
2020.7.22	故事锦集	我能来你家玩吗	396
2020.7.24	科普资讯	你听得懂狗子的语言吗？（上）	124
2020.7.26	视频推送	寻他千百度：爱心给阑珊处的它们	271
2020.7.29	科普资讯	我的猫很凶怎么办？	188
2020.7.31	故事锦集	算命最准的一次	271
2020.8.5	故事锦集	我曾是一只实验犬，我也很乖很健康	394
2020.8.7	科普资讯	没猫病的孩子不洗澡	140
2020.8.12	领养资讯	Pet Me 领养专栏内容发布	315
2020.8.14	科普资讯	你听得懂狗子的语言吗？（下）	40
2020.8.19	故事锦集	什么叫喜欢	209
2020.8.21	领养资讯	Pet Me 领养专栏内容发布	219
2020.8.25	领养资讯	七夕没对象？云养一只猫把！	666
2020.8.28	科普资讯	捉一只“猫中之狗”——你 pick 哪一只？	102
2020.9.2	故事锦集	我什么时候带它回家	157
2020.9.4	故事锦集	如果你能听到三句话，我想对你说	169
2020.9.9	故事锦集	奇多公主——摄影师与流浪猫的故事	55
2020.9.11	领养资讯	您有一封感谢信到了	198
2020.9.18	故事锦集	嘿，妈妈，你缺儿子吗？	165

2. 微博运营

微博平台作为与寻找铲屎官 Pet Me 公益小组用户互动主平台，除了发布科普课堂、领养故事、领养资讯以外，还借助微博平台组织了第一次线上募捐活动，其为与中国传媒大学官方微博“CUC 爱猫舍”共同举办为七夕云领养校内各位猫主子，此次云领养募捐活动，秉持着公正、透明的基本方针，最终为中国传媒大学校内流浪猫救助募捐金额 1362 元人民币，寻找铲屎官 Pet Me 公益小组第一时间将善款交给中传爱猫舍组织，为中传校园内流浪猫缓解了温饱之需。

表 14　寻找铲屎官 Pet Me 微博推送内容

日期	微博类型	话题属性	阅读量
2020.7.4	线上活动	#Pet Me 活动版 #	3687
2020.7.4	线上活动	#Pet Me 活动版 #	6675
2020.7.6	原创图片类	#Pet Me 图片版 #	3130
2020.7.1	线上活动	#Pet Me 活动版 #	1058
2020.7.15	原创故事类	#Pet Me 故事版 #	2824
2020.7.19	原创科普类	#Pet Me 小课堂 #	1241
2020.7.21	热门转载类	#Pet Me 转载版 #	986
2020.7.21	热门转载类	#Pet Me 转载版 #	1011
2020.7.22	原创故事类	#Pet Me 故事版 #	2623
2020.7.24	原创科普类	#Pet Me 小课堂 #	3012
2020.7.26	线上活动	#Pet Me 活动版 #	3963
2020.7.28	原创科普类	#Pet Me 小课堂 #	1904
2020.7.29	原创科普类	#Pet Me 小课堂 #	148
2020.7.30	原创科普类	#Pet Me 小课堂 #	1378
2020.8.1	原创故事类	#Pet Me 故事版 #	1013
2020.8.5	原创故事类	#Pet Me 故事版 #	1701
2020.8.7	原创科普类	#Pet Me 小课堂 #	1974
2020.8.8	热门转载类	#Pet Me 转载版 #	930
2020.8.9	原创图片类	#Pet Me 图片版 #	111000
2020.8.10	热门转载类	#Pet Me 转载版 #	1018
2020.8.12	领养信息	#Pet Me 领养专栏 #	865
2020.8.14	原创科普类	#Pet Me 小课堂 #	3191
2020.8.17	热门转载类	#Pet Me 转载版 #	513

续表

日期	微博类型	话题属性	阅读量
2020.8.19	原创故事类	#Pet Me 故事版 #	1514
2020.8.21	领养信息	#Pet Me 领养专栏 #	2360
2020.8.23	领养信息	#Pet Me 领养专栏 #	355
2020.8.23	领养信息	#Pet Me 领养专栏 #	354
2020.8.25	线上活动	#Pet Me 活动版 #	2129
2020.8.28	原创科普类	#Pet Me 小课堂 #	333
2020.9.4	原创故事类	#Pet Me 故事版 #	393
2020.9.4	原创故事类	#Pet Me 故事版 #	818
2020.9.5	热门转载类	#Pet Me 转载版 #	429
2020.9.9	原创图片类	#Pet Me 图片版 #	240
2020.9.10	原创故事类	#Pet Me 故事版 #	2133
2020.9.12	线上活动	#Pet Me 活动版 #	121
2020.9.18	原创故事类	#Pet Me 故事版 #	463

3. 社群运营

寻找铲屎官 Pet Me 企业微信服务号日常为自媒体平台以及社群用户作相关流浪动物领养救助信息咨询解答，而寻找铲屎官 Pet Me 微信社群则将真正创造一个为爱宠人士以及爱心人士交流互助的平台，公益小组将最新领养资讯与最新科普知识链接发送到社群中，而社群中的用户也将会互相发布生活周边的领养信息以及故事事迹，让“领养代替购买”的理念不断引起涟漪效应。

在与中国传媒大学官方微博“CUC 爱猫舍”组织共同举办为七夕云领养中传校内各位猫主子的活动前后，社群内也公示了相关的公益善款的留去以及使用清单，也在各社群用户云养猫主子后，社群内定期持续更新所有被领养猫咪的最新照片、视频动态作以周期反馈。

（二）线下

经过数月的努力，我们已联系了多家成熟的流浪动物保护公益组织和流浪动物救助基地，并且达成内容和其他方向的合作，成功增加了 Pet Me 账号内容的丰富性，为 Pet Me 夯实了一切工作的基础。

在 Pet Me 云养猫筹款活动中，Pet Me 组织成功联合中传爱猫舍为中传猫咪的形象进行宣传，并且吸引更多中传学子和爱猫人士关注到中传流浪猫咪的存在，建立中传猫咪粉丝群组讨论，分享中传猫咪最新动态达成“云养猫”的效果，以此募集获得了 1362 元的善款全权交由中传爱猫舍进行打理，为中传猫咪进行了一次实际有效的粉丝动员，并且也为 Pet Me 开疆扩土，实现了第一次公益募捐的成功执行。

在北京房山流浪动物救助小院活动中，Pet Me 首先联系了被救助小院，进行了需求调研，之后联合狗粮厂家“疯狂小狗”、抖音 KOL“宠医周昱”、宠物药品厂家“美里美亚”，为小院提供了狗粮 640 公斤、驱虫和消毒药品各一箱，并进行义务诊疗。在多方合作中，小院获得了急需的狗粮和药品，厂家获得了品牌宣传，宠物医生获得了内容素材。在各方受益的同时，Pet Me 实现了商业化布局的第一步，成功地完成了一次完整的商业化闭环行为。

（三）项目总结

1. 用户运营

寻找铲屎官 Pet Me 公益运营从双微用户来看，用户流失率较低，主要集中于 26~35 岁年龄段群体，而且用户多分布在一级城市。从社群统计来看，以京津冀为主要据点城市，由此也使得日常的流浪动物救助主要在天津、北京等地方展开及时救助等。

2. 内容运营

寻找铲屎官 Pet Me 公益运营以原创领养故事、原创宠物科普为主要的内容版块，通过双微主平台输出相关活动信息，并以社群日更、自媒体账号周更为基础，周期发布领养动物相关信息及最新资讯，整体来说从根源上科普了正确的养护知识，揭秘“常识误区”，减少或削弱人们对宠物不友好关系以致遗弃，从渠道上联合北京领养日、中传爱猫舍等区域大流量相关平台以更多群体关爱和保护流浪动物，对生活中的流浪猫狗施以援手、减少虐待及强化绝育意识等相关社会角度思考。整体来说，账号维护运营过程中内容最大转化量主要依赖朋友圈及私量推荐的渠道曝光，以图片为主的原创资讯受到用户最大的喜爱。而就目前公益性质的线上活动的推进，也在通过切入创造共享价值的价值理念拓展商业运营渠道，将商业与公益共同推进，人文、自然、生活相关融合在救助领养生命的同时，创造更大的社会价值。

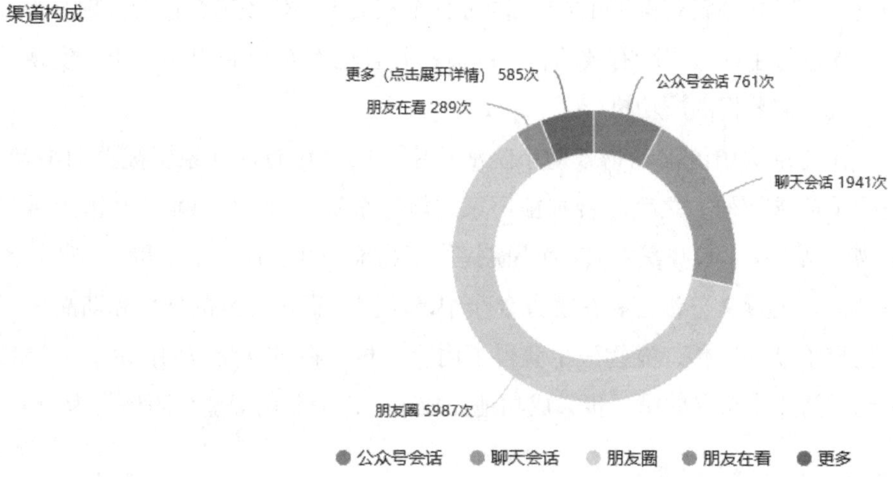

图 182　微信公众号 – 内容数据

3. 合作渠道拓展

（1）与中传爱猫舍建立起稳定合作关系

通过“七夕云养猫”活动，实现与中传爱猫舍的首次合作，并获得圆满成功。通过这一次活动，Pet Me 与中传爱猫舍之间构建起了良好关系，Pet Me 也因此而认识了中国传媒大学校园内部的流浪猫咪。在此之后，Pet Me 可与中传爱猫舍以合作的方式定期开展活动，互通有无、互相学习、借鉴相关经验，以校园为中心并逐步向周边扩散，解决流浪猫的救助、医疗以领养问题。

（2）与疯狂小狗建立起稳定合作关系

作为房山救助小院活动的赞助商，疯狂小狗为房山小院提供了大量食品物品援助，解决了小院中狗狗们过冬口粮的问题。在活动中，Pet Me 为疯狂小狗品牌进行了曝光及宣传，从公益的角度为品牌赋能，使品牌的知名度、曝光度与美誉度都有了一定提升。疯狂小狗是一个有爱心、有社会责任感的品牌，品牌本身也希望家养宠物都能遇到有责任心的主人、不会被抛弃，希望流浪动物们都能得到妥善的救助与领养。通过房山小院公益活动，Pet Me将疯狂小狗品牌引入社会公益事业当中，为品牌发现了另一种可能性，也为品牌无形资产的进一步累积铺好了路。在日后，Pet Me可继续与疯狂小狗开展合作，由疯狂小狗向被救助方提供狗粮与宠物用品等原著，由Pet Me持续进行品牌的曝光、宣传以及公益角度上的品牌形象塑造。

（3）与北京领养日建立起良性关系

北京领养日是北京当地及京津冀地区较为发展成熟、运营长久、框架合理的流浪动物救助与领养公益组织，在流浪动物问题上具有一定的长足经验。在Pet Me组织创立初期，北京领养日曾以行业前辈的身份给予Pet Me许多经验与专业知识方面的援助，帮助Pet Me尽快了解行业并开展救助领养工作。在Pet Me组织逐步完善之后，我们将北京领养日提供的流浪猫狗图片与视频素材进行包装和剪辑，制作成以“领养代替购买，不再让它流浪”为主题的视频，在微博以及其他平台进行投放，作为一种公益宣传。

在初次接触与合作之后，Pet Me也考虑与北京领养日长期合作，以社会公益组织＋学生公益组织合作的模式继续开展流浪动物救助与领养工作，使社会资源和校园资源均得到有效利用。

（4）可与房山救助小院达成长期互助关系

在前往房山小院开展公益活动的过程当中，Pet Me与小院负责人进行了深入沟通，全面了解了小院的发展经过与如今面临的诸多问题，并与小院负责人建立了友好的关系。房山小院长期面临物质资源短缺、人手不足、资金困难等问题，且由于小院负责人年事已高，并不懂得如何利用互联网进行宣传，在社会上的曝光度也很低。针对这种现状，Pet Me志愿者一方面可以发起公益募捐活动，帮小院筹集狗粮、卫生用品、宠物医药与御寒物品，另一方面也发挥自身在互联网以及新媒体技术方面的优势，帮助小院进行宣传，提高小院的曝光度与知名度，让更多人认识到房山小院面临的困境，从而伸出援手。

房山小院的运营十分困难，面临的问题也很多，解决房山小院之困境绝非一两次宣传或一两次公益活动就可实现的事情。因此，我们更加需要与房山小院长期沟通、长期合作，不断通过公益活动尽自己所能帮小院解决问题。也可以在公益活动当中加深自己对救助站以及救助行业的认知与了解，从而想出更多切实可行的方法，更好地解决以房山小院为代表的一系列流浪动物救助站所面临的困境。

4. 团队与个人成长

（1）了解行业背景

国内流浪动物存在基数大、增长快的特点，且流浪动物领养与救助在国内属于新兴概念与新兴行业，宠物的饲养、遗弃、救助与再领养都缺乏相关的法律法规或者成文规范来进行约束。因此，行业本身的不成熟不确定是我们了解这一行业的首要难题。

通过为期三个月的 Pet Me 公益组织运营与线上线下活动的开展，我组成员以志愿者的身份，以自主学习、探索、了解为主，以其他成熟组织教授引领为辅，较为全面地了解了国内流浪动物领养与救助这一行业，加深了对这一行业的认知。

（2）增加专业知识

流浪动物的领养与救助并不是随意的，它有一套固定的流程与相应标准，比如在国外已较大程度普及的“抓捕、绝育、放归”理念。在国内，这几年也有相关机构与志愿者进行科普，倡导人们科学救助，比如给流浪猫做绝育。不科学的救助方法如随处喂养流浪猫，可能会使流浪猫毫无节制地过度繁殖，从而危害当地生物多样性，对飞鸟等小动物造成威胁，也会危及行人安全。因此，科学救助与科学领养的重要性是毋庸置疑的。

在三个多月的公益组织运营与线上线下活动过程当中，Pet Me 志愿者通过多方渠道了解了与科学救助、科学领养有关的知识，提升了自身的专业度，可以更好地对身边的流浪动物开展救助与救治。同时也可以将自身学到的专业知识分享给身边人，帮助身边人用更科学的方式开展流浪动物救治与救助，慢慢使国内的救助工作也形成一定的规范性，从而在实现救助规范化高效化的同时，规避不科学救助产生的一系列危害。

（3）拓展个人眼界

公益活动和公益组织的构建与运营可以拓展个人阅历、经验与眼界，使参与者得到更加全面的提升。流浪动物的救助、救治与领养等公益性社会活动并非课本与课堂所教授的内容，但这种知识与经验对于个人成长来说是同样重要的。通过这种活动，Pet Me 志愿者可以带着个人在课本和课堂中学到的知识与技能走出校园、走入社会当中，将学到的知识与技能有效运用到具体社会活动中去，并在这一过程当中开阔眼界、丰富阅历，将自己学到的东西在实践中进行有效转化，更好地掌握知识与技能。

（4）锻炼综合能力

Pet Me 公益组织的成立以及公众号的构建、内容的推送等环节，需要运用到小组成员的组织策划能力、统筹安排能力、文字撰写能力、平面设计能力、视频内容制作能力、自媒体运营与社群维系能力、社会拓展能力与商务谈判能力，并需要一定的财务知识。

在公益组织的构建与运营过程当中，内容组、运营组、财务组和 BD 组的同学们充分发挥自身所长，各司其职、协同高效地完成小组任务与整体目标。通过个人工作与小组协作，团队成员的个人能力与小组协作能力均得到了一定的提高，而成员能力的提高又赋能于 Pet Me 公益组织的日常运营与活动开展，为组织吸引更多的关注度，从而形成良性的闭环。

（5）拓展人脉资源

任何一个公益组织的构建、运营与活动开展都不是单兵作战，其健康运作发展必然涉及多方合作。这种合作可发生在公益组织与其他同类型或不同类型的公益组织之间，也可发生在公益组织与救助人、品牌方、宠物医院、个人机构或者学术型机构之间。

在 Pet Me 公益组织的运营与活动开展期间，小组成员积极与多方机构以及品牌、KOL 取得联系，力求建立合作关系，共同开展线上下合作，并取得良好的结果。在这一过程当中，小组成员的社交能力得到了锻炼与提升，人脉资源也得到了一定拓展。在活动期间拓展的人脉资源，无论对于志愿者个人，还是对于 Pet Me 组织或对于中国传媒大学 MBA 学院 2020 级新生而言，都将是一笔可持续性的宝贵财富。

（6）增强社会责任感

中国传媒大学是具有社会责任感的大学，“爱与责任”的教育理念自上而下贯彻到每一位学子心中，而公益组织与公益活动，是学子践行这一理念的最好方法。

在公益小组的构建和活动开展过程当中，Pet Me 志愿者真正意识到“爱与责任”不光是一句口号，而更多是一种思考模式、思维方式与生活方式，同时是一种道德性的行为规范与指引。公益的出发点是每个人心中的“爱”以及身为公民与社会人的“责任感”，通过力所能及的公益活动，将心中的“爱”点燃，让它燃烧出光和热，去温暖身边的人；通过公益活动的不断开展，在“爱”的指引下履行“责任”，通过对责任的践行，将心中的爱转化为实际行动成果，从而真正帮助到需要帮助的人。

“爱与责任”的实质不在于空想、口号，更不在于自我感动，只有在具体实践当中才能将它具体落实，从而成为一种正能量。无疑，这种正能量不仅会影响一代代中传学子，也会影响到社会各界越来越多的人，从而形成一股向上的强大力量，无限勃发和生长。

五、结语

从 2020 年 7 月份至今，Pet Me 寻找铲屎官公益组织还很年轻，还有很长的路要走。

我们通过自身力量做出了一些成绩：有了自己的微信微博公众号、一定的粉丝群体和粉丝社群；在业界引起了一定的关注度，与中传爱猫舍、北京领养日、疯狂小狗、宠医 KOL 和房山流浪动物救助小院形成良性合作关系并积极开展活动；成功举办了“七夕云养猫”线上活动和线下公益募捐；走访房山流浪动物救助小院，对小院主人进行采访，帮小院扩大知名度与曝光度，并通过公益募捐的方式帮小院筹集到了动物们的过冬口粮。

我们还有很多想要去做的事情：形成长期、持续、稳定的双微与社群运营，将我们的粉丝和用户真正留下来，凝聚成由救助者、领养人以及志愿者组成的活力社群；与已经建立联系的品牌及机构持续开展合作，尽自己所能帮助更多需要帮助的人；继续深入跟进房山小院的后续发展状况，帮小院主人解决实际问题，让更多人看到小院的困难情况并伸出援手；持续进行关于科学饲养、科学救助、科学领养的科普，使流浪猫狗的救助与领养不再是无科学依据的随意行为，让科学的救助与领养方式根植用户心中；不断提倡“领养代替购买，不再让它流浪”的理念，让这一观点逐步深入人心，让越来越多的人看到领养的益处，让更多家庭主动选择领养；继续帮助京津冀地区无家可归的流浪动物们，让被遗弃的动物能找到属于自己的归宿。

这三个月以来，Pet Me 学习了很多，也成长了很多。不足之处我们将继续完善，可取之处我们会持续发扬。

爱与责任，一路同行；领养代替购买，不再让它流浪——中国传媒大学PetMe 公益组织在行动！

公益成员名单

白杨树下微心愿

姜永慧、李鹏、李昀、纪玥、王晶、王洪强、宋彦杰、丁连嵩、郝云飞、谢丹丹、徐烨、曾召龙、陈莎莎、王思梦、杨苗、金歌、马丽、杨曼凝、张栋

一个外教的暴走

李振朝、刘彪、徐亚炜、相晶、周辰、马娟、陈明瑜、王晓迪、石单单、马莉媛、韩秋实、张潇、罗亚昆、何花、刘畅、王颖、李佳

爱的足音

闫瑞芬、张华、凌晨、宋丽娟、王冬梅、祈楚龙、任凯琴、光伟、刘红涛、贾志杰、梅竹、段宁、尤建颖、康丽、王美、王浥宁、秦江、郭王威

为中小微企业提供精神支持

刘建军、冯乃峣、赵丽娟、杨悦、苏畅、王瑜、尹君茹、周洋、李明珠、李逸涵、杜阳、刘鹏、赵阳、孙芳

丝路传奇

李羿玫、李露、凤羽、岳佳磊、古倩云、张译彬、程霞、况蕾、刘静、

潘瑶、牛雅萱、魏妙、孟郑姝、贾燕、傅佳敏、陆瑞、史进、杨泽昊、陈浩杰、张敬丽

为你职引

杨子、唐畅、尚坤、段艺琳、武凤、任佳文、张微、万锋松、许志刚、李露思、李佳杰、李超、陈习文、李根旺、郑迪、陈璐、王洪武、杨涛、刘媛午、刘英腾、宁昆、孔繁奇、袁玎

低碳绿色生活

王宁、贾少筠、王艺瑛、王一戈、张宸铭、王梓、李菲菲、腾亚云、陈锦宇、郝晓晨、巫婷、部凡、李桢、刘芳舟、杨咏琳、郑明雪、李屹、潘鑫、姜海松

微光在线课堂

姚木兰、李霖、吴菡、张洁琳、陈君、李轩竹、吴燕、张婧琪、段梦真、龙青哲、夏露、张楠、李冰、吕珍珍、杨鑫、张孝微、李锦哲、王淞、叶佳琪、支姝涵

水滴润万物，爱心汇海河

杨蕾、刘昕玥、彭春、孙丹丹、梁青春、陈艳娃、孙卉、姜晓、朱双玲、白鑫宇、李君阳、王帅钧、王文君、谢梦、戚晓晨、张杨、许辛、肖融宇、陈晓蒙、姜舒怡

卡车人的风筝

张鹏、薛莹、杨楠、苗雨、寇夏妮、蒋碧玮、邹骏、蔡予熙、玉乃心、田子恒、王奕琳、谢冰洁、刘瑞雪、杨越、朱礼君、李海啸、武瑾卓、陆帅夫、郭帅、刘梦诗、朱海仙、韩帅、张亚如、古俊、于晓玉、武璇

公益助农我们同行

郑霈茹、顾立军、罗杲炅、李林霏、张茹、张魏、陈一雄、姜玉霞、薄天明、杨朝霞、丁一、吕潘、郝杰、李禛、刘菲菲、田欣桐、苏园晴、邓颖

耳边的光明

谷迪、王暄、张莹莹、孙超、张帆、阮琪凌、姜洁、安倍萱、梁羽岐、陈薇伊、李梦露、马�、李虹雨、于介豪、张琳、沈迪心、冯焱、邹荃、张圆圆、李旖旎、赵亚楠、谢鹏

寻找铲屎官 Pet Me

王悦莹、韩冰、韩怡然、曲杨、胡杨杨、孙健琦、毕依然、王思宇翔、谭晓慈、翟铄、陈洁、范中昱、刘子昊、苏里、赵晓飞、张安琪、孙丽薇、曲婷、徐世群、申坤、张敬涛